品味与物质欲望

中国社会科学院创新工程学术出版资助项目

当 代 中 国 社 会 变 迁 研 究 文 库

品味与物质欲望
当代中产阶层的消费模式

Taste and Material Aspiration
Consumption Patterns of the Middle Class in Contemporary China

朱迪◎著

社会科学文献出版社
SOCIAL SCIENCES ACADEMIC PRESS (CHINA)

总　序
推进中国社会学的新成长

　　中国社会学正处于快速发展和更新换代的阶段。改革开放后第一批上大学的社会学人，已经陆续到了花甲之年。中国空前巨大的社会变迁所赋予社会学研究的使命，迫切需要推动社会学界新一代学人快速成长。

　　"文化大革命"结束后，百废待兴，各行各业都面临拨乱反正。1979 年 3 月 30 日，邓小平同志在党的理论工作务虚会上，以紧迫的语气提出，"实现四个现代化是一项复杂繁重的任务，思想理论工作者当然不能限于讨论它的一些基本原则。……政治学、法学、社会学以及世界政治的研究，我们过去多年忽视了，现在也需要赶快补课。……我们已经承认自然科学比外国落后了，现在也应该承认社会科学的研究工作（就可比的方面说）比外国落后了"。所以必须急起直追，深入实际，调查研究，力戒空谈，"四个现代化靠空谈是化不出来的"。此后，中国社会学进入了一个通过恢复、重建而走向蓬勃发展和逐步规范、成熟的全新时期。

　　社会学在其恢复和重建的初期，老一辈社会学家发挥了"传帮带"的作用，并继承了社会学擅长的社会调查的优良传统。费孝通先生是我所在的中国社会科学院社会学研究所第一任所长，他带领的课题组，对实行家庭联产承包责任制后的农村进行了深入的调查，发现小城镇的发展对乡村社区的繁荣具有十分重要的意义。费孝通先生在 20 世纪 80 年代初期发表的《小城镇·大问题》和提出的乡镇企业发展的苏南模式、温州模式等议题，产生了广泛的影响，并受到当时中央领导的高度重视，发展小城镇和乡镇企业也随之成为中央的一个"战略性"的"大政策"。社会学研究所第三任所长陆

1

学艺主持的"中国百县市经济社会调查",形成了 100 多卷本调查著作,已建立了 60 多个县(市)的基础问卷调查资料数据库,现正在组织进行"百村调查"。中国社会科学院社会学研究所的研究人员在 20 世纪 90 年代初期集体撰写了第一本《中国社会发展报告》,提出中国社会变迁的一个重要特征,就是在从计划经济走向社会主义市场经济的体制转轨的同时,也处于从农业社会向工业社会、从乡村社会向城市社会、从礼俗社会向法理社会的社会结构转型时期。在社会学研究所的主持下,从 1992 年开始出版的《中国社会形势分析与预测》年度"社会蓝皮书",至今已出版 20 本,在社会上产生了较大影响,并受到有关决策部门的关注和重视。我主持的从 2006 年开始的全国大规模社会综合状况调查,也已经进行了三次,建立起庞大的社会变迁数据库。

2004 年党的十六届四中全会提出的构建社会主义和谐社会的新理念,标志着一个新的发展时期的开始,也意味着中国社会学发展的重大机遇。2005 年 2 月 21 日,我和我的前任景天魁研究员为中央政治局第二十次集体学习做"努力构建社会主义和谐社会"的讲解后,胡锦涛总书记对我们说:"社会学过去我们重视不够,现在提出建设和谐社会,是社会学发展的一个很好的时机,也可以说是社会学的春天吧!你们应当更加深入地进行对社会结构和利益关系的调查研究,加强对社会建设和社会管理思想的研究。"2008 年,一些专家学者给中央领导写信,建议加大对社会学建设发展的扶持力度,受到中央领导的高度重视。胡锦涛总书记批示:"专家们来信提出的问题,须深入研究。要从人才培养入手,逐步扩大社会学研究队伍,推动社会学发展,为构建社会主义和谐社会服务。"

目前,在恢复和重建 30 多年后,中国社会学已进入了蓬勃发展和日渐成熟的时期。中国社会学的一些重要研究成果,不仅受到国内其他学科的广泛重视,也引起国际学术界的关注。现在,对中国社会发展中的一些重大经济社会问题的跨学科研究,都有社会学家的参与。中国社会学已基本建立起有自身特色的研究体系。

回顾和反思 20 多年来走过的研究历程,社会学的研究中还存在不少不利于学术发展的问题。

一是缺乏创新意识,造成低水平重复。现在社会学的"研究成果"不可谓不多,但有一部分"成果",研究之前缺乏基本的理论准备,不对已有的研究成果进行综述，不找准自己在学科知识系统中的位置，没有必要的问题意识，也不确定明确的研究假设，缺少必需的方法论证，自认为只要相关的问题缺乏研究就是"开创性的"、"填补空白的"，因此研究的成果既没有学术积累的意义，也没有社会实践和社会政策的意义。造成的结果是，低水平重复的现象比较普遍，这是学术研究的大忌，也是目前很多研究的通病。

二是缺乏长远眼光，研究工作急功近利。由于科研资金总体上短缺，很多人的研究被经费牵着鼻子走。为了评职称，急于求成，原来几年才能完成的研究计划，粗制滥造几个月就可以出"成果"。在市场经济大潮的冲击下，有的人产生浮躁情绪，跟潮流、赶时髦，满足于个人上电视、见报纸、打社会知名度。在这种情况下，一些人不顾个人的知识背景和学科训练，不尊重他人的研究成果，不愿做艰苦细致的调查研究工作，也不考虑基本的理论和方法要求，对于课题也是以"圈"到钱为主旨，偏好于短期的见效快的课题，缺乏对中长期重大问题的深入研究。

三是背离学术发展方向，缺乏研究的专家和大家。有些学者没有自己的专门研究方向和专业学术领域，却经常对所有的问题都发表"专家"意见，"研究"跟着媒体跑，打一枪换一个地方。在这种情况下，发表的政策意见，往往离现实很远，不具有操作性或参考性；而发表的学术意见，往往连学术的边也没沾上，仅仅是用学术语言重复了一些常识而已。这些都背离了科学研究出成果、出人才的方向，没能产生出一大批专家，更遑论大家了。

这次由中国社会科学院社会学研究所学术委员会组织的"当代中国社会变迁研究文库"，主要是由社会学研究所研究人员的成果构成，但其主旨是反映、揭示、解释我国快速而巨大的社会变迁，推动社会学研究的创新，特别是推进新一代社会学人的成长。

李培林

2011 年 10 月 20 日于北京

摘　要

中产阶层——从事白领职业、收入较优越、有的也接受过高等教育的人群——以及城市和都市是消费文化在中国兴起的两个重要驱动力。以全球化、城市化和扩大内需为背景，本书从日常消费、物质文化和品味三个维度考察了中产阶层的消费模式和消费倾向，尤其关注新出现的消费倾向如何在当代特殊的社会文本中实践。通过揭示中产阶层的生活水平和生活方式，能够探讨一些未来的消费和社会发展趋势，并为扩大消费、城市化和相关制度改革作出政策建议。本书为实证研究，定量数据来自几个近年的全国大规模随机抽样调查，定性数据来自作者于 2008 年在北京对 30 位中产阶层成员做的访谈。本书特别关注住房消费。分析显示了中产阶层和边缘中产阶层较高的住房需求和较强的购房意愿，也暗示了直辖市及省会城市住房需求不断上涨的未来趋势，因此如果能挤出投机炒作因素，城镇住房市场健康持续发展的潜力巨大。买不起房的问题突出体现在处于成家立业高峰期的"80 后"中产的身上，他们的住房拥有率与发达国家同龄青年的住房拥有率相比仍较低，虽然高于我国城镇青年的平均水平。本书也强调，对品味的辩护以及与之伴随的焦虑和矛盾是理解中产阶层消费倾向的关键。研究揭示，对乐趣/快乐的追求——伴随着对舒适的追求——是审美辩护的一个显著形式，量入为出——也即保持收入和支出的平衡——是主要的道德辩护。这种"对个人快乐和舒适的追求"的消费倾向引出了一套新的可以被认同的（justifiable）行为——一个人在决定如何生活的时候被允许考虑自己的快乐和舒适。可见，消费者主权，作为社会规训和权威的对立面，成长为一股力量。研究发现挑战了对于中国"新富"群体的刻板印象，认为对其消费倾向趋于或者炫耀或者节俭的单向度的认识需要调整。

1

目　　录

上篇　理论背景与社会背景

中篇　中产阶层的日常消费

下篇　中产阶层的品味与物质文化

图表目录

　　这是 2009 年 Boxing day 当天的英国曼彻斯特市中心，BURBERRY 专卖店前排起了长龙，人们在等候进店选购打折商品，队伍中有不少亚洲面孔。中国真的将跃居奢侈品消费大国？"新富"阶层尤其热衷炫耀消费？

第一章
炫耀？挥霍？关于中产消费者的
种种谜团

　　当代中国人的消费模式正在经历深刻的转型。很多市场研究显示，"新富"群体尤其热衷于炫耀性和挥霍性的消费，坊间也热议着诸如神秘富豪抢购豪车①以及中国即将超过日本跃居全球第一大奢侈品消费国②的新闻。然而，需要学者引起注意的是这种挥霍消费和对于消费文化的狂热所嵌置的文本——一个跟英国和美国相比并非那么富裕的国家。事实是，"二战"后世界上很多国家经济复苏、迅猛发展的时候中国还在经历物质匮乏甚至经济濒临崩溃，直到20世纪70年代末中国社会中占有统治地位的话语依然是节俭。中国人向来喜欢存钱，即使到了高消费的口碑名扬海外的今天，储蓄率也非常之高，这令很多西方学者百思不得其解。《财富》杂志于2006年的一篇报道称，中国的个人存款率约为家庭收入的30%，而2005年美国的个人存款率为税后家庭收入的 - 0.4%③。另外，根据2009年《中国统计年鉴》，自1978年开始城乡居民人民币储蓄存款逐年显著增加；虽然在20世纪末增量相对减缓（2000年的年增加额为4710.6亿元），自2005年却开始大幅增加，2008年的年增加额为45353亿元④。同时，以儒家和道家文化为

---

① 搜狐汽车，2010年4月26日，http：//auto. sohu. com/s2010/banbao055/？p = inputwin［检索日期：2011年3月］。

② 凤凰网，2011年6月18日，http：//news. ifeng. com/mainland/detail_ 2011_ 06/18/7095077_ 0. shtml［检索日期：2011年6月］。

③ 《财富》，2006年3月8日，http：//money. cnn. com/2006/03/03/news/international/chinasaving_ fortune［检索日期：2011年3月］。

④ 国家统计局网站，http：//www. stats. gov. cn/tjsj/ndsj/2009/indexch. htm［检索日期：2011年3月］。

代表的中国传统文化倡导克制和责任，比如让－帕斯卡尔·德洛兹（Daloz，2007：51）总结的"对自己人的义务"，并不鼓励个人的享乐和舒适。对于中国消费者的解读展现给了我们一幅如此矛盾的画面：一种炫耀的、奢侈的消费模式嵌入在一个发展中的、节俭的甚至禁欲的国家和文化的文本中，这就让中国人的消费倾向至今仍是个谜。他们的消费模式（比如支出结构、品味和物质欲望）以及消费倾向在后改革开放时代到底有多大程度的改变？他们的消费倾向有何独有的特征？在哪些内部和外部的因素的作用下形成了这样一种消费的模式？

消费模式的转型应当放在改革开放以及全球化这两大背景下来理解。改革带来的根本变化是以市场为基础的经济体制的建立。同时，一个繁荣的消费者市场发展起来，与 1978 年之前最重要的区别就是更充裕的市场供给和自由贸易。社会开始分层。当代中产阶层是改革的受益者，丰富的职业和教育机会使得中产阶层的规模壮大，其生活机会也显著增加。东部地区借助优越的自然资源和优惠的方针政策得以充分利用市场机会，逐渐发展为最发达的区域。诚然，改革的结果之一就是贫富差距和地区差异的强化，因此消费文化在不同社会阶层和不同地区的发展程度和特征也各异。

尤其是 2001 年加入 WTO 之后，中国更广泛地参与全球化。对全球市场的参与是把双刃剑。一方面，外国投资促进了经济的发展和中产阶层的壮大，更多外国商品进入中国，很大程度上繁荣了消费市场。另一方面，中国也将自己暴露于各种潜在的全球性经济危机面前，比如 2008 年由美国次贷危机引发的全球"信贷紧缩"。而且，社会各阶层和地区的分化进一步加强，因为更富裕的阶层和地区可以有效利用不断增加的市场机会，而较贫困的阶层和区域却在逐渐被边缘化。无论如何，可以肯定的是，通过对全球化的参与，中国社会的外部环境出现了一些新的元素——购物广场、自由市场、广告等，以一种新的方式来塑造消费者。受商品文化或说消费文化传播的影响，人们开始被鼓励用一种新的姿态来对待消费活动。本书如何理解"全球化"以及如何将这一复杂的过程作为研究背景，将在第二章详细说明。

城市化和扩大消费也是本书的重要社会背景。当前，我国正处于调整经济增长主要依靠国内消费的结构转型过程中。扩大国内消费有两个重要的动力，一是大众消费，二是城市化和工业化进程；我国已经进入大众消费阶段，有条件依靠国内消费需求来促进经济发展，城市化对于扩大消费也有推动的作用（李培林，2010）。《2012 年中国社会形势分析与预测》指出，2011 年中国历史上第一次城市人口超过乡村人口，城市化水平超过 50%。但是就目前而言，国内需求未能有效启动。城镇居民仍然呈现较强的储蓄和投资倾向，一直承载着期待的中产阶层在扩大消费上的能量也没有得到释放。这些既构成了本书的宏观背景，也是研究的主要动机之一。因此，在汇报研究发现的同时，本书也将说明其对扩大消费、城市化和相关制度改革的启示。

本书定义"消费"为购买和使用物质产品与服务的过程，"消费倾向"是纷繁复杂的消费行为内在统一的、连贯的动机和原因。本书将重点关注当代中产阶层及其消费倾向。中产阶层在我国的发展具有独特的历史轨迹，该阶层在经济社会发展中也发挥着重要的作用。本书试图通过定量和定性的分析揭示当代中产阶层的消费倾向。以下各节将对本书的研究重点、主要观点、研究方法以及各章节提纲逐一做介绍。

第一节　中产阶层的研究意义

改革开放之后，伴随私有经济和外资经济的增长、服务业的发展以及高等教育的复兴，我国当代中产阶层茁壮成长起来。他们大体上指从事白领职业、收入较优越、有的也接受过高等教育的人群。在社会结构成熟且稳定的国家，中产阶层不仅规模壮大、收入稳定，也代表着一种生活方式和梦想——生活的质量、尊严和保障。

放眼较发达的国家和地区，中产阶层都在人口中占有相当高的比例，且中产阶层的主观认同也较为显著。香港大学社会学系教授吕大乐认为界定中产最重要的标准是职业分类，即是否属于行政、管理和专业技术人士。按照这样的标准，香港的中产家庭约占家庭总数的 20% ~ 30%；如果按照较为宽泛的标准，即以收入为主要标准辅以教育程度、职业和住房，那么香港的中产阶层家庭至少占全港家庭的 50%[①]。而总共 1.26 亿人口的日本，却号

[①]　香港商报：《香港中产阶层观察：占比例超 50% 处境尴尬》，http://www.hkcd.com.hk/content/2010 - 06/07/content_ 2536481. htm［检索日期：2012 年 2 月］。

称"一亿总中流",即中产阶层约为一亿人,现实的数据也表明日本的收入和财富差距较小,生活水平的均等化程度较高(李培林,2004)。"一亿总中流"根据的是主观阶级认同。根据日本政府的"国民生活舆论调查",选择"中上、中中、中下"阶层的达到总样本的90%;根据社会学的"社会分层与流动调查",选择"中上、中下"阶层的占总样本的近70%(李培林,2004)。

美国学者对于中产阶层的界定也大致遵循职业、收入和受教育程度这三个维度。Beeghley(2004)将中产阶层定义为"大学文化程度、拥有高于平均水平的收入和报酬的人群",典型的是年收入57000美元的男性以及年收入40000美元的女性。按照这个标准,中产阶层在美国社会约占46%,富裕(家庭净资产100万美元或以上,大都拥有大学文化程度)和超富裕阶层(年收入通常超过35万美元,包括名人、执行官或者政治家,多为常青藤院校毕业生)分别占5%和0.9%。也有比较宽泛的定义,认为家庭年收入在3万至20万美元的即可认为属于中产阶层,那么大约80%的美国人都属于中产阶层①。

根据2006年英国的一项调查②,43%的被访者认为自己属于中产阶层;同自认为属于工人阶级的人群比起来,自认为属于中产阶层的人群的储蓄额高出1倍,投资额高出2倍,房产价值也平均高出70%。在这两类人群中,都有1/3左右的被访者认为教养和工作是决定阶级属性的重要因素。但是,自认为属于工人阶级的人群更强调收入的重要性,而自认为属于中产阶层的人群更倾向于将教育程度以及所居住的房子和地区作为重要的因素。受英国广播公司(BBC)委托、英国曼彻斯特大学主持的"英国大型阶级调查"于2013年4月公布研究发现,将英国社会划分为七大阶层③。该调查综合了经济资本、社会资本和文化资本测量社会阶层,发现中产阶层有了更多的分化,既包括经济、社会和文化资本都相当雄厚的世家中产阶级,也包括经

---

① 维基百科:《中产阶层》,http://zh.wikipedia.org/wiki/%E4%B8%AD%E7%94%A2%E9%9A%8E%E7%B4%9A [检索日期:2012年2月]。

② BBCNews, "More Claiming Middle-Class Status", http://news.bbc.co.uk/1/hi/uk/4974460.stm [检索日期:2012年2月]。

③ BBC英伦网, http://www.bbc.co.uk/ukchina/simp/uk_life/2013/04/130403_life_uk_7_classes.shtml [检索日期:2013年4月]。

济资本相对富有但社会和文化资本略有不足的技术型中产阶级，二者分别占人口的25%和6%；如果再加上占人口15%的拥有中等收入和经济资本水平的新型富有工作者，那么这种综合指标测量出的中产阶层占英国人口约46%。

发达国家的历史经验也证明，中产阶层是否壮大对于一国经济、社会和文化的发展都有重要的意义。首先，中产阶层能够起到缓解贫富分化、维护社会稳定的作用。国际上，越是强大的国家，中产阶层规模越壮大、话语权越强；而越是经济和社会不稳定的国家，中产阶层越弱小、穷人越多。中产阶层的壮大说明贫困和极端富裕人群的比重较小，收入分配和社会结构比较合理，这是缩小贫富差距、维护社会稳定的重要保证。而且，中产阶层拥有一定的专业知识和财富积累，能够在公民社会与政府之间起到利益表达和沟通的作用。社会急剧变迁往往会导致一些社会矛盾和利益冲突，但是中产阶层在利益表达和维护方面一般采取合法的手段、寻求制度化的渠道，这种理性的方式既有利于缓解社会矛盾，也有可能创建某些制度化的渠道来解决社会矛盾（李春玲，2011）。当代中国中产阶层维护社会稳定的作用还与其根本利益相关，近几十年的经济增长与改革使得中产阶层成员极大获益，他们大都希望维护政治稳定的局面来保持经济持续增长。

其次，中产阶层是社会的中坚力量，对于核心价值观的形成有着重要作用。中产阶层的受教育水平较高，视野较开阔，善于思考，思维也较理性和专业，因此他们的价值观和文化构成了社会核心的、主流的价值观，中产阶层也应当成为塑造主流价值观的核心力量。特别是在所接受的专业化教育的影响下，中产阶层的身上闪烁着一种"专业精神"，即对于所拥有的知识和技能的尊重和敬业，这种专业的精神及其实施也为各个行业的中产阶层赢得了社会的尊重和信赖，比如医生、知识分子、律师、工程师（当然也有一些损害中产阶层专业形象的例子）。在当今中国社会，中产阶层身上的这种"专业精神"尤其需要向社会大众扩散。简单来说，如果挤奶工、食品质检员、铁路维护工乃至小饭馆的厨师都能意识到自身所掌握的技能很重要且值得受到尊重，就会大大降低受到眼前利益诱惑的可能性，因为在这种价值观下，"专业性"和"声誉"胜过一切。其实，这种"专业精神"在我国历史上由来已久，如很多传统的"老字号"宁可产量低、利润少也不肯向急功近利妥协。当然这种"专业精神"的传播需要一些条件，很重要的就是全社会培养一种尊重知识、尊重个体和个性的氛围，并从薪酬及工作条件上鼓励人们发扬自身的特长和技能。目前来讲，中产阶层作为整体尚未意识到自身塑造核心价值观的使命感和重要作用，也未能发展出有凝聚力的价值观和文化。

最后，中产阶层对于扩大内需、转变经济发展方式有积极的影响。我国正在经历着深刻的经济结构调整，从过去经济增长过度依赖投资和出口转变到更多依赖国内消费的拉动。事实上，我国已经进入大众消费阶段，有条件依靠国内消费需求来促进经济发展。我国居民消费的恩格尔系数在持续下降，食品消费占整个城镇家庭消费支出的比重实际上已经下降到接近30%（因为我们对住房的支出一直低估）；各国的经验都表明，恩格尔系数下降到30%左右，意味着进入大众消费阶段，在这个阶段，住房、汽车等大额消费品开始进入千家万户，教育、医疗、旅游、通信等方面的需求不断升级，开始成为增长较快的消费热点（李培林，2010）。中产阶层的兴起，促进了消费结构的改变，带来了巨大的市场潜力（毛蕴诗、李洁明，2010）。这一群体不仅有较高的经济资本来负担广泛的消费活动，也有较高的文化资本可以合法化新的品味和生活方式，带动消费市场的活跃。因此，在大众消费的背景下，中产阶层是消费文化兴起的重要驱动力，是扩大内需不可忽视的重要力量。根据中国（海南）改革发展研究院院长迟福林的测算，如果中等收入群体到2020年增长到40%以上，意味着45万亿~50万亿元巨大消费需求潜力的释放，支撑年均7%~8%的经济中速增长①。

因此，本书关注中产阶层的消费模式和消费倾向，目的是评估中产阶层的生活水平及其内部差异并揭示该阶层的生活方式，同时探讨阻碍中产阶层成长和生活质量提高的因素和机制。对于中产阶层消费倾向和消费意愿的理解有助于为扩大内需做出决策建议，也可以预测一些未来的消费趋势。

一般情况下，本书使用"阶层"和"中产阶层"，指代"strata"和"middle class"。第五章中的"阶级"概念专指马克思的阶级模型中由经济关系所决定的一个人在社会中的位置。关于"品味"和"品位"的争论很

---

① 人民网，http: //finance. people. com. cn/n/2012/1103/c70846 - 19487325. html ［检索日期：2013 年 2 月］。

多，有的从词性上区分，有的从含义上区分。本书无意从语义学上对此有所贡献，仅想寻找一个中文词来翻译英文中的"taste"。无论使用"品味"或者"品位"，重点都是在有关"taste"的学术理论——自人文主义认为"taste"是理所当然的理论，到康德强调对"taste"的主观判断的普遍有效性理论，再到布尔迪厄的"taste"理论，等等。考虑到大众媒体（如维基百科将 taste 翻译为"品味"①）和社会学界［如周晓虹（2005：270）将 taste 翻译为"品味"或"趣味"］的使用范例，本书也使用"品味"来指代英文中的"taste"。本书也有几处提到"有品位"，来表示好的品味或者较高雅的趣味。

第二节　中国消费文化的研究

大量的社会学、人类学、心理学和市场的研究对于中国人的消费模式倾注了特别的热情。第二、三、四章将对现有文献进行评论。但是，现有的研究要么停留在描述性分析的层面而忽略理论解释，要么将研究结论——尤其是关于消费倾向的——建立在聚合数据的基础上，或者没有清晰地阐述如何从实证数据建构出结论。本研究建立在定量和定性数据的基础上，将从多个角度揭示消费模式并应用消费社会学的主要理论来解释研究发现。

由于消费文化在城镇地区比较繁荣并且中产阶层也集中在城镇地区，本书将研究群体锁定在城镇中产阶层，研究背景设置在城市和都市地区。中产阶层的界定以职业状况为基础，综合收入和受教育程度，主要包括具有一定管理权限或专业技术的脑力劳动者以及收入超过平均水平的普通白领。虽然定量数据覆盖了少量的精英阶层样本，但是定性数据中没有被访者来自精英阶层；因此，应当从"平均"意义上来理解本研究所指的"中产阶层"，而非特指社会精英或者中低社会阶层。中产阶层的概念将在第五章详细阐述。

定性分析尤其关注都市中产阶层中的本地人和移民的消费模式差异，主要是由于我国显著的地区经济差异。出生于大都市的本地人和大都市中的外来移民在经济、文化和社会资本的累积上可能会有所差异，特别是由于这些资本的累积部分地依赖于家庭背景，而家庭的资本的累积又为地区发展程度

---

① 维基百科，http://zh.wikipedia.org/zh-cn/品味［检索日期：2013 年 8 月］。

所制约。现有研究往往聚焦 "temporary migrants"（Fan，2001，2002），即外来的农民工，而较少关心 "permanent migrants"（Fan，2001，2002，2003；Fang et al.，2006）。后者为受过良好教育和技术培训的非本地人，通常在 "正式部门" 工作，受雇于大型的、相对稳定的企业或组织——政府部门、国有企业、合资企业、股份制企业以及外商独资企业（Guo and Iredale，2004）。我国的北京、上海、广州和深圳等大都市大量涌入 "permanent migrants"（试译为正式移民），相关的影响因素包括大学毕业生的增加、工作机会更加集中于大城市并且户籍政策对于高技术、高资本的移民也更加宽松。这一中产移民群体的生活机会相对出生于本地的中产阶层有何差异，也要得到学界和政府的重视。

为了理解消费模式，本研究引入 "消费倾向" 的概念——独特的或者主要的购买和使用某种物质产品与服务的原因。本研究力图查明中产阶层的消费倾向有了怎样的发展，以及新出现的消费倾向如何与家庭、工作和开支方面比较传统的价值观相交叉。消费倾向是本书一条重要的线索。学术界从不同视角对消费倾向有过分析。正统经济学认为消费者是理性决策者，能够基于个人需要作出最佳选择。但是这种效用论的观点被社会学家和后来的经济学家所批驳。凡勃伦和布尔迪厄强调消费行为被社会地位所决定。同 "地位消费" 阵营的观点不同，吉登斯和费瑟斯通认为购买与使用物质产品反映和建构一个人的身份认同，这种认同并不一定与社会地位有关系，反而是不断变化的。这种表达的范式也体现在了后现代理论中（比如 Poster，1988），可是后现代理论却将物质的含义和符号看作 "自我引用的"（self-referential）并且对于人有统治权。但是，正如坎贝尔（Campbell，1995）所强调，将消费者行为简单解释为信息传递或者被市场诱惑是不恰当的。坎贝尔（Campbell，1995，1987）和西托夫斯基（Scitovsky，1976）主张重视消费的必需的身体维度——对于快乐和舒适的追求。坎贝尔更进一步论证了现代享乐主义——从白日梦或者幻想中追求快乐——可能是总体上对现代消费行为的最佳理解。

现有的国内研究中，"消费倾向" 较少地被作为理解消费行为的工具来进行研究，而是更多地作为理论分析的工具以倡导一种适度的、经济合理的和环境友好的消费倾向。这种消费倾向渗透着社会规训的色彩，体现了一种个人与社会之间辩证的、和谐的和妥协的关系，而这些正是中国文化的特征。从儒道文化到这种"适度的"消费倾向，中国文化强调个人依照社会角色的规定所应该做的，而不是西方文化所强调的具有边界的个人自由。因此，对个人行为的清晰的辩护曾经缺席，或者说被社会规则所代替。同时，对快乐、舒适或者个人身份认同的追求在西方文化的个人主义传统中得到维护，但在中国文化中的基础十分薄弱。然而，在当代社会，很多实证研究发现人们在消费中体现出了新的消费倾向，对于快乐和舒适的追求日益明显（陈昕，2003；周晓虹，2005；等等）。这种新的消费倾向如何在中国的文本下实践？消费者又如何为他们的品味和物质欲望辩护？这种变迁是短暂的、偶然的，还是可能反映了中国人价值观的变化从而会对社会发展产生一些影响？这些问题在现有研究中没有得到很好的解答，本书将使用实证资料和系统的理论框架进行讨论。

通过评论西方主要的消费社会学理论，本研究将选取西托夫斯基（Scitovsky，1976）对于快乐（pleasure）与舒适（comfort）的概念区分以及瓦德和马丁斯（Warde and Martens，2000）总结的满足的类型学两大理论框架对中产阶层的消费倾向进行分析。在当代社会，中国消费者接触到了更充裕的物质产品并且越来越有自主权，本研究认为对于消费选择的"辩护"依据的分析是理解消费模式的关键。通过应用品味的三个维度的理论框架——品味的分布、判断和辩护（Warde，2008），本研究将揭示中产阶层如何对品味进行辩护以及伴随而来的焦虑和矛盾。

第三节 研究的主要内容

以全球化、城市化和扩大内需为社会背景，本研究将从日常消费、物质文化和品味三个维度，同时联系中国社会独特的文本、社会规范和社会习俗，揭示中产阶层的消费模式特征以及由此体现出来的消费倾向。

根据日常生活社会学的理论，对于消费的理解应当结合日常生活的分析概念；这一观点强调人们想要舒适和快乐的方面，并建议深入研究消费的日常活动。因此，本书的实证分析将始于对日常消费的讨论，主要关注行为（practices）、解释（interpretations）和互动（interactions）三个方面。第六章主要讨论日常支出及构成、耐用品的拥有、消费习惯和日常生活中家庭财政的管理以及被访者的解释。第七章、第八章和第九章使用定量数据将丰富住房消费、日常消费偏好和休闲消费方面的研究发现。第十章将使用访谈数据展现社会互动在塑造消费模式中的作用，以及人们如何通过日常互动理解自己的消费，同时将消费模式与传统价值观和社会变迁相联系，来总结消费如何被社会习俗和文本所制约。第十二章关注受到年轻人和中产阶层广泛欢迎的网络购物，在"双十一购物节"这种集中的，甚至有点极端的情境下，考察网络购物行为的特征，既是出于扩大消费政策上的关心，也是出于对微博数据分析这种研究方法的探索。

品味指人们在消费中的偏好，可以是对于某种物质产品或服务的偏好，也可以是对某种消费活动整体的偏好。第九章初步讨论了城市中产阶层的消费偏好，但是对于中产阶层品味更深入的分析将通过访谈数据呈现。品味的三个维度理论（Warde，2008）将被作为分析的结构。第十一章通过对品味和物质欲望的讨论，有关中产阶层的消费倾向及其如何在中国这个独特的文本中实践的观点将会被进一步阐述。大都市是本研究的一个重要文本，所以对于日常消费、品味和物质欲望的理解都将联系都市效应，也将涉及都市本地人与都市移民之间的差异，这在定量和定性数据的分析中都会有所讨论。本研究也将在第九章特别讨论消费和品味的社会分层作用，分析这种社会分层机制在当代中国社会如何实践。

物质文化包括物质的意义和人与物之间的关系两方面。实证分析主要关注礼物赠送的行为以及对于物质产品的处置和欲望。"送礼"的支出、动机和压力将在第十章通过定量和定性的数据进行分析，物质产品的处置、物质欲望及其辩护将在第十一章通过访谈数据进行分析。

本研究选择收入弹性较高的消费领域来研究消费模式。目前学界达成共识的拉动需求效果最强的是房地产和汽车的消费，这些消费品价格昂贵，并且能够消化一大批基建和工业的投资。因此，实证分析特别关注住房和私家车的消费。而且，住房消费集中体现消费模式同收入分配和民生保障之间、效率和公平之间的关系，也凸显着城市化和改革中的一些矛盾，因此本研究将重点讨论中产阶层的住房拥有、居住质量和购房意愿。

此外，还可能具有较高收入弹性的消费领域有：数码产品、奢侈品和服务业。数码产品，包括电脑、手机、摄像机等，一个重要特点就是更新换代快，虽然价格呈下降的趋势，但不断有新产品研发上市，吸引消费者将增长的或者多余的收入投资到新产品中。奢侈品的高收入弹性在经济学上早已有论证，而且同时尚文化相联系总能"诱惑"人们的消费欲望，但是由于我国的关税、流通税等过高，很大一部分的奢侈品需求都流失到了海外市场，这是非常可惜的。此外，随着经济的发展和生活水平的提高，人们不再满足于物质产品的拥有，而希望通过购买服务来获得生活的舒适和乐趣，这就促进了服务消费的发展，典型的有在外就餐、旅游以及各类文化服务消费。

这三种消费领域不仅收入弹性较高，也容易产生狄德罗效应，比如人们拥有了平板电脑就可能想拥有智能手机，拥有了阿玛尼的西装就可能想拥有类似档次的皮带，去海边度假时也希望吃得美味、住得舒适、玩得尽兴，所以这些消费领域也可以带动相关产品以及更多消费欲望的产生。因此，本书在定量和定性分析中将着重讨论这些消费领域。

第四节　本书的主要观点

都市中产阶层开始向一种新的市场体制调整，这种市场体制在某种程度上受到全球消费文化以及外部环境中新元素的影响。一种新的动机［按照米尔斯（Mills，1940：47）的解释，动机是现在、将来或者过去的计划或行动的被确认的辩护］已经融入他们对这个世界的日常理解中。本书将这种新的动机总结为"对个人快乐和舒适的追求①"。它引出了一套新的可以被认同的（justifiable）行为——一个人在决定如何生活的时候被允许考虑自己的快乐和舒适。这种倾向在以前并不普遍：家庭责任和节俭是对消费主要的辩护。

研究发现，这种追求个人快乐和舒适的倾向在人们的日常消费、品味和物质欲望中非常明显。虽然在少数的访谈案例中地位区分是消费的主要动机，大多数被访者都强调对于快乐和舒适的追求。因此，访谈数据证明，这种"自我导向型"消费倾向比目的是得到他人赞赏的"他人导向型"消费倾向更显著。总体上，被访者认为对于个人快乐和舒适的追求具有合法性，并不需要用足够的家庭责任或者努力工作来进行辩护。从代际消费差异的讨论可以看出，被访者大体上能够为自己的消费行为辩护，甚至某种程度上试

---

① 本书部分章节由作者的博士论文（英文）翻译而来，"对个人快乐和舒适的追求"在英文原文中为"pursuit of personal pleasure and comfort"。根据语境，本书将"pleasure"翻译为"快乐"或"乐趣"，对二者不做区分。

图鼓励父母也接受这种追求个人快乐和舒适的价值观。

另外，这些新的动机或者说辩护理由也在逐渐融入那些更为传统的理解体系中。根据访谈数据，对于快乐的追求——交叉着对于舒适的追求——是审美辩护的一种显著形式；保持收入和支出的平衡是主要的道德辩护。比较年轻的被访者显示出了更为明显的追求个人快乐和舒适的消费倾向，同时也想要与家人和朋友分享快乐和舒适。因此，我们现在看到的是这样一个独特的、具有不同表现形式的消费伦理——主要融合了量入为出和家庭责任等较为传统的道德与追求个人舒适和快乐的新的价值观。虽然存在焦虑和矛盾，被访者在不同程度上显示了对于消费生活的满意和信心，这个研究发现应当联系中产阶层较优越的生活条件以及受到传统文化影响所形成的独特的消费模式来理解（后文将详细说明）。

阶层和年龄（代际）在消费模式与消费倾向的区分中具有显著的作用，中产阶层的消费模式被社会习俗和社会文本所塑造。相比较非中产阶层，中产阶层及其家庭既有较强的购买力也有较强的消费欲望，购房、购车的意愿也更强烈。由日常消费揭示的城镇居民消费倾向更明显地为阶层、年龄和居住地区所区分而非收入，这个研究发现本质上体现了社会分化和都市效应，也显示了年龄（代际）在这样一个快速转型社会中所发挥的重要作用。在都市中产阶层内部，年龄和代际在区分日常消费、品味和消费倾向上也起着非常重要的作用，被访者与父母和子女的消费也存在代际差异。

可以总结，当代中国社会的消费倾向既融合了一套"新"的元素——这些元素早已在发达资本主义国家普遍和广泛存在，又结合了先前存在于中国社会的一些动机和倾向。追求个人快乐和舒适的倾向在1949年之后、改革开放之前并不普遍，甚至被认为是政治错误或受到道德谴责；然而，其在当今社会却占据了一定地位，并逐渐成为理解当代消费模式以及个人对消费行为辩护的主要伦理。以上是本研究的核心发现和观点。

这些社会变迁虽然可能同商品文化或者消费文化有联系，但是不能简单理解为因果关系或者认为是由西方世界引进的。追求个人快乐和舒适的倾向也不能简单理解为个人化（individualisation）或者消费主义。至于这套新的辩护体系的形成机制——它如何产生、由什么导致，并非本研究的重点。本研究强调的是当代中国社会消费倾向的变化——被访者在解释消费行为时提供的新的辩护理由。当然，在未来的研究中，这种新的消费倾向的形成机制也是非常有意义的讨论。

第五节　研究方法论

本研究为实证研究，使用定量定性相结合的研究方法，收集有关中产阶层消费模式的数据，并试图联系社会结构和社会文本来解释这些发现。定量数据主要来自三套全国随机抽样调查数据，定性数据来自作者于 2008 年在北京做的 30 个半结构式访谈。本节将论述研究使用的方法论和具体的研究方法。首先，将讨论定量和定性研究方法结合的可行性与在本研究的应用，然后分别介绍定量和定性数据的来源、分析方法和数据质量的评估。

很多学科都涉足中国消费者的研究，包括商业科学、社会学和人类学。英文文献中有大量商业科学和市场学的相关研究，大都采用定量的研究方法，例如使用量表法研究消费者的心理（比如 Tam，2005；Yao and Wang，2000）以及收集调查数据研究消费者的行为（比如 Chow et al.，2001；Shen，2002；McEwen，2006；Zhou，2003；Fan and Xiao，1998）。相反，国外的社会学家和人类学家在研究中国的消费文化时偏爱定性的方法（比如 Davis，2005；Ngai，2003；Fan，2000），可能因为在中国收集大规模随机抽样数据有一定难度。而国内的学者则凭借在数据收集方面的优势，更热衷于定量的方法，将关注点放在中产阶层的消费行为（刘世雄，2007；朱晓辉，2006；零点调查，2006）。近年来，国内学术界在消费模式的研究中开始重视定量和定性方法的结合（郑红娥，2006；周晓虹，2005；王建平，2007；赵卫华，2007），一般包括收集调查数据和个案访谈，有的还包括参与式观察的方法。可是在这股潮流中，很多研究并未充分说明为什么要使用混合研究方法以及所使用的方法论。

在国外的消费文化研究中，定量定性相结合的研究方法得到广泛应用并被证实有效地达到了结论的连贯性（见 Bennett et al.，2009；Silva et al.，2009；Warde and Martens，2000）。如柏森（Pawson，2008：120）总结，研究者将定量和定性的方法结合的主要原因是出于一种被大多数研究者所认可的观点：社会是多面的（multi-faceted）、多层次的（multi-layered）、多视角的（multi-perspectival）。因此，学术界需要那些能够融合各种形式的材料和证据并能整合当前多种研究视角的研究方法。在这种哲学观点的基础上，研究者针对具体的研究目的将这两种方法以不同形式相结合，并根据不同的理论原则为这种方法论辩护。布莱曼（Bryman，2008：91-92）曾对现有的一些期刊论文进行过研究，发现大多数的融合定量定性方法的研究是为了"强化"（使用定性或者定量的方法收集更多数据来增强定量或者定性方法的研究发现）、"完整"（如果既使用定量方法也使用定性方法可能使得研究的解释更为全面）以及"三角测量法"（综合定量和定性的研究方法对研究发现进行三角测量，这些发现之间或许可以互相确证）。

但是，传统观点认为，定量和定性方法的本体论与认识论互不相容，因此二者之间有个不可逾越的"鸿沟"，这使得定量定性相结合的方法常常受到挑战。表1-1显示了定量和定性方法在认识论和本体论上不同的倾向。习惯上，定量方法与客观主义相联系，通过收集"客观的"观察资料来理解这个世界；而定性方法与建构主义相联系，致力于发现意义和解释以及动机和目的。

表1-1　定量和定性研究策略的根本区别

	定量	定性
认识论倾向	自然科学模型,尤其是实证主义	解释主义
本体论倾向	客观主义	建构主义

资料来源：布莱曼（Bryman，2001：20）。

无论如何，定量和定性方法之间的区别并没有带来二者相结合的研究方法的无效。如布莱曼（Bryman，2001）认为，就认识论和本体论来讲，研究方法比研究者通常认为的要更加有"流动性"。例如，定性研究很有可能与经验主义和实用主义结合，通过可观察的现象并联系内在的结构和机制来解释世界；定量研究也可能与解释主义和建构主义结合，来发现意义、动机、解释以及为人们的行动提供倾向的规则。

对此，博格曼（Bergman，2008）做出了更为系统的论述，建议在混合研究方法的应用中"混合"数据收集方法和数据分析方法，而不是"混合"边界模糊的定量和定性方法，这给研究者们提供了一种全新的视角。根据博格曼（Bergman，2008：14-15），传统的关于定量和定性方法的分工应当被抛弃，而且建立在此基础上的混合研究方法的前提也是错误的。事实上，每一种定量或者定性方法的实践都相去甚远，也很难为整个的定量方法大家庭或者定性方法大家庭总结出彼此区别的特征。在此观点基础上，博格曼（Bergman，2008：17）建议了混合方法研究中的两个主要原则。第一个原则是区分"数据收集方法"（比如，无结构式口述访谈、建立在封闭式问题上的调查研究），和"数据分析方法"（比如定性的内容分析、福柯式的话语分析、定量的内容分析、结构方程模型）。第二个原则是，研究者可以根据具体的研究问题、理论和目标选择不同的搭配来理解他们的数据（Bergman，2008：15）。有鉴于此，研究者是在处理客观现实还是建构起来的现实，又或者是在做假设检验还是探索性的分析，都与数据是通过统计调查或者其他什么方法收集的无关（Bergman，2008：16）。举例来讲，定量方法如果是作为"数据分析方法"，也可以用于定性访谈数据；如果是作为"数据收集方法"，所获得的数据也可以使用一些定性分析的方法，如探索性分析、个案分析。同理，也可推论定性方法。

当然，完全打通定量和定性方法之间的区隔不免有些极端，因为数据收集方法所传达的本体论和认识论观点会对数据分析方法有一定的要求。这也是为什么很多专家都提醒，在使用计算机辅助软件分析定性数据时，横剖式的编码要与变量分析的定量逻辑区分开来。如梅森（Mason，2002）认为，要达到定性数据每一部分之间高度的一致性是不可能的，并且定性数据所反映的复杂的社会过程和机制也不应该被缩减到一个静止的或简单的变量，所以编码的形式和分析的方法可能会在不同数据上有变化。本研究也持类似的观点，因此在处理定性数据时使用了不同的分析逻辑，同时将横剖分析与语境分析（contextual analysis）、个案分析相结合（详见后文）。但是，将客观分析的方法应用于定性数据毫无疑问是可行的，而且已经在社会科学中得到应用，比如对于被访者的年龄、收入等人口特征的分析以及对于被访者的语言构成的分析，后者在本研究中尤其重要，下文将进一步解释。

总的来说，布莱曼和博格曼的观点非常富有启发性。他们不仅为混合研究方法提供了比较一致的辩护理由，也提高了混合研究设计的可能性。关于混合研究方法的争论也提醒了研究者，应当根据研究目的、数据类型甚至研究者的资质选择一种合适的策略来系统地联结数据以及合适的数据分析方法。

　　本研究采用混合的研究方法，从不同视角揭示和解释中产阶层的消费模式，目的是丰富和深化研究发现并增强结论的可靠性。定量分析可以使用具有代表性的样本来描述中产阶层的人口特征、生活机会和消费模式，并可以同非中产阶层作比较，定量数据的图表尤其可以非常直观地展现消费模式的特征及其与社会经济指标的联系。此外，回归分析可以对消费模式和消费倾向的影响因素做验证性的分析，增强结论的可靠性。本研究使用 2003 年、2008 年和 2011 年的全国随机抽样调查数据作为定量数据来源（下文将详细介绍）。虽然是二手数据，但是这几套调查数据包含了有关人口特征和消费行为的一些变量，能够获得有关日常支出、耐用品拥有、消费偏好和生活方式等方面的研究发现，同时节省了数据收集的精力。

　　但是，定量分析的显著不足就是中产阶层的样本较小——虽然总体样本较大，但是中产阶层的样本比例不超过 30%，很难获得中产阶层内部在消费模式上的差异。而且，定量分析也难以获得主观的解释以及消费行为如何被具体的文本所塑造等信息。这些任务只能由分析定性数据来完成。第二章提到，本研究借助伍德沃德（Woodward，2003）的研究路径，考察中产阶级对于消费选择和行为的解释中暗含着怎样的辩护理由，由此建构出有关消费倾向的性质和程度的结论，因此定性分析必不可少。本研究收集定性数据的方法主要是半结构式访谈。访谈的方法有利于理解"真实的生活"，能够在具体的文本中获得丰富的和整体的数据，所以对于理解潜在的和内在的问题尤其有效（Miles and Huberman，1994）。

　　事实上，在文化资本和消费文化研究领域，广泛应用的研究方法是调查数据的多元对应分析（multiple correspondence analysis，简称 MCA）结合定性访谈数据的分析。这种方法自布尔迪厄（Bourdieu，1984）开始受到拥护，在当代研究中仍然受到欢迎（比如 Silva and Wright，2008；Bennett et al.，2009）。在访谈数据之外，本研究也有丰富的定量数据来源，将使用多种数据分析方法，包括多元对应分析和回归分析等，下节将详细说明定量数据的分析方法。

　　总之，在本研究中，定量和定性的研究方法将发挥各自的优势，定量分析能够以较大的样本并通过与非中产阶层的对比产生丰富的、可靠的结论和一些分析的框架，而定性分析通过挖掘中产阶层内部的差异并联系社会文本和社会规范能够深化定量的研究发现，也能形成关于消费倾向和动机的比较深入的结论。这种研究策略类似布莱曼（Bryman，2008）所谓的"强化"策略。

在大数据时代，大众在微博上的转发和传播行为以及讨论内容是重要数据，本研究也收集了微博数据分析网络购物行为。从数据形式上，微博数据既有数字和文字，甚至也有特定意义的符号；从分析方法上，既可以应用统计建模的分析方法，也可以应用文本分析方法。因此，将微博数据归为定量或者定性之下都不是特别合适，又或者可以说微博数据的分析方法很好地体现了定量和定性方法的混合。微博数据有独特的研究优势，特别是对于当代新出现的现象和事物，本书将在第十二章详细解释这种研究方法。下面两个部分将分别介绍这两种数据来源和各自的分析方法。

一　定量数据的来源

本研究的定量数据主要来自 2003 年中国综合社会调查（China General Social Survey，以下简称"CGSS2003"）、2008 年和 2011 年的中国社会状况调查（以下简称"CSS2008""CSS2011"）以及一个针对 985 高校毕业生的调查。

CGSS2003 是由中国人民大学社会学系和香港科技大学社会科学部合作主持的全国城镇随机抽样调查。被调查人群为 18～69 岁居住在中国城镇住户中的成年人。该调查只包括城镇地区，使用五阶分层抽样和 PPS（Probabilities Proportional to Size）整群抽样，共涉及 125 个县级单位、559 个居委会、5900 名被访者，收回有效数据 5894 条，应答率为 77%①。调查信息包括被访者和所在家庭（户）的人口特征、社会网络、教育程度、职业历史以及获得当前工作的过程、户口迁移、认同、消费行为以及有关社会不平等和其他公共关心话题的观点。

CSS2008 和 CSS2011 由中国社会科学院社会学研究所主持，使用多阶随机抽样的方法，范围大致覆盖全国各省/自治区的城乡区域，抽样设计基本保证数据能够代表城镇地区（因为本书主要关注城镇居民），调查对象为 18 周岁及以上的中国公民。2011 年 A 卷（本研究所使用的调查问卷）发放量为 7552 份，样本量为 7036，2008 年的样本量为 7139，所以该数据既有很好

---

① http：//www.chinagss.org/announcement.php ［检索日期：2007 年 10 月］。

的城乡代表性，又有较大的样本量和较高的应答率。

另一个数据来源是中国社会科学院社会学研究所青少年与社会问题研究室进行的"2010年6所985高校毕业生抽样追踪调查"（以下简称"985高校调查"）。调查从东南、华南、西南、西北、东北和中部地区各选取1所985高校，基于各校历届毕业生名单进行随机抽样，然后通过 E - mail 联系被选中的调查对象，请调查对象登录网上调查系统填答问卷，当各校毕业生的回应率达到50%时停止调查。结果调查了这6所高校2003~2010年毕业生共4655人。

（一）数据分析方法

本研究的分析模式既有验证性的分析也有探索性的分析。验证性的分析允许研究者假设一种他们认为可以解释因变量的特定的模型或者因子结构，然后再验证或者确认模型和数据之间的拟合质量（Meyers et al.，2006）。同探索性分析比起来，验证性分析更多是一种演绎的方法，从而能够在庞大的数据中更加有效地建立起变量之间的关系。建立在相关理论和现有研究的基础上，本研究更多地采用验证性的分析——回归分析，主要包括二元逻辑回归、定序逻辑回归和多项逻辑回归。但是探索性的分析可以在没有研究者预设的情况下获得变量之间的关系、行为模式等信息，对于了解数据或者进一步的验证性分析打下坚实的基础，也可能会产生一些新的发现。本研究在城镇居民消费倾向和休闲消费的分析中采用了探索性的多元对应分析，然后对于休闲消费模式做了进一步的回归分析。

一项大型的关于英国的"文化资本和社会排斥"（cultural capital and social exclusion）的研究结合了调查数据的多元对应分析与座谈会和个案访谈的分析。秀娃等研究者（Silva et al.，2009）认为，多元对应分析的方法提供了一种描述社会的"关系性"（relationality）的途径——在调查数据的使用中没有预设任何有关"因变量"的分布；对于座谈会和定性访谈的分析可以进一步论述多元对应分析所揭示的区分和整合的形式，深化我们对于意义和行为的理解。

另外，采用多元对应分析也出于实际情况的考虑。在消费研究中，很多对于消费活动参与、消费态度、耐用品拥有的测量都为定类或者定序变量，因此对应分析是进行数据简化的常用方法，广泛应用于文化资本研究和市场研究（见 Hoffman and Leeuw，1992；Gayo-Cal et al.，2006；Bennett et al.，

2009)。本研究的定量数据中有关消费行为参与的变量也为定类或者定序变量，作者尝试了两种普遍的数据简化方法——因子分析和主成分分析，然而这些定类和定序变量显著地呈偏态分布；因为因子分析和主成分分析都假设的是因子/成分变量的正态分布，所以本研究只能求助多元对应分析。对应分析可以看作主成分分析在定类数据上的应用，该方法考虑的是主成分分析的几何定义而非统计定义（Blasius and Greenacre，2006：12；Greenacre，2006：42）。因此，作为一种非线性多变量分析方法，多元对应分析没有主成分分析那样对变量有正态分布的假设，又可以形象地显示两个以上定类变量之间的关系（Greenacre，2006：41 – 42）。

　　除了对于非正态分布的容忍之外，多元对应分析还有另外两个优势使其在多元尺度分析方法中脱颖而出。首先，对于研究发现的图表展示非常容易解释。一方面，两个类别之间的距离使得研究者可以推断个体之间的相似度，比如在一张图中"30~45 岁"和"女性"两个类别可能距离很近，就表明女性样本和年龄在"30~45 岁"的样本的行为模式很类似。另一方面，每个类别对于每个轴的贡献指标可以让研究者进一步解释数据所揭示的模式。其次，在消费模式的图表做出来之后，可以加入补充变量进入图表中，将消费模式与人口特征变量联系起来，但不改变原有图的系数。以上两点在大多数可以进行多元对应分析的软件中都可以做到（个体案例的云图、主要类别的点图以及补充变量的点图）。连续变量只有被瓦解为定序或定类变量之后才能在多元对应分析的图中显示。"个体案例的云图"（the cloud of individuals）可以帮助估计哪些案例通常有类似的消费模式。如果是从调查数据中选取的访谈对象，云图还可以帮助标出被访者在多元对应分析图中的位置。法国软件 SPAD[①] 是进行多元对应分析的最佳工具，但是本研究无法获得。受到分析软件（本研究使用 STATA 12.0）和数据来源的限制，本研究无法做出个体案例的云图，也无法在多元对应分析图中标出被访者的位置，但这并不妨碍该方法其他优势的发挥。多元对应分析的具体应用和研究发现将在第九章讨论。

　　（二）数据评估

　　这些定量数据的显著优点在于样本较大，有全国代表性，因而研究发现

---

① http：//eng.spadsoft.com/content/view/49/91/ ［检索日期：2009 年 10 月］。

在一定程度上可以推广。虽然 CGSS2003 只是城镇调查，但是本研究关心的也是城镇中产阶层及其消费模式，因此也没有问题。另外由于是综合性的调查，变量也较为丰富，既包括支出、消费行为等，也包括详细的地区、迁移等信息，从而能够研究日常消费、住房和休闲消费等多维度的消费模式以及都市本地人与外地人的差异。

不足之处就是中产阶层和都市人口的样本相对较小，无法详细分析其内部差异。另外，消费相关的变量集中在物质产品和服务的购买，而较少涉及使用和欣赏，这是目前很多调查数据共同的不足之处，可能因为物质产品的使用和欣赏乃至物质文化难以使用定量的方法测量，因此，仅依靠定量数据，难以获得深入和全面的分析。

但是这些定量数据来源仍然能够胜任本研究的分析任务，数据质量也较高，而且"985 高校毕业生调查"和访谈数据可以在一定程度上弥补全国性调查数据的缺点，能够深入考察中产阶层在生活机会和消费模式上的差异。

二 定性数据的来源

收集定性数据的方法是半结构式访谈。作者于 2008 年在北京访谈了 29 位中产阶层成员，在 2007 年做过一个试探访谈（pilot interview）。访谈的内容包括购物习惯、物质产品的处置（disposition）、偏好、物质欲望、焦虑和困境、社会互动以及都市效应。定性数据的收集将会按照访谈设计、试探访谈、样本选择和田野调查的结构来介绍。然后，本部分将讨论访谈的转录和分析方法。最后，定性数据将会被客观地评估。

（一）访谈设计和研究伦理

定性分析旨在理解中产阶层消费模式的复杂性和中产阶层自己的解释。半结构式访谈可以让研究者主持谈话，并可能使那些研究者忽略了的或者嵌置在日常行为中不易察觉的问题浮出水面。半结构式访谈比结构式访谈和调查问卷更加灵活，比参与式观察节约时间。

基于研究的主题，访谈问题主要关注消费的三个方面，即日常消费、品味和物质文化。访谈问题的结构如下。

（1）与行为和社会习俗相联系的日常消费，包括购物频率、购物地点、支出类型和支出管理、家庭购物、家庭责任、赠送礼物、消费中的社会互动，以及代际差异。

（2）品味，也就是对于消费品和活动的偏好，关心的是品味在中产阶层中的分布，中产阶层如何在个人品味的基础上做出有关品味的判断，以及他们如何对自己的品味作出辩护。

（3）物质文化，主要指物质产品的处置、物质欲望的性质和程度、维持物质欲望和收入之间平衡的策略。

（4）消费行为的变化以及都市效应，关心的是消费行为在生命历程中的变化以及居住在北京对于消费行为产生的影响。

（5）焦虑和困境，关注的是消费中的焦虑、矛盾和压力，以及消费者的策略。

（6）最后，人口特征作为背景信息，包括职业、住房、家庭、迁移、年龄和收入（包括工资收入及其他投资、经营等收入）。

可以看到，在消费的三个主要维度之外，访谈问题还包括了消费行为的变化和焦虑。在人的生命周期中，购物习惯、支出、品味和物质欲望可能会发生变化，这些变化则反映了社会流动、个人取向以及社会变迁等，本研究尤其关注的是消费行为如何被居住在大都市的经验所塑造。关于焦虑和困境的问题则更加具有反思性。在试探访谈和最初的几个正式访谈中，我发现中产阶层往往表现得非常乐观、自信，所以后来加入了这些关于困境和焦虑的问题，让被访者有机会反思——回忆起消费中不那么令人愉快的方面或者一些矛盾情绪。另一个在田野调查中加入的问题是有关"信贷危机"的影响，因为自 2008 年开始中国也被全球经济危机波及。访谈设计中没有涉及消费如何作为履行公民责任的领域的问题，因为与本研究的主题不是特别相关，但是少数被访者提到了该话题，所以本研究也将就这些数据进行一些讨论。

在访谈结构拟定好之后，另一个挑战就是操作化。我必须在访谈中覆盖这些话题，同时又要使得谈话愉快地进行。我主要采取了两个办法。一个是从日常习惯谈起，再转入较为反思性的讨论，另一个办法是关注详细的故事而不是概括性的结论。第一个策略是为了让谈话由浅入深，被访者在这样的过程中不会感到很吃力。第二个策略的原因是我发现有的被访者喜欢表达一些空泛的观点和行为，比如"这个社会的奢侈消费太严重了""我没有很强的物质欲望""我不买很贵的东西"，或者以"例如一个手表""例如一个人"这样的假设开头。这些数据具有一定的信息量，但是因为缺乏具体的文本而意义不大。这个实际上是在民族志（ethnography）研究中当遇到受过良好教育的被访者时常常会遇到的问题。哈默斯莉和阿特金森（Hammersley and Atkinson，1995）谈到，这种高度抽象或者理论化的回答——通常由受过良好教育或者"久经世故的"被访者给出，从描述游离到了分析，有破坏数据的危险；被访者如此反应，主要原因是访谈中互动的结构使得参与者意识到访谈者作为观众的存在（因此会有树立某种形象或者自我保护的表现）（Hammersley and Atkinson，1995）。所以，在访谈中我鼓励被访者告诉我每一个故事尽可能多的细节，不管这些细节多么琐碎和微小。这些努力使得我有足够的信息来思考研究发现并建构结论，从而增强了访谈数据的可靠性。

上述两个策略之外，我也特别将关于收入的问题保留到了访谈结尾，并且告诉被访者可以选择回答或者不回答。原因很简单：人们更可能在与研究者建立信任之后才会透露更多的私人信息。这个策略帮助我从 90% 的被访者那里获得了有关收入的数据。数据的质量将在下文进一步讨论。至于少数没有告诉我收入的被访者，他们的收入也可以通过消费品的拥有和支出来推断。

在做田野调查之前，我也思考了访谈中可能会涉及的伦理问题。最重要的是确保访谈数据的保密性和匿名性。经被访者同意，访谈会进行录音，但是这些文件将严格保密并且只有作者本人能够接触。我不会泄露任何信息给介绍人，也不会使用他们的真实姓名泄露个人的信息。所以，为了确保数据的匿名性，本研究中的被访者姓名均为化名。田野调查之前，本研究通过了曼彻斯特大学伦理委员会（the Ethics Committee of the University of Manchester）的审核并签订了文件，因此数据的保密和匿名在该委员会的监督之下，并且在访谈之前都向被访者作了解释。事实证明，数据收集时获得被访者的知情同意（informed consent）对于建立双方的信任关系非常有帮助。另一个伦理问题是个别的访谈问题可能会引起被访者的焦虑或者尴尬。但是，这在访谈之前也已向被访者说明，如果有任何问题让他们感到不舒服，他们有权拒绝回答或者停止讨论。例如，被访者可以选择告诉我收入或者保密，或者在回顾他们的物质欲望时遇到不愉快的回忆可以立即停止。针对后一种情况，我的策略是一般不直接询问这些问题，而是在合适的时机问及或者让被访者自己提到。

（二）试探访谈、样本选取和田野调查

为了测试访谈问题的有效性和可行性，作者于 2007 年夏天在北京做了一个试探访谈。访谈对象是一位在四大会计师事务所工作的咨询师，女性，27 岁，在 18 岁上大学时迁移到北京。谈话进行得非常顺利，表明购物和消费是非常令人愉快的话题。事实是，被访者显著的乐观情绪让我决定在以后的访谈中补充有关焦虑和困惑的问题。试探访谈的时间也有点长，将近三个小时，也提醒我要减少问题的数量并控制谈话的节奏。这个访谈也被完全转录并且输入 Nvivo 中，和其他的访谈一起分析。

本研究于 2008 年 1 月开始进行正式的访谈。根据有关中产阶层的现有文献，访谈对象的选择建立在职业的基础上，主要包括管理性和专业性的职业，如私营企业主、经理人员、专业人士和公务员，同时考虑了职位的级别和雇主的规模。大多数被访者由我的朋友和熟人介绍而认识，但之前从未见过他们并且他们之间也互不相识①。在样本选择过程中，我注意了两点：①避免我所熟知的人，比如我的朋友，因为他们具有的同质性和与我的亲密关系可能使得研究结果出现偏差；②希望选取的样本覆盖尽可能广泛的人口特征，比如年龄、性别、职业、所处行业、家乡/出生地、教育程度、收入等。这种样本选取策略旨在避免样本局限在某个特殊人群，并非追求概率抽样的普遍性或代表性，正因此，本研究对于定性分析的结论使用的是理论推广而非经验推广（详见后文）。

在 25 个访谈之后，我获得了非常丰富有用的信息来回答研究问题。为了获得更多有关消费模式的信息，我又继续做了 4 个访谈，重点关注品味的判断和辩护、都市效应以及应对消费中压力和焦虑的策略。因此，本研究的正式访谈有两个阶段，一共有 29 位被访者。

当获得一位候选人的联系信息时，本研究进行访谈的程序如下。我会给他/她打电话或者发邮件，说明访谈的目的以及保密和匿名的规则，如果被访者要求的话，我还会附上访谈的结构，然后跟被访者约方便的时间地点。结果是，大多数被访者选择在工作地点或者附近进行访谈，例如在他们自己的办公室、会议室或者附近的咖啡馆；只有两位女性邀请我去了家里，其中一位正在怀孕所以更愿意在家接受访谈。从中或许可以推断，工作场所是中

---

① 除了一位访谈对象给我介绍了另两位访谈对象、有两位访谈对象同为我的一个朋友的朋友。

产阶层组织其日常生活的一个非常重要的空间，尤其在处理不那么亲密的社会关系时。在 10 个于咖啡馆进行的访谈中，只有 3 份账单是我付的；这 3 位被访者与我同龄，其他比我年龄长的被访者都坚持他们付账单。因为被访者知道我当时还在读书，或许可以看出，性别、年龄、社会阶层在中产阶层的消费中发挥着重要的作用。换句话说，男性为女性、年长的为年幼的、富裕的人为收入较低的人付账这种传统的行为模式在当代中产阶层群体中仍在起作用。另一个可能的原因是这点支出对于被访者来说微不足道，只是人和人之间一种情感的传递罢了。

虽然在联系候选人之前，中间人已经将我介绍给了候选人，但还是有一定的拒访率。我的访谈要求一共被六位候选人拒绝。两位是 40 多岁的中层公务员；一位的答复是"我现在非常忙，稍后打电话给你"——但是后来音信全无，另一位的答复是"我完全不懂消费，说不出什么"。他们可能担心的是访谈的保密性或者收入可能会在消费中体现出来。虽然我一再保证数据的保密性和匿名性，但是无法说服他们。在这两位公务员之外，我的访谈邀请也被一位国有股份制银行支行的中层经理拒绝，她的答复是可以访谈，但必须有一群同事陪着接受访谈。由于本研究主要还是想通过深度访谈获得个人对于消费倾向的解释，方法论上较少地考虑了同辈群体或者熟人在场带来的压力，为了保证数据的可靠性，只好舍弃这个案例。

鉴于类似可理解的原因，本研究的访谈样本中没有太多来自国有或者政府机构的中产阶层，比如政府官员或者国有企业的中高层管理人员。一位 IT 行业的专业人士愿意被访谈，但是同时声明拒绝录音，最后我也不得不舍弃了。事实上，拒绝录音的案例在我从事此研究之前的田野调查中也曾发生过，可能暗示着中国人还未从"文化大革命"的恐怖记忆中恢复过来，那时一个无辜的人因为任意的一个纸片或者一段录音就可能锒铛入狱。但是，值得欣慰的是，在答应访谈的被访者中没有人拒绝录音。第三类不成功的联系是要求报酬。为了对其他被访者公平，并且类似的候选人也能够找到，该案例也被舍弃了。说实话，有一些拒访的理由可以理解，也值得研究者反思。除了以上提到的历史阴影之外，研究者的声誉也被一些负面的事件所破坏，比如泄露被访者的信息或者以社会研究的名义进行市场研究。这更需要社会学学者在做田野调查时恪守研究伦理，经验也证明，事先获得被访者的知情同意非常重要。

　　无论如何，本研究最终完成了 30 个访谈，包括 1 个试探访谈，表 1－2
列出了被访者的主要特征①。不是所有的被访者给出了年龄和收入的数据，
所以表中一些年龄和收入的数字是从已有信息中推断的。

表 1－2　被访者的人口特征，北京，2008 年

姓名	年龄	本地人/移民	职业	所处行业	工作单位性质	年收入（元）
齐女士	29	移　民	公务员	政府部门	中央国家机关	54000
康女士	48	本地人	私营企业主	金融投资	私营企业	1000000 +
常先生	57	移　民	国家级教练、中层干部	政府部门/体育	省级事业单位	120000
董女士	28	本地人	商业及行政经理	股票证券	外资企业	60000
方女士	27	移　民	咨询师	商业咨询	主要跨国企业	190000
冯先生	31	移　民	产品总监	IT	民营上市企业	300000 ~ 400000
龚先生	35	本地人	高级经理、设计总监	电子产品和汽车	民营上市企业	600000
郭先生	35	本地人	销售经理	奢侈手表	主要跨国企业	150000
杭先生	40	移　民	副总编、副局级干部	媒体	国有媒体	150000
何女士	50 +	移　民	副教授	教育	高校	70000
姜先生	40	移　民	采购总监（Chief Procurement Officer,简称 CPO）	化学工业	美国公司	1000000
张女士	40 +	本地人	助理总经理	媒体	主要私人控股企业	300000
简女士	31	本地人	人力资源主管	物业管理	主要跨国公司	70000
廖女士	30	移　民	部门主管	媒体	国有媒体	150000
林先生	27	移　民	公务员	政府部门	区政府	50000
郎女士	27	移　民	销售经理	五星级酒店	私人控股企业	70000
马先生	40	本地人	客户执行助理经理	银行	主要跨国银行	500000
麦先生	40 +	本地人	研发经理	电子产品	跨国公司	480000
欧女士	38	移　民	公关总监	食品	大型上市企业	300000
潘先生	27	移　民	广告部项目主管	IT	主要跨国企业	500000
庞先生	40	移　民	艺术家、私营企业主	艺术	私营企业	1000000 +
宋先生	31	移　民	部门经理	房地产	大型上市企业	300000
沈女士	30	移　民	商业和行政经理	房地产咨询	主要跨国公司	120000
唐先生	36	移　民	首席商业计划官（Chief Business Administrator,简称 CBO）	房地产媒体	上市企业下属公司	1000000

---

　　①　为了保证数据的匿名性，表 1－2 中的姓名均为化名。

续表

姓名	年龄	本地人/移民	职业	所处行业	工作单位性质	年收入(元)
温女士	50 +	本地人	会计	财会	高校	50000
白先生	60	本地人	研究所退休所长	学术研究	研究机构	50000 ~ 60000
万女士	35	移 民	医生	医院	大型国有医院	50000 ~ 60000
薛女士	26	本地人	律师	法律	中小型私营企业	60000
朱先生	33	移 民	总经理	能源	中型国有企业	300000
郑女士	40	移 民	作家、学者	学术研究	研究机构	60000 (＋稿费)

　　访谈数据中的"移民"指的是出生后从国内的某个地区迁移到北京的人群；"本地人"指的是在北京出生的人群。表中可以看出，被访者大都在27岁至60岁之间，11位为本地人，15位为男性，分散于诸多行业，单位性质既有国有部门也有非国有部门。图1－1更加直观地展现了以年龄和性别区分的被访者收入的分布。被访者的年龄大都处于26岁至30岁以及31岁至40岁，年收入集中于5万至20万元之间；收入的性别差异显著——更多的女性分布于金字塔底部，年收入为5万至20万元之间，而更多男性的年收入为20万元以上。就年收入低于20万元的被访者来说，他们大都为30岁以下或者50岁以上，职业为公务员、国有医院医生、高校教师或者学者，或者为年轻的企业职员。在收入的金字塔顶端，即年收入100万元及以上，被访者为两位私营企业主——分别从事金融投资和艺术品制作，以及两位高层管理人员——分别在大型跨国企业和上市媒体企业工作。

　　（三）分析方法

　　每次做完访谈之后，我都会迅速记一些笔记，记录访谈中我感兴趣的点滴，比如主要的回答、身体语言以及其他有关个性和取向的细节。在分析数据的时候，这些笔记十分有用。它们将我迅速带回了当时的场景，并且用高度简洁的语言勾勒了每个访谈的要点。因此，这些笔记是"初步观点"（plausibility）的重要来源（Miles and Huberman, 1994：246－247），可能会迅速带来一些结论性的观点，当然在之后的分析中需要进一步系统化。这些

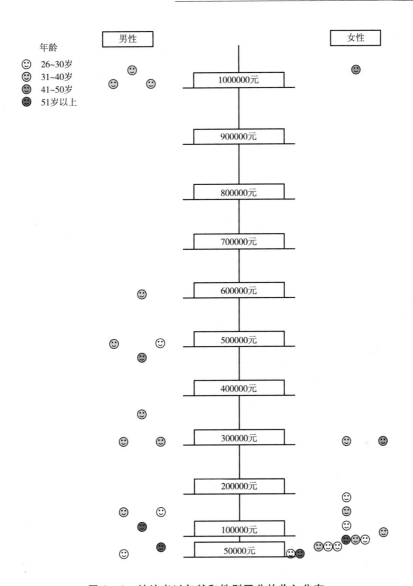

图 1-1 被访者以年龄和性别区分的收入分布

直觉性的观点对于之后的编码、关联数据以及解释数据带来了很大的便利。

在前 4 个访谈（包括 1 个试探访谈）之后，我将录音完全转录并且输入 Nvivo7.0。这三个访谈的文本让我得以评估访谈问题以及访谈的进行。至于其余的 26 个访谈，我采用了一种"革命性"的转录方法。我将每一个录音文件标上时间轴，然后对每一小段录音（约每隔 30 秒）进行摘要记录，接着将每个录音的"摘要"文本输入 Nvivo。这种方法节省了大量的时间和精力，省略了一些不重要的细节，同时这些时间轴和摘要也允许研究者像对待完整的转录文件那样编码和分析。分析的细节将在后文详述。有了时间轴作为导航，我可以很容易地从大量的录音文件中找到所需要的信息，如果有需要的话，也可以完整转录某些片段。但是，这种方法也会有忽略相关材料的风险。Hammersley and Atkinson（1995：149）提到过这种转录的方法，在赞其"革命性"的同时也提到了风险："尤其是哪些材料比较重要可能在不同分析阶段会有变化"。我的对策是在分析的第一、二阶段（即编码和关联阶段，下文将详述）尽可能多地转录，当需要调整一些分析的时候，再回到录音本身。其实在操作中，这种方法并不像叙述的这样复杂，并且边听录音边思考比读电脑中的文本文件要愉悦得多。转录之后，余下的分析基本上经过了四个阶段：编码、关联编码、建构结论/观点以及验证结论。

分析的第一个阶段为数据的编码和检索，也是通过 Nvivo 来辅助。编码是根据研究的主题来确定的，包括日常消费、品味、物质文化、都市效应和焦虑。但是，这一阶段的编码比较杂乱，我希望通过编码的方式尽量探索和熟悉数据。大多数的编码为横剖类型，基本上属于"文本的"（literal）和"解释的"（interpretive）编码（Mason，2002：149）。"文本的"编码包括被访者所使用的语言和词汇，互动的顺序、对话的形式和结构以及文本内容（Mason，2002：149）。就本研究而言，比如，"偏好"、部分的"辩护"、"困惑和焦虑""都市效应"以及所有的人口特征编码都属于"文本的"编码。"解释的"索引强调研究者给予的解释，好像研究者在问自己"你认为数据说明或者代表什么，或者你认为可以从数据中推断出什么"（Mason，2002：149）。这种类型的编码是最多的，而且从研究者的角度来讲，在获得文本编码信息的同时也都会思考"这说明了什么"。解释的编码例如，"平衡物质欲望和购买力的策略""社会价值""品味的理解"以及部分的"辩护"、部分的"物质欲望"、部分的"与父母的比较"。我也考虑了研究者在访谈中的角色作用，比如，如果不是我访谈的话被访者是否会提到别的消费偏好，或者被访者在解释自己的行为的时候是否想要树立某种形象？第一阶段结束时，总共建立了 61 个自由编码（free nodes）。

然后继续分析这些编码之间的关系。每一个自由编码都被归类到一个相关的主题中，结果，总共建立了 15 个、每个有三个层次的树编码（tree codes——具有从属编码的编码）体系。事实上，一些自由编码不止被归类到了一个树编码中，还有一些转录/摘要文本不止被归类到一个自由编码中。这正是定性分析的独特之处——自由编码和树编码的内容之间并不一定要互斥。在归类和关联自由编码的过程中，主要应用的是解释性的逻辑，例如，将品味的"辩护"与"年龄"、"收入"关联，将"社会互动""家庭义务""父母和子女的区别"和"家庭购物的性别角色"归入了"社会习俗"的树编码中。

　　一方面，文本分析可以得到有关消费模式和社会文本的信息；另一方面，解释性的和反身性的逻辑——在建构观点的时候将客观观察与社会文本相联系并考虑"观众"的角色作用，可以增强文本分析的理论意义、克服文本分析中研究发现取决于数据是否真实的局限性。在索引和关联数据的过程中，一些编码的内容和定义也经历了多次调整，在 Nvivo 的辅助下操作起来非常方便。同时，大量的"评注"（annotation）也保存在了软件中，包含了一些重要录音片段的转录以及我在分析中的笔记。在编码和解释的不同逻辑之外，我也将横剖分析与语境分析（contextual）和案例研究相结合，这也是为了避免计算机辅助的定性分析的"定量陷阱"，在本书中消费的代际差异、品味和物质欲望等的分析中都会有所体现。本研究就是在这些分析方法的基础上建构结论的。

　　本研究期望得到的结论和观点，如果按照马森的分类（Mason，2002），就是有关事情如何发展、如何发生作用或者如何组成的。本研究将讨论中产阶层消费行为的特征以及消费模式的历史发展，试图通过消费倾向来解释消费模式，并详细说明新的消费倾向如何受到社会习俗和社会文本的调节。有关定性分析的章节将会说明结论如何从数据中得到以及相关的解释如何被建构。

　　为了验证结论的有效性，我首先寻找数据中的"异类"，来检查结论是否对所有数据适用。比如，结论之一是强调对乐趣的追求在中产阶层尤其年轻中产阶层中非常明显；然而，"万女士"是一个在年轻一代中相对节省的案例，"何女士"是一个强调舒适和产品质量的案例。通过将这两个案例同其他案例相比较，我发现万女士比其他同龄被访者的收入低些，何女士比追求乐趣的被访者年龄较大并且负责家庭中的购物。这个分析强调了年龄、收入以及性别在塑造消费倾向上发挥的作用。因此，"异类"案例也能够被结论所解释，并且对于"异类"的分析进一步强化了结论。

另外一个验证结论的策略是从我的朋友们——同为中国消费文化的中产阶层参与者——那里获得反馈。一开始，他们的讨论集中在对于忙碌和"无聊"生活的抱怨以及由于可支配收入太低而挣扎。这样的反馈最初让我感到很沮丧，也让我开始怀疑所谓对于乐趣的追求是否真正地在中产阶层中"显著"。但是，我很快意识到这正是我的研究结论的证据。只有当中产阶层期望那些带来乐趣和舒适的物质产品的时候，他们才会感受到过低的购买力带来的紧张。也正是因为日常生活在他们看来是有压力的和重复性的，他们才更加热衷于追求乐趣并伴随着对舒适的追求，但并不特别关心显示自己地位的维度。这也是为什么当我继续询问我的朋友们如何组织日常生活的时候，跟我的访谈对象十分类似，他们也将旅游（包括观光、徒步、探险和野营等）作为假期的首选。

本研究结论的推广主要是理论推广，这种推广被认为在定性分析中比经验推广更为有效（Mason，2002；Hammersley and Atkinson，1995）。首先，本研究的样本选择策略清楚地显示，被访者是从非常广泛的中产阶层群体中选择而来，所以没有理由怀疑数据可能有较大偏差。其次，结论指明了这种消费倾向在中国实践的不同方式以及社会文本。方法论和结论的验证也表明，结论也可以被用来解释其他社会情境（settings）中的消费模式。当然，研究结论在其他情境中的理论推广是否合适，受到那种情境与本研究所定义的情境的相似程度的限制。本研究情境的具体细节将会在定性分析章节中进一步解释。

（四）数据评估

由于被访者的善意合作，数据的质量得到很好的保证。他们不仅对于数据收集非常耐心，而且大多数人非常慷慨地、倾尽所"知"地帮助我。一个原因是他们觉得购物和消费的话题比较让人愉悦，前面也提到过。另一个原因，据几位被访者提到，他们认为我的研究能够为这个社会带来一些有益的启示因此非常高兴能为此做出贡献。另外，整体上，住在北京的人向来有直爽和开朗的口碑，相比而言住在上海的人更加谨慎。这也是为什么访谈对象和研究者之间的信任比较容易建立。

无论如何，被访者的回答仍然需要更多的社会学思考。比如，有关昂贵的礼物通常只赠送给亲密的社会关系的回答，需要研究者思考这样一个话语的文本：被访者处于什么样的社会地位？在什么样的话题中提到这种倾向？想要表达什么？另一个例子是有的被访者提到使用带有超大商标的奢侈品是一种不好的品味，但是研究者需要思考在多大程度上这些被访者在实际生活中拒绝这种炫耀性消费。

通过田野调查，我认为可能影响被访者回答的主要是四个因素。一个是"形象管理"，人们有意识或者无意识地努力树立某种形象，而且被访者的这种反应连同前文提到过的善于理论总结的"久经世故"的被访者是在民族志中经常遇到的情况（Hammersley and Atkinson，1995）。第三个因素是来自于对我的印象，当谈话对象是一位在英国读书的20来岁的女性博士生时，可能会鼓励被访者积极谈论时尚、购物和奢侈品等话题，并避免提到可能使他们感到难堪或者看起来悲惨的事情。这是研究者作为"观众"的效应，因此数据必须经过反身性的分析。第四个因素是自我保护：为了保护个人的隐私，避免泄露比较私密的信息。这种情况下，研究者可能获得有关收入、品味或者家庭背景的错误信息。以上这些问题在田野调查过程中我已经意识到，因此采取了各种各样的策略来提高数据的"真实性"。在与被访者谈话时，我尽量保持"职业化"——向他们保证数据使用过程中的保密性和匿名性，并且表现出对于各种情感和体验的理解。

第六节　各章节提纲

第二章将讨论消费社会学领域的主要理论。全球化作为背景理论为理解外来文化和本土文化的互动提供了一个有用的视角。日常消费、品味和物质文化是消费文化研究中主要的课题，这些理论说明了为什么本研究关注以上三个领域并为实证发现的分析提供了框架。消费倾向的理论帮助理解消费模式和解释中产阶层的消费动机。另外，本章也会讨论传统中国文化和欧洲文化所倡导的消费倾向有何不同，从而指出当代中国社会消费倾向的文化基础以及在这样一个全球化和转型社会的文本中相关的知识空白。

第三章主要是关于当代中产阶层的形成。通过讨论经济和社会转型方面的文献，本章首先对于我国中产阶层的发展壮大进行一个历史的分析。然后，本章还将讨论一些对当代中产阶层生活机会产生影响的重要社会背景和经济社会制度改革。

　　同第三章一样，第四章还是关于本研究的国家和社会的文本，重点讨论消费文化在我国的发展。首先，通过对比欧洲的消费文化历史，本章将对消费文化在中国的发展和兴起进行一个历史的分析。其次，从中产阶层和都市两个层面来解析当代消费文化，这是当代消费文化发展的两个重要驱动力。最后，本章将从消费倾向和内在的社会关系两方面来讨论国内社会学界对于消费模式的理解。

　　第五章将对中产阶层进行界定并描述我国城市中产阶层的规模和人口特征。在各国统计局的社会分层体系和现有学术争论的基础上，本章将解释为什么在我国的社会文本中，一个建立在职业的基础上、多维度的社会分层指标对于区分消费行为更为重要，从而给出本研究对于中产阶层的定义。然后将使用定量数据分析中产阶层的规模和人口特征。

　　从第六章开始将进入消费模式的实证分析。第六章关注中产阶层的日常消费。首先，将使用定量数据分析中产阶层的家庭资产、日常支出和耐用品拥有情况。本章重点是使用访谈数据讨论北京中产阶层的日常支出及构成和家庭财政的管理，并总结出当代中产阶层消费倾向的一些线索。本章也将讨论中国的社会文本中关于"购物"和"消费"的话语含义，通过日常语言考察人们对消费的理解。

　　第七章和第八章重点对住房消费进行定量分析。第七章侧重中产阶层的居住状况和购房意愿，尤其从社会流动的角度关注那些可能成长为中产阶层的"边缘中产阶层"，考察他们的生活状况和消费意愿，这些发现对于扩大消费以及城市化和相关制度的改革都有一些启发。第八章关注被称为"房奴"的"80后"中产的住房拥有问题，在进行国际比较的基础上，本章将揭示"80后"中产的住房拥有状况及其影响因素，由此评估这部分人群的生活状况和生活质量，这对于相关住房保障制度有启示意义。

　　第九章使用定量数据从日常消费偏好的角度考察中产阶层的生活方式。实证分析包括信息获取的渠道、出行方式、购买衣服、外出吃饭的地点、日常消费的参与以及休闲消费。本章将使用多元对应分析和回归分析进行做比较细致、深入的讨论，最后也将讨论消费水平和品味的社会分层作用。

　　第十章将联系社会习俗和社会文本考察中产阶层的消费模式——家庭责任和赠送礼物的社会习俗，以及社会互动如何对于购买和使用物质产品产生深刻影响。这些讨论也有助于理解物质文化，即包含在获得、使用和交换物质产品过程中的社会关系、社会互动以及物质的含义。另外，本章也通过分析消费的代际差异来展现消费行为如何被不同的社会文本所塑造，从中也可以看出人们对于自身消费活动的理解。本章对于理解新的消费动机如何与更传统的价值观相交叉非常重要。本章主要使用的是访谈数据，在分析中产阶层赠送礼物的支出、动机和压力时也使用了调查数据。

第十一章讨论的是品味和物质欲望，侧重被访者对自身消费行为提供的辩护依据以及对暗含着的消费倾向的论述。本章首先将从品味的分布、判断和辩护三个维度来考察中产阶层的品味模式，品味如何服务于建构社会分层的研究发现将得到深化。接着分析他们的物质欲望及其变化和主观的辩护。关于中产阶层消费倾向的结论将会被进一步阐述和发展。

第十二章关注受到年轻人和中产阶层广泛欢迎的网络购物，研究淘宝"双十一购物节"中的网络购物行为及其所反映的消费行为的属性，对于扩大消费和电子商务发展有启示意义。本章也是一次应用微博数据研究消费行为的尝试，第十二章将思考这种研究方法的利弊以及进一步研究的方向。

在第十三章这一结论章节中，本书将回顾研究的主题和目标，总结主要结论并评估本研究的贡献和局限性，还将对于一些延伸性的研究以及其他相关课题提出建议。

上篇　理论背景与社会背景

　　这是在圣诞打折季的曼彻斯特SELFRIDGES商场，除了诱人的价格，遍布全场的海报标语也是一大特色：基本上白送；漂亮的东西这么多，时间却这么短；拥有我，将改变你的生活……无论被解读为冲动消费、符号消费抑或现代享乐主义，消费在当代社会都不再是简单的购买行为，而成为一种文化、一种意识形态，甚至……政治。

第二章
全球化视野下的消费研究

　　一个系统的理论框架的建立不仅在理论研究中具有意义，在实证研究中也发挥着重要作用，后者主要体现在帮助研究设计、指导数据收集以及提供数据分析的理论基础。本章将把研究的兴趣同消费社会学中的主要理论联系起来，旨在建立一个分析的理论框架。

　　消费社会学领域中的理论颇丰，本书讨论的理论框架以全球化理论作为文本（context），以理解消费倾向作为主旨，从日常消费、品味和物质文化三个维度来分析和解释消费行为。此理论框架特别选取了来自本特·豪琪尔（Bente Halkier）、艾伦·瓦德（Alan Warde）、西莉亚·卢瑞（Celia Lury）和科林·坎贝尔（Colin Campbell）的理论贡献。豪琪尔（Halkier，2001）的消费研究理论融合了日常生活理论的概念。这个理论试图解决消费社会学中的两极化问题：应该强调消费作为生产的附属品，还是应该强调消费在个人选择和审美上的流动性。在实证证据的基础上，豪琪尔（Halkier，2001：27）证明了反思性的和常规性的消费行为如何在日常生活中融为一体。豪琪尔的理论可以说明为什么本研究关注日常生活，并为中产阶层日常消费的解释建议了一个分析框架。在豪琪尔（Halkier，2001：28）看来，日常生活"是矛盾的，因为它既包含有意义的整合也包含无意义的碎片以及不理智的选择和解放体系"，因此，消费可以看作是个相对自主的行动领域，这也是本研究对消费的定义。

　　艾伦·瓦德认为品味并非如后现代理论所理解的那样具有超现实性，反之，品味的判断和辩护指向某种模式。瓦德（Warde，2008）试图解决的问题是品味到底是由阶级地位决定的还是可以自由选择的，他提出了一个有效的分析品味模式的理论框架——从品味的分布（distribution）、判断（judgment）和辩护（justification）三个维度。他特别强调品味的辩护在当代社会变得更加重要，主要是因为广告、市场营销和媒体评论带来的巨大的社会变迁。瓦德的"辩护模型"（Warde，2008），即人们如何对自己的品味有信心，是本研究重要的分析工具。在此框架下，可以看到我国的中产阶层在解释他们的消费行为的时候逐渐利用了一套新的辩护体系，其中暗含着新的消费倾向。伍德瓦德和艾米森（Woodward and Emmison，2001）进一步强调了道德判断和品味的辩护——品味不仅是个与社会和文化权力相关的审美的问题，还关系着道德、伦理和共同情感。拉蒙的研究（Lamont，1992）体现了对于品味的道德判断的一些兴趣，但被伍德瓦德和艾米森（Woodward and Emmison，2001）批评为仍停留在将品味同权力和地位相关联的传统中。这些关于品味的道德辩护的理论同瓦德（Warde，2008）的"辩护模型"一起为本书分析都市中产阶层对于消费行为的辩护依据提供了重要的概念框架。

瓦德（Warde，1990）另外一个重要的理论贡献是将消费理解为一个生产（production）、分配（distribution）、获得（access）和享受（enjoyment）的循环过程，而不是单纯将消费看作货币交换的一瞬间。这个概念也指明了消费者在获取、欣赏和使用物质产品中的相对自主性，与豪琪尔的理论具有一致性。在此背景下，卢瑞（Lury，1996）的物质文化理论能够帮助阐明人和物之间的关系以及嵌入在消费过程中的社会关系。在自我表达和符号逻辑占主导地位的理论范式中，坎贝尔是位特别而又杰出的学者。他关注消费者的身体需要并强调追求快乐在消费中的重要作用。虽然本研究不打算将"现代享乐主义"的理论推广到中国消费者，但是该理论为理解他们的消费行为提供了一个新的视角。同时，坎贝尔的理论为区别"他人导向型"消费倾向（比如攀比、地位炫耀和身份表达）和"自我导向型"消费倾向（比如对于舒适和快乐的追求）奠定了基础。坎贝尔通过研究现代享乐主义的历史和文化的起源，发现了浪漫伦理是为追求新颖和快乐提供辩护的重要哲学传统。就哲学传统来说，中国文化与欧洲文化有很大的差异。这种区别也使得本研究很有兴趣观察这些不同于传统价值观的新的消费动机——追求快乐和舒适，如何在中国的文本中实践。

根据以上消费社会学的主要理论以及本研究的总体目标，本书主要的研究问题可以归纳为，都市中产阶层的消费模式是怎样的，他们提出的为消费的辩护理由是什么以及体现了什么样的消费倾向。本书将会从日常生活、品味和消费文化三个维度来回答这些核心的研究问题。

一个有效的理论框架能够提高实证分析的系统性和说服力。这些消费社会学的理论为数据的收集和研究的范围提供了参考，也为数据的分析和结论的建构提供了理论基础。然而，对这些理论的应用却需要一个批判的立场。事实上，任何一种理论都建立在关于世界和人类的某种假设的基础上，所以任何一种理论在解释消费行为的时候都带有局限性。比如，全球化的理论假定文化在国家之间通过新闻传播、跨国公司和国际贸易能够流动。另外，日常生活社会学假定消费者常规行为——无意识的反应和行为——的存在。因此，当应用一个理论框架进行实证分析时，其结论必须建立在同样假定的基础上，结论的推广程度也必须为这些理论的设置所制约。理论框架另一个可能的局限性是"西方话语"，它广泛并且深刻地嵌入于很多西方理论中，这在应用西方理论分析中国问题时尤其要注意。比如，类似"Justification"等名词渗透着英语语言和西方文化的特殊性，这个问题将在稍后详述。然而，不可否认的是，这些西方理论和概念的引入为中国消费文化的研究提供了一个新的平台和基础，也为中西之间的消费比较研究搭建了桥梁。尤其在当代中国，如果你同意全球化理论的假设，那么中国的消费者也可以被理解为较少地受到传统文化的规训、面临着同西方消费者类似的自主性和困境，所以他们也需要为消费的选择进行辩护。本章接下来将详细讨论框架中的五个理论。

第一节　全球化理论：全球文化群

麦克卢汉（McLuhan，1962）的"地球村"概念强调全球文化的逐渐同质化、标准化以及朝着强大的西方文化的收缩，对于当前的全球化理论有着重要的影响。在这个意义上，全球化被谴责破坏本土文化以及强化西方意识形态的统治，也因此在世界范围内遭到了强烈的抵制。

但是，如很多民族志研究所揭示，全球化从来不是一种单向的力量，反而是各种力量参与的"竞技场"（a site of struggle）（Jackson，2004）。本土文化也从来不是被动的接受者，而是能够与外来文化互动甚至改变它。这种"互动"的观点被广泛的实证研究所证实（Watson，1997；Miller，1998b；Jackson，2004；Hooper，2000；Yan，1997；Wood and Grosvenor，1997）。这些本土和外来文化的互动导致了"全球文化群"（global cultures）的产生，而不是单一的"全球文化"（global culture）（Robertson，1992：97）。当代世界的特征则是"本土文化和外来文化之间紧密的、持续的和全面的相互作用和影响"（Hannerz，1996，引自 Jackson，2004：2）。这种解释坚持认为世界的图景不具有普遍性，而"全球性"本身是一个本地化的图景，嵌置于一个更大的"空间化"的身份认同的框架之中（Miller，1998b：184）。这个结论在米勒（Miller，1998b：184）的关于特里尼达部落的可口可乐的生产和消费的研究中得到了很好的阐释，将会在下文中详细讨论。

事实上，本土和外来文化之间的张力（或者说辩证关系）对于这样一个世界的形成做出了贡献，在其中没有任何一个社会可以为任何的商品或者文化形式提供"纯正"的意义来源（Jackson，2004：2）。这不是个新的现象，而是有着具体的历史和文化根源。根据罗伯森（Roberson，1992：113－114），各种的国家—社会文化通过与全球体系中其他社会的互动以不同的方式形成，这些文化又组成了当前的这幅"全球文化"的图景，正是这种普遍主义—特殊主义（universalism-particularism）的关系塑造了一个社会的身份认同（Roberson，1992）。在这种机制下，全球化并不是什么新的现象，上几代已经见证过在资本主义的早期扩张阶段之后的同等剧烈的社会转型（Hirst and Thompson，1996，引自 Jackson，2004）。从社会转型的历史中可以得到一个最重要的启示，就是现代性的多中心起源以及一个事实：欧洲权力虽然逐渐占主导地位却在被激烈地竞争（Jackson，2004）。由这一视角出发，当前关于"全球化"的种种迷思可以被理解为一种表达的工具，被用来支持一种具体的（新自由主义的）政治框架（Jackson，2004）。

在全球化的过程中，跨国公司和媒体是最重要的工具。从"全球一体化"的理论来看，跨国公司和媒体通过提供标准化的产品和传播标准化的品味使得全球消费者的品味和文化都变得整齐划一，所以它们是市场的主导者，虽然可能临时妥协于本土文化。关于跨国巨头和本土社区之间的斗争，一个问题值得考虑：有没有一种单独的力量可以决定结果？从对全球化的刻板印象来看，答案是有的，因为跨国公司能够以利润最大化为目的实施种种策略来教育和规训消费者，从而在全球化的过程中具有决定权。但是本研究想要强调的是，虽然某种力量——通常是跨国公司——看起来在全球化中逐渐占主导地位，但是没有任何一种力量——既不是跨国巨头也不是本土社区，能够有信心控制结果。

上文讨论过的现代性的多中心起源为此观点提供了历史的线索，另外，本土消费文化的弹性（resilience）则提供了理论依据——一系列的民族志研究和实证研究展现了不同社会中西方文化和本土文化互动的不同情况。麦当劳在中国的本土化是一个典型的例子。Yan（1997：53－66）阐释了麦当劳各种各样的策略和操作，目的是"本土化它们的食物，将它们转变成对于北京市民来说常规的和普通的食物"，比如在餐馆内开设儿童乐园以及强调早餐的"干净卫生"。结果，麦当劳转型成为美国文化的中国版本，成为中产阶层家庭享受休闲时光和孩子们放学后玩乐的地方。

但是，有人可能坚持认为，跨国公司虽然以妥协于本土环境为代价，但在市场中仍处于主导地位，从而压迫消费者主权。米勒（Miller，1998b）在著名的关于特里尼达部落的民族志研究中指出，跨国公司的策略不仅是迎合本土消费者的欲望这么简单，它还要应付更多的阻力和风险："必须面对与跨国同行以及熟门熟路的本土同行的竞争，事实上这个冲突才是理解跨国公司策略的关键"。可口可乐公司曾经试图改变配方以满足当地消费者的口味需要，却沦为笑柄，因为公众依然不接受新口味，反而鄙视这种行为，这个事件表明跨国巨头本身也不能够预测每个策略的实施结果。麦当劳的中国化也遭遇了类似的风险。第一，它并非中国传统意义上的快餐，很多中国人如果真的需要快餐，更有可能会去面馆或者生煎店；第二，很多中国本土的餐馆被洋快餐的成功所鼓励，也研发出了自制的炸鸡和汉堡，这些本土同行是限制跨国公司影响力的另外一股力量（Yan，1997）。再加上，在不同的社会背景下，本土文化对于外来文化的回应也不是一致的，比如韩国和日本的消费者就以各种形式排斥国外制造商，这也增加了跨国企业的风险。这些都再次体现了全球化是个"竞技场"、是个持续进行的过程，而非"结果"。

可以总结，全球化是一系列的协调、竞争和适应的结果，任何一种或几种强势力量都不可能控制。本土和外来文化的妥协、互动和张力组成了"全球文化群"，外来文化只有结合本土的背景才有具体的含义。世界应当被理解为"正在全球化"（globalizing），而不是充分"全球化了的"

(globalized) (Jackson, 2004：1)。

就本研究来讲，北京处于中国的全球化和本土化的中心。以上关于全球化的解释勾勒出了本书的背景，在这样的背景下一套新的辩护理由被中产阶层提出，并与传统价值观产生交叉。但是，需要澄清的是，全球化不是新的消费倾向的产生原因（cause），这套新的辩护理由也不是西方价值观的简单引入。从以上讨论中可看出，全球化的过程非常复杂，多种力量在其中斗争和互动并且任何一种力量都难以决定结果；全球化也是一个持续进行的过程。因此，本研究将消费文化的全球化作为背景，但并不主要分析消费文化的全球化，即消费文化通过怎样的机制扩散并非本研究的主要任务。

但是，本研究时常提到"西方"文化，指的是一套在最发达的资本主义国家（比如北美和欧洲）具有普遍性和广泛性的观点和倾向，却与传统的中国文化迥异。这并不意味着"西方"文化被看作同质性的或者单向度的。本研究强调的是，这两种文化被当作理想类型时具有不同的性质、倡导不同的文化主张，并对人们的行为产生影响。并且，"西方"文化也不是静止的，在不同历史阶段有不同的表现形式。在当代，"西方"文化经常表现为现代消费文化和物质文化。西莉亚·卢瑞（Lury, 1996：29 - 36）对现代消费文化和物质文化的性质做过总结，包括大量和广泛的消费品和购物场所，普遍的市场交换和广告，消费者成立的和关于消费者的政治组织，借贷意义的变化，由消费选择和自我塑造带来的自主性和焦虑，以及对于格调、设计和物品外表的逐渐强调。

此外，中产阶层，尤其是发展中国家里的中产阶层，拥有较高的购买力，也是消费文化的领头力量（Chow et al. , 2001；McEwen et al. , 2006）。在此背景下，中产阶层将会在第五章被定义和概念化，中产阶层的日常消费、品味和物质文化也将会在定量和定性分析中被阐释。

第二节　消费和日常生活理论

在消费社会学中，认为消费在不同程度上是表达性的、精彩的和热闹的理论占了主导地位，这些理论的目的在于同正统经济学的实用论划清界限。但同时，这种消费社会学也忽略了一些同等重要的现象：它们不是那么生动或者显著，它们的存在遵循着另外一套逻辑（Gronow and Warde, 2001：

5）。日常生活社会学与上述将消费等同于挥霍的观点不同，强调人们追求舒适和享乐的方面，关注的是消费中平凡的、常规的活动。日常生活理论因此提供了一个全新、有效的研究消费行为复杂性的路径。

本研究选取的是豪琪尔（Halkier，2001）在关于消费者的环境意识的研究中建议的一个日常生活社会学的理论框架。这个框架由三个主要概念组成：行为（practices）、解释（interpretations）和互动（interactions）。行为是"个体从事的社会性的活动"，具体可以分成两种：行动和常规（Halkier，2001：29）。行动（actions）由有意识地选择了的、个体能够清晰地解释的活动组成，这些行动虽然存在于分散的意识中却建立在反思的知识之上（Giddens，1984；Gullestad，1989，引自 Halkier，2001）。常规（routines）由连续的被当作理所当然的行为组成，它存在于实用的意识中，建立在不言自明的知识之上。行动和常规最明显的区别是，人们在行动中试图反思、协调和修改社会规则，却在常规中执行身体储存和记忆的信息，并且不会考虑到规则所以很难主动去反思它们。尽管有区别，这两种行为在现实中却很容易重叠。一个原因是常规经常在消费中"遮掩住"行动，所以对于研究者来说，从常规的消费行为中辨别出"真正的"行动是种挑战（Ilmonen，2001）。另一个原因是，如吉登斯（Giddens，1984，引自 Halkier，2001）所解释，从消费者的角度来说这两种行为都无法预测行为的结果，所以二者的表现形式有时类似。

在消费选择中，常规不仅是减少不确定性的手段，而且能够节省精力并且让我们的日常生活更加放松。经济学的理论认为常规帮助减少"交换成本"，让社会生活可以预测（Ilmonen，2001）。品牌忠诚就是个典型的例子。为了节省购物时间和达到利益最大化，消费者往往常规化、标准化他们的消费选择，直到周围的环境被中断，比如因为生产商的丑闻或者消费者自身情况的变化。但是，他也（Ilmonen，2001）指出，这种"正常化"的感觉的形成并非没有代价。常规破坏了选择"行动"的可能性的各种结构，因此人们可能对于正常化了的常规感到舒适，但是这种常规可能从经济学上来说是"非理性的"。

另外，就学术兴趣来说，行为传递着社会和文化的信息，所以对于行为的研究可以揭示"和身份、地位、欲望、文化资本和在某一社会群体中的位置有关的非常复杂的对话和交易"（Paterson，2006：7）。布尔迪厄的研究显示，一个人的品味显示着他/她的社会地位，虽然这些信息本身并不是有意识地制造而是嵌入在日常行为中的。"行为"的概念因此丰富了消费社会学。就如瓦德（Warde，2005）提到，是参与某种行为的事实解释了消费的性质和过程。消费由社会行为组成：需要是由行为产生的，我们是出于从事某种行为的目的才消费；个体的辩护只有同某种形式的行为和一系列的社会参与相联系才能够得到理解。

这个日常生活社会学的框架中的第二个概念是"解释"：对于现象的开放性的归因，在哪里、什么时候这些原因可以类型化（Halkier，2001：29）。这种"类型"绝不是完全封闭的意义结构，它的组成内容经常变化，也常常建立在不同的可利用的行为和松散的技能的基础上（Antaki，1994，引自 Halkier，2001：30）。这种关于日常生活中"解释"的诠释强调个体理解现象时所处的文本，比如社会文化知识和社会中的位置；也指明了"解释"的一些特殊性质——往往是结构混乱甚至是相互冲突的，但是构成了整个的理解体系。

第三个概念是"互动"：作为社会关系的组成部分来从事某种行为和进行解释（Halkier，2001：30）。这是个典型的社会学视角。据安德森（Anderson，1983，引自 Halkier，2001：30）总结，人们通过与"在社会网络中已知的他者以及想象社区中的遥远的他者"的互动从事着"常规"和理解他们的生活。社会关系在此过程中被生产和再生产。戈夫曼（Goffman，1959，引自 Halkier，2001）也精辟地指出，参与者塑造了互动的结果，同时互动也塑造了参与者。

与主流消费社会学的研究关注品味、地位消费相反，这个理论框架强调普通消费（ordinary consumption，见于 Gronow and Warde，2001）的重要性，包括日常的超市购物、做饭，甚至水电煤气的消费。这个框架有两层方法论含义：第一，通过研究松散的解释如何嵌入于琐碎的行为和互动来理解消费；第二，通过研究消费行为如何联结起我们的日常生活来理解社会结构和社会关系。

可以看出，日常行为为理解消费提供了一个重要的窗口。这也是为什么本研究的访谈主题之一是日常消费。作者调查了中产阶层的购物习惯和他们的解释，也询问了他们经常和谁讨论购物、一起去购物，他们如何评价别人的品味以及消费品如何被用来维持社会关系。在分析中，本研究将通过以上三个概念来应用日常生活社会学的理论框架，试图理解人们如何进行消费选择以及如何通过日常的互动理解自己的消费行为。

第三节　品味社会学

品味，即消费中的偏好和爱好。品味的个体性（与他人的区分）和公共性（与他人的一致）是一对固有的矛盾；根据解决方法的不同，对于品味的概念和机制的理解也大相径庭。与经济学中效用最大化的逻辑不同，凡勃伦（Veblen，2001/1899）认为阶级是理解品味的关键。在他看来，炫耀性、浪费性的消费标志着社会地位和声望。所以，上层阶级追求昂贵、精致的物品来显示他们的闲暇和财富。"炫耀性浪费的原则"指导着习惯的形成和行为的规范，影响着"义务感、美感、效用感、奉献或者惯例的适当感以及真相的科学感"（Veblen，2001/1899：86）。品味的个体性和公共性因此通过攀比或者模仿别人的品味来达到统一。虽然布尔迪厄反对凡勃伦的理论，但他同样是用阶级分析品味。从行为理论（theory of practice）的视角，他将品味看作处置（dispositions），是嵌入在日常生活中的"惯习"（habitus）的组成部分。品味的矛盾通过一系列的对一个人的阶级出身的无意识的指向来解决，这个过程只能在行为中——如何应用一系列的行为模式——得到理解（Bourdieu，1993）。因此，品味是社会区分的基础，"指引社会空间某个位置的人朝向受他们的财产决定的某个社会位置、朝向适合这个位置上的人的某种行为或者物质产品"（Bourdieu，1984：466）。

但是，阶级在品味的理解中所发挥的作用受到了几个方面挑战。一种理论认为阶级不是最好的解释，另一种理论认为阶级在当代社会已经不再重要。前一流派可以追溯到西美尔。同"地位消费"阵营的理论家们类似，西美尔（Simmel，1971：299－230）认为时尚具有阶级性，最前沿的时尚和新奇更常为上层阶级所拥护。但是，对西美尔来讲，时尚是个具有自我动力（self-dynamic）的过程，在此过程中与他人区分和模仿别人这两个相反的阶段自动地互相配合（Simmel，1905，转引自Gronow，1997）；因为时尚和潮流允许个人通过某种独特的品味自我表达，同时也帮助他们从不安全感中释放出来。这种表达的范式也可以在贝克、鲍曼和吉登斯的理论中找到，基本的主张就是在逐渐被市场统治的现代社会，人们通过所拥有的产品和所展示的行为来定义自己，他们拥有选择身份认同的权利。但是，生活方式和自我认同也会随着社会情境的改变而改变，这就同时造成了不安和焦虑（见Beck，1992；Bauman，1988；Giddens，1991，转引自 Warde，1994）。鲍曼认为，围绕着品味的判断产生的焦虑或许可以通过分散的、微型的感知共同体——"新部落"（neo-tribes）来解决，这样人们可以通过共享的自我形象强烈地（也可能只是暂时地）拥有归属感（Bauman，1990，1991，转引自Warde，1994）。由此，品味的个体性和共同性的矛盾可以通过制造和维持一种合适的身份认同来和解。

另外，来自欧洲和美国的越来越多的证据揭示了中产阶层的"杂食的"（omnivorous）或者"兼容的"（eclectic）消费倾向，而不是仅仅接受合法性文化的消费倾向。数据显示，上层阶级和高社会地位的群体拥有最广泛的品味并常常用消费的种类来进行社会区分（Peterson and Kern，1996；Ollivier，2008；Coulangeon and Lemel，2007）。这些实证发现推翻了品味的阶级性的理论，可能意味着在当代社会阶级不再是理解品味的核心结构。

近期的一些实证研究也关注品味的模式。后现代理论认为后工业社会中的文化更容易蒸发，所以消费没有明确的模式。物质产品形成了一个"全球的、随意的、连贯的"符号系统，通过大众媒体和广告的操纵获得了自主权，并且能够自由地游离于其物质的载体（Baudrillard，1981，引自Sassatelli，2007：82）。因此我们不可能再通过考虑消费者和其所购买物品的关系来理解消费，人的存在仅仅作为表达物品之间差异的工具（Baudrillard，1981，引自Sassatelli，2007：83）。

与后现代的悲观主义和身份认同的自由选择理论不同，瓦德（Warde，2008）试图建立起品味和社会区分的关系从而理解消费的模式。他认为一个关于品味的理论必须包含三个元素——品味的分布、人们在自己品味的基础上对品味的判断和品味的辩护。①品味的分布包括对导致不同模式的品味的"机构和机制"的搜寻，比如职业阶层、教育和代际；②品味的判断关心的是，对他人品味的判断如何构建服务于权力和特权的社会分层；③品味的辩护从品味的判断发展而来，以使得人们能够对他们的品味感到满意和自信。

简言之，品味的三个维度理论在一种新的框架中构建了社会分层。它强调通过一个人对他人的判断以及对来自他人的判断的感受将自己与其他人区分开来，这种分层模式"是理解与品味紧密联系的权力的复杂性的关键"（Warde，2008：333）。这种对品味的分析要求关注某种现象出现的文本以及品味的判断、辩护中所使用的语言文字和来自市场的文化干预（Warde，2008）。

品味的辩护是被布尔迪厄所忽略的一种机制，他认为品味从惯习中产生，而不是"对于审美品质和个人责任的有争议的观点，目的是在诸多不同的选择中确认最好的选择"（Warde，2008：330）。这使得布尔迪厄的观点在由广告、市场营销和媒体评论所带来的社会变迁面前缺乏说服力，这些社会变迁使得品味的辩护处于持续不断的变化中："对于品味好坏的辩护是在被不断地发展和争论的，因为人们考虑社区中他人的观点、改变主意、发展他们的竞争力、讨论他们的活动然后又为自己的判断辩护。"（Warde，2008：331）

而且，联系到中国文化的独特性以及中国社会的变迁，品味的辩护这一维度尤为重要。本研究将展现被访者提供的辩护理由如何不同于改革开放之前甚至更早代际的消费理由，由此可总结暗含其中的消费倾向。"辩护"在中国文化中扮演的角色将会在下文详细讨论。

确实，在对北京的中产阶层的访谈中显示，人们通过文化处置来互相区分，辩护也体现在了他们对品味的解释中。通过论述以上不同范式对于品味的解释，本研究认为品味的三个维度理论在当代社会的背景下更加有效，并将应用其于中国社会的文本中，来揭示中产阶层品味的模式。

第四节　物质文化和物质的意义

如上所述，消费，也即购买和使用物质产品，嵌入于连续的日常行为中，因此得到、使用和交换物品的行为蕴含着丰富的社会关系和互动。物质文化的第一层含义是"社会生活中存在着物质"（Lury，1996：10 – 18）。典型的例子是送礼物给家庭成员来表达感情或者加强联系。米勒（Miller，1998a）对家庭主妇/夫的日常购物的研究认为这是一种自我牺牲仪式的折射，迪沃特（DeVault，1991）关于为家庭成员做饭的研究将其总结为社会联系和社会性的日常生产，这些研究深化了对嵌入于日常物质产品使用中的社会关系的理解。

物质文化的第二层含义强调物质和人之间的关系，这在日常生活中不那么显著，却可能是研究长期历史变迁和大规模社会变迁的一个窗口（Kopytoff，1986，引自 Lury，1996）。在物质循环的过程中，物质持续地在表征和传播文化意义中发挥着重要的作用。在宏观层面，物质的意义通过广告和时尚系统被确立及更新，这一过程是由生产者发起的。在微观层面，通过交换、拥有、打理和丢弃等仪式，意义在物质和消费者之间流动（McCracken，1990）。这个辩证的过程组成了物质的轨迹或者说是"传记"（biographies），用卢瑞的话来说就是体现了"物质拥有社会生活"（Lury，1996：19）。每个社会都为物质的循环规定了文化和法律允许的"路径"——什么条件下某种物品可以交换什么、由谁交换、什么时候交换，同时相反的趋势可能导致"越轨"（Appadurai，1986：16－29）。在这个意义上，研究使用和欣赏物质产品中的"路径"与"越轨"可以帮助理解隐秘的社会文本和变迁，因为消费是提供给这个世界意义的一个主要机制。

物质文化理论的两个方面不可分离。物质和人之间的关系也被认为类似于人和人之间的关系，因为物质成为意义的载体："人和物之间的类社会关系将物附属于他们的文化和生活中，连接着过去和现在，调节着直接的人类关系和间接的文化关系"（Dant，2000）；物和人类之间的"互动"满足了人们的欲望，同时也规训着使用者——目的是使得物质产品产生理想的回应（Dant，2000；Shove and Southerton，2000）。

除了以上很多富有启发性的概念和视角，一种方法论也隐含在物质文化的理论中：对于期望、拥有和处置物质产品的探究，尤其关于"路径"和"越轨"的研究，提供了一种理解社会生活的实证策略。特别地，我们需要调查日常普通的物质产品，因为它们可以"告诉我们大量关于物质所处的这个社会的结构和性质"的信息，故能够揭示"互相依赖和共同决定的程度和张力"，这对于理解消费非常重要（Shove and Southerton，2000：16）。这个方法论可以被看作日常生活社会学在物质文化领域的应用。

在以上物质文化理论的启发下，本研究将论述就何种性质和程度而言，人们想要得到、喜欢或者不喜欢、交换以及使用物质产品。相应地，田野调查尤其关注物质欲望、交换礼物以及家庭购物，定量分析也将关注"送礼"行为及其动机，将在实证分析中进一步讨论。

第五节　消费倾向作为消费行为的解释

本书将消费倾向定义为人们购买和使用物质产品或服务的独特或者主要的动机和原因，这是整个理论框架的主要研究目的所在。学术界对于消费倾向的理解颇有争议。正统经济学认为消费者是理性人，因此，其消费选择建立在自我利益和需要之上而不会受到广告或者媒体的影响。这种消费倾向的效用观点被社会学家所挑战，他们强调大众传播的力量和区分的逻辑（Sassatelli，2007）。对于这类研究做出卓越贡献的是凡勃伦。他认为（Veblen，2001/1899）消费的功能是展示消费者的经济权力，因此，消费者的倾向可以被解释为地位显示和攀比。凡勃伦的这种社会竞争的模型被卢瑞总结为"地位消费"（Lury，1996：80 - 81）。消费者购买商品并将其作为社会地位的标志，用来定义它们相对于其他消费者的地位。在这个意义上，布尔迪厄关于品味和区分的模型也属于这个"地位消费"的阵营，虽然他更强调对一个人的阶级出身的无意识地参照（Bourdieu，1984）。如在前文"品味社会学"（本章第三节）中所提到的，品味，或说惯习的处置（dispositions of habitus），区分与消费相关的行为；品味也依赖于一个人在系统中的位置——根据其在一个社会群体中的认同以及与他人的区分（Bourdieu，1984）。因此，处置（dispositions）被一个人的社会地位所结构化，也体现于一系列连贯的行为模式中，虽然在行为理论看来不一定是有意识的目的，但它可以解释消费的原因。

与区分逻辑相反，西美尔强调时尚在大众消费时代的作用。西美尔认为，消费是一种"文化区分的行动领域"（culturally ordered field of action），具有社会逻辑的两种基本原则：整合或者凝聚的需要以及区分或者孤立的需要（Simmel，1971）。西美尔将时尚看作一种自我动力的过程，并指出消费中的张力可以通过时尚解决，因为在时尚中，规范作为一种品味的模式通过购买和彰显某种穿着的风格来表达（Paterson，2006）。

类似西美尔，吉登斯和费瑟斯通都将消费看成信息传递，认为物质产品的使用体现并建构一个人的身份认同，但是并非如凡勃伦和布尔迪厄主张的建立在阶级结构的基础上。在吉登斯看来，身份认同是不断变化的，可以按照个人的意愿随意改变。多种多样的生活方式选择尤其在市场、媒体和消费

"专家们"的作用下成为可能，它们都提供如何建构和实施一种个人形象的信息（Giddens，1991：84）。在此基础上，费瑟斯通进一步强调"日常生活的审美化"原则（aestheticization of everyday life），甚至是最平凡的物品和行为都可以被赋予格调、具有审美的品质。这个原则体现的是快速流动的符号和形象，它们渗透在当代社会日常生活的细节中（Featherstone，1992：269）。因此在"日常生活的审美化"的框架下，消费是一种形成个人身份认同的具有表达性的、好玩的和无限制的实践（Featherstone，1992）。

符号逻辑也处于后现代消费理论的核心。后现代理论家认为意义和符号是自我引用的，并且拥有对人的主权。根据鲍得里亚（Poster，1988：46）的理论，人们的需要被市场操纵；消费不是因为物品的效用或者其带来的快乐，而是"对隐喻的或者错位的欲望以及通过不同的符号社会价值的密码被生产的过程"的回应。所以，消费者的欲望永远不会被满足，因为需要被作为消费的动力而生产出来。

虽然以上的理论考虑到了社会结构以及消费者作为行动者的作用，还有现代社会中广告和市场的影响，但是将消费行为简单理解为信息传递或者被市场诱惑是不恰当的。第一，后现代理论家们错将消费者看成了统一的整体，事实上，消费者不总是或者全部都是被动的，生产商们也不能够完全预测或者控制消费需求。第二，如坎贝尔（Campbell，1995）指出，通过展示所使用的物质产品——这一举动往往也缺乏文本——给一个陌生的或者不具体的群体发出信息是非常困难的，也经常会让人误解。因此，信息传递的解释范式并不能完全站住脚。

一 自我导向型的消费倾向

根据坎贝尔（Campbell，1987）对欧洲近现代文化和宗教的研究，现代消费行为的核心是追求快乐（pleasure）。这个理论考虑到了消费中必要的生物需求，而这一维度被消费的表达范式所忽略；它也注意到了个人对于周围世界的感知和二者之间的互动过程，却并不假定人们的行动都是由他人导向的（Campbell，1995）。坎贝尔这样解释为什么消费者被追求快乐的动机先天占有而非获得满足的动机。既然创造快乐的刺激可以很容易地从想象的内部源泉而不是从外部源泉得到，"幻想可能的新奇快乐的体验就很容易代替重复体验过的真实事物（作为创造快乐的刺激来源——作者加）"

（Campbell，1995：118）。因此，与其将人们的消费动机看作来自物质产品的"满足感"或者传递信息给他人，不如看作从物质产品或者相关图景中建构起的自我幻想的体验中带来的快乐（Campbell，1995：118）。以旅游为例，坎贝尔强调人们从白日梦或者幻想中获得的快乐远大于从真实世界中的攀比或者炫耀的体验中获得的快乐。如坎贝尔所主张（Campbell，1995：118），"寻求快乐的消费者"或者"想象的享乐主义"的框架可能是总体上理解现代消费行为的最佳路径。

　　然而，想象的享乐主义，或说现代享乐主义，跟传统享乐主义有天壤之别。传统享乐主义强调一种经验，因为（跟其他的比起来）这种经验产生"快乐"；但是现代享乐主义强调经验能够带来的"快乐"（Campbell，1987：69）。因此，传统享乐主义注定更加局限，因为它依赖于娱乐或者对开心的活动的搜寻。但是，现代享乐主义不受此局限，它需要的是一种"自我控制"能力。据坎贝尔所解释（Campbell，1987：70），如果一个人被过量的刺激所淹没，这些刺激打扰了他/她对于经验的主观方面的内省欣赏，他/她就不可能享受这个经验。有趣的是，以自我控制为特征的现代享乐主义主要来源于18世纪的新教。坎贝尔解释道（Campbell，1987：70 - 74），"它（指新教。——作者加）采取的是一种对'自然'情绪表达的公然敌对姿态，因此帮助在感情和行动之间形成一种分裂，而这种分裂是现代享乐主义所要求的"。因而，现代享乐主义的"快乐"是一种抽象的情感和主观的判断，任何人可以评估和进入。这种快乐较少地依赖满足感、炫耀或者身份地位来获得，因此现代享乐主义的范式与效用论是完全不同的。

　　但是，一个问题由此产生：享乐主义——常常通过对新奇和奢侈品的追求来展示——如何可以被辩护为"美德"？坎贝尔反对亚当·斯密和曼德维拉的效用论观点，他们通过其刺激生产的功能来为享乐主义辩护。但是，如坎贝尔（Campbell，1987：29）称，"那并不是一个足够好的将其变成美德的原因。换句话来说，道德主张不可能被效用主张推翻；相反，它们只可能被其他的道德主张反驳"。坎贝尔（Campbell，1987：201）认为，是浪漫伦理刺激并合法化了"自主的、自我空想的享乐主义"。浪漫主义的高峰期是在1790年到1830年之间，从启蒙运动继承了个人主义——强调个人自我决定的权利（Campbell，1987：181 - 183）。而且这种哲学将自我看作"本质上神圣的、独一无二的、'创造性的'天才"，意味着"这些在很大程度上可以解释为对于'自我表达''自我发现'的权利"（Campbell，1987：183）。根据浪漫主义，道德复兴是通过诗歌的力量，因为它可以实现"教育和提高的功能，通过唤起对于善的行为和人类幸福所必要的情感和想象的状态"（Campbell，1987：187）。相对于效用论或者竞争论，浪漫主义的世界观提供了最可能的动机为白日梦、生活和艺术中对新奇的渴望、追求进行辩护，并合法化快乐本身的追求（Campbell，1987：201）。

从感官快乐的角度来解释消费也在著名经济学家西托夫斯基的理论中有所体现。西托夫斯基（Scitovsky，1976）应用心理学的方法区分了快乐和舒适，在他看来这是理解消费的两个重要维度。"唤起"（arousal）被引入来区分二者，可以大致定义为"兴奋水平"（Scitovsky，1976：28）。舒适的感觉同唤起的水平有关，取决于是否处于最佳水平，而快乐的情感由唤起水平的变化所产生，尤其当这些变化导致唤起朝着最佳水平上下跃动（Scitovsky，1976：161）。需要的满足既带来舒适也带来快乐，因为唤起的水平提高到最佳水平的同时伴随着变化。但是，舒适的继续保持将会减少快乐，因为"唤起持续地处于最佳水平，却没有朝最佳水平发生变化"（Scitovsky，1976：71）。西托夫斯基相信消费者能够在快乐和舒适之间做出理性选择。一些人在所有情况下都清晰地选择舒适，而很多其他人试图躲避枯燥，去获得快乐。后者需要"刺激"来躲避枯燥，"以唤起的临时增长超过最佳水平为代价，这种痛苦是我们为了获得增强的紧张和随后的放松所带来的快乐必须付出的代价"（Scitovsky，1976：76）。然而，坎贝尔批评西托夫斯基的理论仍使用效用概念来解释快乐。如坎贝尔（Campbell，1987：59－60）强调，快乐和效用是非常不同的概念，与人类行为的不同方面相联系，所以快乐的追求只能被一个建立于享乐主义而不是效用论基础上的模型来解释。无论如何，对于快乐和舒适的追求在本研究中也十分显著，西托夫斯基的概念提供了一个分析消费倾向的很好的框架。

将消费倾向主要理解为对于快乐和舒适的追求，强调了消费者的生物需求和自我导向型的消费动机，然而这两方面常被很多社会学家忽略，部分的原因是他们热衷对消费过程强加社会学的理解，因此很多研究的焦点是阶级、地位、不平等和社会符号论［如 Woodward（2003）所总结］。为了解决这个问题，伍德瓦德（Woodward，2003）建议了一个有效的改正方法，即从行动者的角度来探索消费问题，试图挖掘消费行为的语言构成：策略、叙述和解释。在一个关于澳大利亚中产阶层家庭的家居装饰的研究中，伍德瓦德发现享乐的欲望和营造一个"舒适""放松"或者"平衡"的生活方式的目标交织在一起，而在审美表达中想要与众不同或者高人一等的欲望则不那么明显（Woodward，2003：402-409）。因此，与他人导向型消费倾向相反的一种自我导向型消费倾向，得到了实证材料的支持。

对于快乐和舒适的追求及其内在的审美原则属于品味的审美判断的范畴，此范畴将品味理解为被社会和文化权力塑造。这种传统在康德、布尔迪厄和凡勃伦的研究中非常显著，也在社会学话语中处于中心地位。但是，品味的道德维度以及个人利益的追求如何与个人的"社会性"相统一并被合法化仍然没有得到很好的探索，虽然拉蒙的研究显示了对于品味的道德判断的些许兴趣。通过访谈法国和美国的中上层阶级成员，拉蒙（Lamont，1992：3-4）强调社会地位和文化水平在构建符号分层中的作用，同时也强调道德特征和品质，比如诚实、工作伦理、个体一致性以及为他人考虑。但是，伍德瓦德和艾米森（Woodward and Emmison，2001：296）认为拉蒙的研究仍停留在将品味同权力和地位相联系的传统中："……强调文化品味的模式与社会文化权力的各种复杂互动的形式相交叉，品味和文化偏好的不同仍被当作社会地位的标志……"伍德瓦德和艾米森则将个体层面上品味的形成与品味的"社会属性"（socialness）——关于礼貌、集体情感和自我塑造的技术等相联系。他们使用一个近期的澳大利亚全国调查数据，研究了行动者如何理解"好的"和"坏的"品味类型。研究发现（Woodward and Emmison，2001），品味的判断不只是个审美的问题，也是个关于道德、伦理和公共感知的问题。特别地，老年人往往从公共的/社会的维度对品味进行判断，比如从是否恰当、可以被接受、周到或者是否有冒犯性（Woodward and Emmison，2001）。以上这些对于品味的审美判断和道德判断的理解为分析被访者提供的消费原因建立起了一个有用的理论框架，也将被当作分析品味的辩护的结构。

二　中国社会的消费倾向

如上所述，对于快乐和舒适的追求可以被西方文化中的个人主义传统所辩护。但是，中国文化在消费倾向方面的立场非常不同。节俭的话语在中国历史上长期占统治地位，它是儒家和道家文化的核心。儒家思想将节俭视为美德；相反，奢侈消费不单纯是品味的问题，如果允许超越基本需要的欲望，它就有腐蚀社会秩序的危险（傅允生，2000）。"奢则不孙，俭则固。与其不孙也，宁固。"① 但是俭与奢的"度"都要遵守封建等级秩序的"礼"（张晋，1999）。这种主张的实质是社会规训，目的是维持一个等级秩序的社会。道家对消费的认识比较有趣。从修身养性的角度，道家思想认为节约和简朴的生活对健康有益，而奢侈的生活方式则会迷乱人心，"五色使人目盲，驰骋田猎使人心发狂，难得之货使人行妨，五味使人之口爽，五音使人之耳聋，是以圣人之治也，为腹不为目，故去彼取此"②；所以满足感靠的不是物质之多少，而是靠知足，"罪莫大于可欲，祸莫大于不知足，咎莫憯于欲得。故知足之足，恒足矣"③；道家甚至抵制任何形式的消费活动，并欣赏从贫乏的物质中得到的满足感，向往安贫乐道的"小国寡民"的社会（傅允生，2000）。随着经济的发展，等级消费和对物质产品的极端抵制都退出了历史舞台，但是节俭以及未雨绸缪的价值观保留在了中国人的性格中，直至今天（Chua，2000）。

或许可以得出结论，在中国和西方的文化中具有合法性的消费倾向是不同的，对于快乐和舒适的追求本质上与中国的传统文化相抵触。两种文化所倡导的消费倾向截然不同的原因在于对个人和社会的关系的认识不同。如上所述，欧洲文化或许可以被看作是更为自我导向和人文主义的。另外，西方社会的秩序建立在接受个人自由的边界限制的基础上，秩序的原则或多或少地依赖于独立的个体（Redding，1993）。相反，中国的宗教和文化寻求的是一种个人与社会之间辩证的、和谐的、妥协的关系（郑红娥，2005）。事实上，如瑞丁（Redding，1993：44）所指出，中国的国家本质上是中国人的超级家庭；在这种结构中，秩序的维持建立在对各种关系充满道德色彩的规定的基础上，因此，个人在维持自身所处社会文本的和谐中找到自尊和意义。由此可以理解，节俭不过是儒家和道家思想倡导和谐的一种工具：前者旨在建立等级社会秩序，后者旨在建立内在世界与外在世界的和谐统一（傅允生，2000；张晋，1999）。这也就可以理解为什么享乐主义没有在中

---

① 《论语·述而》。
② 《老子》第十二章。
③ 《老子》第四十六章。

国传统文化中得到发展，因为一个强调个人和社会的统一的文化不太可能鼓励追求个人的快乐。

因此，当代中国关于消费倾向的"官方"[1]话语倡导的是适度的、经济理性的和环境友好的消费行为，反对挥霍和追求个人享乐。消费主义被理解为一种为过度消费和无节制的欲望辩护的西方意识形态，因而是"不健康的"消费倾向，应当被中国拒绝（如郭金鸿，2004）。但是，这种话语给自身设置了一个困境：适度消费和过度消费的界限在哪里？消费物品和消费符号的界限在哪里（邹广文、夏莹，2004）？这种对消费主义暧昧不清的态度也体现在了改革开放之后的意识形态领域，纠结于传统的节俭伦理被破坏的后果以及消费主义作为刺激经济、转移人民的政治热情的工具（Zhao and Belk，2008）。事实上，据 Chua（2000：9）的研究，这是东南亚国家的共同困境，新兴的消费文化最初被用作一种政治策略但是逐渐使得国家处于危险的边缘——消费欲望无休止、阶级分化不断加剧。

无论如何，在人们的日常生活中，消费行为并不总是被传统文化或者"官方"话语所调节。消费文化的兴起可以追溯到现代社会的发展时期。"消费主义"的意识形态最早出现于 20 世纪初的对外贸易和移民涌入的前沿——上海，但是最终没能向全国扩散（许纪霖、王儒年，2005）。在 20 世纪 20 年代的大上海，消费被认为在构建享乐主义的伦理、购物的欲望和上层阶级的认同方面扮演着至关重要的角色；这种享乐主义的消费伦理推崇生活的目的是个人的享乐，从道德上支持了对于奢侈和新奇的消费品的无休止的需求，遂被上升中的资产阶级广泛接受和传播（许纪霖、王儒年，2005）。在当代社会，消费文化的特征和程度也被很多现有研究所揭示。陈昕（2003）将消费主义定义为"消费的高档、名牌倾向，消费的广告效应，以及消费的符号象征意义"，根据实证研究得出结论：消费主义存在于中国人的消费行为中。另外，据一个 2004 年的跨国研究（Sun，Horn and Merritt，2004），英国和美国消费者的主要特征为品牌知识广泛、热爱旅游、对生活满意、经济上满意和乐观，本研究在北京的访谈对象在很大程度上与英美国家的消费者类似。这些研究发现有助于理解中国人消费行为的变迁。中国消费文化的发展历史和当代消费文化将在第四章详细讨论。

---

[1]　官方话语在此指被政府同意或鼓励的话语，体现在一些政策文件和文献中。

这一节特别论述了中国和西方文化不同的伦理和价值观。传统中国文化以及当代"官方"话语倡导的"消费"文化与典型的西方文化有很大区别。然而，当代的中国消费者展现出了一些对中国社会来说是"全新的"，却已经被西方文化和最发达的资本主义国家普遍、广泛接受的特征。很多现有文献将在中国新出现的消费现象和倾向归结为"消费主义"，并努力厘清"消费主义"在中国的性质和程度，然后倡导一种"反消费主义的""健康的""合理的"消费倾向。但是，这些新现象以及背后的消费动机是否一定同"消费主义"有关？更何况"消费主义"是一种起源和发展于西方并且非常富有争议性的名词？在当代中国出现的对于快乐/乐趣和舒适的追求是否与西方文本中类似的消费倾向具有同样的性质和机制？本研究将通过实证材料和科学的分析对中国人的消费倾向进行恰当的解释和总结。

另外，新的消费现象如何与更加传统的价值观相交叉（或说相适应）以及中国消费者如何为自己的品味辩护仍然是个谜。关于行为辩护的知识空白事实上与中国文化的特征有关。从儒家到道家再到当代的"官方"话语，中国文化更多地强调个人为了维持其与社会的和谐应该做什么，而不是如西方文化所强调的有限制的个人自由。可以说，"辩护"在中国传统文化中被"噤声"或说被社会规则所代替了，因为一个人的行为准则据其社会角色被预先规定，一旦越出规定就会被惩罚。这也是为什么作者很难找到一个法律意义以外的相对应的中文词汇来翻译"justification"。根据本章讨论的西方理论框架，尤其是在全球化的背景下，人们对自己的行为做出辩护是必需的，因此本研究将开辟"行为的辩护"作为研究的路径，并挖掘与之伴随的焦虑和矛盾来解释中国人的消费行为。

第六节　本章结论

本章选取整理了欧洲比较前沿的消费社会学理论，勾勒出了将要用于分析的理论框架。该理论框架注意到了理论之间的连贯性和互补性——从不同视角和关注点解释、分析消费行为，却并不互相冲突。本章的讨论也证实了研究关注点和主题的科学性。由此可见，理论研究和实证研究的关系密不可分。该理论框架为实证研究提供了一种研究的视角和理论基础，同时也具有理论发展上的意义：一是为西方理论通过中国的实证数据被验证或者发展提供了可能性；二是为建构中国实证数据基础上的消费社会学理论做了初步的努力。但是，西方的很多理论应用到中国研究可能会遇到"水土不服"的问题，很多名词、视角和主张浸染着西方的语言、文化传统，这就需要倡导一种"批判"的和"发展"的眼光，这样不仅可以提高实证分析的科学性，对于理论的发展也具有促进作用。第三章将对中产阶层的发展做一个历史的和社会学的分析，第四章将讨论消费文化在中国的兴起。这两章将更多地参考国内的文献资料来考察中国的社会文本。

2013.4.22
2013年第16期
www.lifeweek.com.cn

三联生活周刊

20%房产个税与一个阶层的生长
小中产者艰难

生活 · 读书 · 新知 三联书店编辑出版
国内统一刊号 ISSN1005-3603
CN11-3221/C
邮发代号 82-20 定价：¥12元

731

2013 年 4 月 22 日出版的《三联生活周刊》做了名为"小中产者艰难"的封面专题。伴随改革开放和住房商品化，中产阶层成长起来，但是一部分人被迅速上涨的房价透支了积蓄，接着又受到 20% 个税的重创。已经拥有房产的人固然幸运，但是顶着房价可能出现调整的魔咒、冒着房产占家庭资产比重过高的风险，中产阶层能否稳定发展？这样的优越与困惑，塑造了中国中产阶层的特征及其消费模式。

第三章
社会转型与中产阶层的发展

在 20 世纪中国社会变迁的时间线上，两个最重要的年份是 1949 年和 1978 年，后者尤其是当代社会发展的里程碑。1978 年改革开放之后中国发生了巨大的经济和社会变迁，由一个平均主义的社会转变成一个异质性的社会，主要体现在经济形势、社会结构和消费模式三个角度。①国家主导的商品流通渠道逐渐被自由的、利润导向的、商品充足丰富的市场所替代。②平均主义社会的"幻象"被一个分层的社会结构所代替，在这个社会结构中，群体之间有着不同的生活机会和社会地位（He，2005）。③曾经全国统一的消费者市场出现了社会阶层间和地区间的差异性："大众化的"消费模式被各种各样的与家庭地位匹配的投资所替代（卢汉龙，2003：140~161）；高度同质的消费者市场也被地区分化所替代，东部沿海地区越来越发达而西部和内陆地区一直欠发达。

改革的结果就是，一个强调通过使用物质产品来满足个人需求的意识形态开始被政府所鼓励——虽然动机很复杂也不断经过调整。中产阶层，尤其是专业人士和经理人员，伴随着多种经济的发展和高等教育的复兴而获得了更高的社会地位。他们更频繁地参与广泛的消费行为并在消费模式中体现出了新的价值观，因此是消费文化兴起的过程中一股特别重要的力量。

根据上述背景和本研究的主题，本书将参考大量的最新资料，包括期刊文章、学术书籍以及大众媒体和网络上的文章。第三章和第四章试图为本研究勾勒出一个社会和国家的文本。这两章所使用的期刊文章大多来自"中国期刊全文资料库"，检索时间从 2007 年至 2013 年；学术书籍大多来自中国国家图书馆，检索时间是 2008 年，当时作者正在北京做田野调查。作者也参阅了互联网上很多关于改革中重大事件的文章。

本章将通过综述大量关于经济和社会转型的文献，对于中产阶层如何在改革中成长的问题进行历史的和社会学的分析。首先，将联系中产阶层在中国社会的发展历史以及 1978 年之后的改革开放来探讨当代中产阶层如何形成。然后，将集中讨论当代的经济和社会改革，来看它们如何对中产阶层的生活机会产生影响，包括地区间的经济发展差异和人口流动以及住房制度改革。

第一节　中产阶层的发展

中产阶层作为一个社会地位较高、生活机会较多的群体在 1978 年改革开放之前并不存在。中国社会自古针对商人和中产阶层抱有偏见，这有着内在的政治、社会和经济的原因。但是，当中国社会朝着市场经济的方向发展、经济效益开始成为核心的时候，中产阶层的贡献凸显了出来，主要体现在他们在生产中的智慧和在消费中的热情。本节将首先考察中产阶层的发展历史，然后再从经济和社会的角度来分析当代中产阶层的形成。本节主要的观点是，私有经济和外资经济的增长、服务业的发展以及高等教育的复兴在中产阶层的壮大及其生活机会的增加上发挥了重要的作用。

一　历史上的中产阶层

在古代，"重农抑商"是社会的主导政策，因而商人被主流社会所拒绝。商人也被认为是道德堕落的人群，因为其挥霍和游手好闲的形象与传统的节俭和勤劳的伦理不相容（胡发贵，1995）。但是，唐宋是中国社会结构发生变化的一个重要转折点。一个新的社会阶层，不同于之前依赖家庭出身的社会阶层，开始出现并成为在世袭贵族和平民之间的"中间阶层"（林文勋，2006）。这个新的社会阶层被历史学家命名为"富民阶层"——他们总体上受过良好的教育，通过在农业、商业、手工制造业和其他产业雇佣劳动者而拥有相当的财富（林文勋，2006；曹端波，2008）。"富民阶层"的发展也极大地提高了商人的社会地位，促进了社会流动，也发展了封建社会的市场经济（林文勋，2006）。随着资本主义的发展，在 19 世纪末期商人的社会地位进一步提高。一个具体的原因是当时中国正在遭受外来侵略，而政府和社会精英一致认为商业是救国最有效的办法（于春松、潘宇，2001）。随着之后外资经济的增长，一个新的职业阶层"买办"产生，他们受雇于外资企业，其中一些人后来甚至建立起了自己的企业，他们对于中国资本主义的发展做出了相当大的贡献（张玉法，2003）。从19世纪末至1949年，现代"工商阶层"逐渐形成，包括盐商、行商、买办、钱庄和票号及银行业者、制造业者、矿业者以及一般工商界人士（张玉法，2006：86）。现代的中国中产阶层被认为在这个阶段已经产生。他们是民族工商业资本家（从事现代民族工商业的士绅及其子弟）、买办、政府官员以及最早的专业人士，包括教授、律师和艺术家（周晓虹，2005：3-4）。

1949年之后，中产阶层被摧毁，并被重构入社会主义工人阶级的一部分。1949～1978年之间，中国的中产阶层由干部、知识分子以及国有企业职工包括一部分的体力劳动者组成（李强，2001）。这个时期的中产阶层也被称为"旧中产阶层"（李强，2001）。"新中产阶层"随着一系列的经济社会改革出现于1978年之后（周晓虹，2005；李强，1999，2001）。根据李强的研究（1999），"新中产阶层"大多为独立经营者，或者受雇于外资企业，并且也较年轻。李强（1999）认为，职业类型和从事的产业是区分"新中产阶层"和"老中产阶层"的主要变量。"新富"（the new rich）是对当代中国中产阶层的另一个称呼。如巴克利（Buckley，1999：280）所指出，"他们是一群在邓小平推动下的经济改革之中获得了大量的财富和地位的人群"。但是，关于当代中国中产阶层究竟是哪些人仍有争论，本书将在第五章进一步讨论。

分析过中国历史上中产阶层的地位之后，本节将继续讨论经济和社会的变迁如何带来"新中产阶层"的产生。三个方面的变迁最为关键——多种经济的增长、服务产业的发展以及高等教育的壮大。通过下文对这些变迁的剖析，我们将会看到中产阶层的利益和改革如何紧密联系，这也是理解为什么本研究中的被访者总体上乐观且自信的关键。

二　私营经济和外资经济的增长

改革开放之后，国民经济开始被市场机制所主导：①资源主要由市场配置，政府是宏观经济和公共事务的管理者；②非国有制经济的比重上升，根据世界银行的报告，1998 年中国 GDP 产值中私营经济的贡献份额高达51%；③一个完整的市场经济体系逐渐建立，包括金融市场、劳动力市场、房地产市场、技术市场和信息市场①。但是，直到 1992 年邓小平南方谈话之后，经济才开始飞速发展。1992 年 GDP 产值增加了 14.2%，1993 年仍然持续增长（陈颂东，2007）。

当代中产阶层的壮大首先依赖于私营经济和外资经济的增长，因为它们提供了大量专业和管理性质的工作以及较为优越的收入。但是，关于私营企业，意识形态方面一直有争论。1988 年 4 月召开的七届全国人大一次会议，通过了《中华人民共和国宪法修正案》，第一次以国家根本大法的形式确立了私营经济在我国的合法地位；1988 年 6 月国务院正式颁布《中华人民共和国私营企业暂行条例》，对私营企业做出了明确界定："私营企业是指企业资产属于私人所有、雇工八人以上的营利性的经济组织。"（张亮，2009）虽然私营企业主的身份、私营经济的合法化以及私有部门的地位一直有争议，但是改革仍在进行着。1999 年 3 月，九届全国人大二次会议通过的《中华人民共和国宪法修正案》，第一次将"个体经济、私营经济等非公有制经济是社会主义市场经济的重要组成部分"写入了国家的根本大法。2002 年党的十六大报告提出了"两个毫不动摇"和"一个统一"的重要论断："必须毫不动摇地巩固和发展公有制经济"，"必须毫不动摇地鼓励、支持和引导非公有制经济发展"，"坚持公有制为主体，促进非公有制发展，统一于社会主义现代化建设的进程中"。2007 年《中华人民共和国物权法》颁布，强调"坚持平等保护物权，形成各种所有制经济平等竞争、相互促进新格局"，加强了对法律上的"平等"保护和经济上的"平等"竞争这"两个平等"的重视，是私营经济理论的一大重要突破（张亮，2009）。截至 2006 年底，私营经济体达 498.1 万个，其中 118.6 万个注册资本超过 100 万元，2006 年私营经济对于 GDP 产值的贡献份额达到了 40%（张亮，2009）。

改革开放以来，外资经济得到了显著的增长，"白领"阶层也随之产生和发展。在改革初期，外国投资只集中于南方的"经济特区"，投资产

---

① 新京报（2008）《1978～2001：中国市场经济快速成长》，http://www.bjd.com.cn/ggkf30years/gglc/200802/t20080226_432300.htm［检索日期：2009 年 1 月］。

业也主要是服务业和消费产业的中等规模项目（江小涓，2008）。在1990~2002年的10多年间，外国投资扩展到了东部沿海和长江流域，并开始对制造业的大规模项目感兴趣（江小涓，2008）。外国投资总体上被认为有益于中国经济的发展，体现在提供了充足的经济资源并提高了国有企业的竞争力（江小涓，2008；陈竹君，2008）。外资企业提供的高收入也尤其有利于社会福利。2007年，外资企业、国有企业和集体所有制企业员工的平均年收入分别为27942元、26620元和15595元（江小涓，2008）。因此，如果以收入和职业来衡量，"白领"——那些外资公司中的办公室职员、专业人士和经理人员，在学术界和日常生活中都常被划分为中产阶层。

三 服务业的发展

根据国家统计局的分类，国民经济主要产业包括农业（种植业、林业、牧业和渔业）、第二产业（主要包括工业和建筑业）和服务业（包括除第一、第二产业以外的其他各行业）。服务业包括四个层次：①流通部门，包括交通运输、仓储及邮电通信业，批发和零售贸易、餐饮业；②为生产和生活服务的部门，包括金融、保险业，地质勘查业、水利管理业，房地产业，社会服务业，农、林、牧、渔服务业，交通运输辅助业，综合技术服务业等；③为提高科学文化水平和居民素质服务的部门，包括教育、文化艺术及广播电影电视业，卫生、体育和社会福利业，科学研究业等；④为社会公共需要服务的部门，包括国家机关、政党机关和社会团体以及军队、警察等①。

在计划经济体制下，服务业完全被忽略，因为制造业被当作通往现代社会的主要途径。这种偏见一直持续到改革开放的初期，当时仍然强调农业和制造业。直到1992年国务院出台《关于加快发展第三产业的决定》，明确了加快第三产业发展的意义，针对服务业的改革才开始进行。但是，这一改革相当保守，因为一些领域被认为非常敏感，比如银行作为调节经济的手段、传媒作为意识形态的属性（夏杰长，2008）。

---

① 《国家统计局（2001）统计指标解释：国民经济核算》，http：//www.stats.gov.cn/tjzd/tjzbjs/t20020327_14293.htm［检索日期：2010年2月］。

事实上，中国新兴服务业①的兴起和繁荣可部分归功于外资经济。从 20 世纪 90 年代晚期开始，新兴服务业，即房地产、金融、保险、信息技术、旅游业等，成为外商投资的焦点；经验证明，一个领域开放得越早，发展得就越快。中国加入 WTO 之后，服务业对外开放的限制更少了，特别是对金融服务业的限制。2007 年，中国吸收外商投资 3860 亿美元，其中 46% 的外资集中在服务业。服务业增加值从 1978 年的 860.5 亿元增加到了 2007 年的 96328 亿元，按可比价格计算，年均增长 11.5%（夏杰长，2008）。可以肯定的是，就其提供的就业机会以及对国民生产总值做出的贡献，服务业成为经济增长的一个关键因素。服务业，尤其是新兴服务业，提供了相当数量的专业和管理性质的职位，因此有利于中产阶层的壮大（夏杰长，2008；胡霞、胡伟，2008）。

四 高等教育的复兴

中产阶层的发展不仅应归功于经济领域的复苏，还要归功于 1978 年之后高等教育的复兴。1949 年之后，高考继续进行但是于 1966 年被迫中断。1966~1977 年，全国高校停止招生。自 1971 年开始，部分大专院校恢复招生，但是取消了文化考试，以家庭出身、政治表现、路线觉悟、实践经验等作为选拔学生的标准，即"群众推荐，领导批准"①。"工农兵学员"在这个阶段出现，直到 1977 年高考制度正式恢复之后才退出历史舞台②。在本

---

① 对于新兴服务业，学术界没有明确的定义。但是被广泛接受的是，"新兴服务业"随着"知识经济"的发展而出现，代表的是通过获取关于消费者的信息以及持续与他们沟通新产品来保持竞争力的一种概念。一个简要的关于"新兴服务业"的定义可以参考一份世界银行的文件："服务业生产'无形'的产品，一些耳熟能详——政府、健康、教育，另外一些比较新——现代沟通、信息和企业服务"。本研究使用"新兴服务业"表示的是①"知识经济"时代的新兴的服务业，以及②中国改革开放之后新出现/发展的产业。因此，"新兴服务业"在本研究中大致包括金融、保险、房地产、旅游、娱乐、信息和咨询。参见 http://en.wikipedia.org/wiki/Tertiary_sector_of_the_economy [检索日期：2010 年 2 月]，和 http://www.worldbank.org/depweb/beyond/beyondco/beg_09.pdf [检索日期：2010 年 2 月]。

① 历史资料参考马国川、赵学琴（2007）《高考年轮：高考恢复三十年民间观察》，新华出版社，http://vip.book.sina.com.cn/book/catalog.php?book=42611 [检索日期：2010 年 8 月]。

② 历史资料参考新华网（2009）《建国 60 年高考招生制度变迁：1966 年曾废除高考》，http://news.xinhuanet.com/edu/2009-06/07/content_11503018.htm [检索日期：2009 年 6 月]。

书的访谈对象中，50多岁的白先生和何女士都曾作为"工农兵学员"被推荐上大学，所以他们的高等教育和地域迁移的经验跟其他被访者有很大的区别。

1978年的改革特别关注到了高等教育，致力于改造老的高校，建一批短期大学和大力发展电视、广播、函授、夜大等业余教育（王胜今、赵俊芳，2009）。1999年是高等教育走向繁荣的里程碑，中央政府决定扩大现有普通高校和成人高校的招生规模。本书作者很"幸运"地作为一名大学新生亲历了这一历史过程。一名应届高中毕业生的高考分数如果稍低于某高校录取线，付几万块钱就可以与成绩比他（她）优秀的同学坐在同一个课堂里，拿同样的毕业证书。结果就是，1999年我国普通高校本专科招生155万人，比上年的108万人增长了43.5%，成为新中国成立以来高校招生数量最多、增幅最大、发展最快的一年（王胜今、赵俊芳，2009）。高等教育的急剧扩张是当下毕业生就业困难的直接原因。但是，积极的结果就是更多的人得以接受高等教育继而从事专业和管理类的工作，因此中产阶层的人数大量增加，中产阶层的受教育程度也大大提高。根据李培林和张翼（2008）对2006年中国社会状况综合调查数据的分析，是否接受过高等教育与收入和社会声望紧密相关。

综上所述，当代中产阶层的壮大很大程度上依赖于经济和社会的改革，中产阶层也是改革开放的受益者——他们享受到了更多的就业机会、更高的收入、更高的受教育程度和更繁荣的消费者市场。改革的成果是显著的，改革直到今天仍在坚持，因此可以预测中国的发展方向是有利于中产阶层的。虽然他们的某些利益可能因为经济和社会体制的不完善而受到损害，但当代中国的中产阶层作为受益者仍然有理由相信前途是光明的。这种社会文本就可以解释为什么本书的访谈对象总体上对他们的品味很自信，也很满意自己的生活，却较少考虑到消费中的焦虑和压力。

第二节　当代社会背景和相关政策改革

讨论过中产阶层的历史和成长之后，本节将通过区域经济发展的差异和人口流动的历史以及住房制度改革来进一步勾勒本研究的社会背景。这些是中国社会变迁中非常重要的问题，对于中产阶层的生活机会有着显著的影响。这些讨论也会解释为什么本研究关注都市中的本地人和外地人之间的差异以及住房问题。

一 区域经济发展不平衡和人口流动

国家"十一五"规划划分了四大区域：①东部地区，包括河北、北京、天津、山东、上海、江苏、浙江、福建、广东、海南10个省市；②东北地区，包括辽宁、吉林和黑龙江3省；③中部地区，包括山西、河南、安徽、湖北、湖南、江西6省；④西部地区，包括内蒙古、广西、陕西、甘肃、宁夏、青海、新疆、重庆、四川、贵州、云南、西藏12个省区市。以2006年为例，东部地区人口仅占全国的36.3%，但实现地区生产总值（Gross Regional Product，简称 GRP）占全国的55.7%，工业增加值占59.0%，全社会固定资产投资占49.7%，实际利用外商直接投资占87.3%，出口额占88.8%。2006年，东部地区人均 GRP 已达到3518美元，而东北、中部和西部地区分别只有2339美元、1573美元和1403美元（魏后凯，2008）。因此，就经济发展程度来讲东部是最发达的区域，并且与其他区域的经济差距非常显著。

区域经济发展不平衡的原因首先是自然资源的分布不平衡。东部地区大都沿着海岸线分布因而有航运的便利，而东北部、中部和西部地区大都为内陆地区，一些地区的森林和土壤资源也很贫瘠。另外，政策也起到了一定的作用。1980年，属于"十一五规划"中东部地区的深圳、珠海、汕头和厦门被指定为对外开放的经济特区。自由、开放的市场的建立极大地促进了这些地区的发展，直到今天，当年的经济特区依然是经济最发达的区域之一。1984年，另外14个沿海和沿长江地区又相继开放，中央在财政、税收、投资决策权、外贸自主权、利用外资审批权等方面给予了较优惠的政策（李江，1996）。

导致经济区域不平衡的第三个原因是外国投资。何清涟（He, 2005）早在2000年就预测到中国加入 WTO 将加剧社会贫富差距和地区经济差异，因为发达省份凭借着资源和资本可以有效利用 WTO 提供的机会，而欠发达地区则无法实现。这个理论被后来的事实所印证。根据2004年全国经济普查，外国投资集中在东部地区，并且东部地区外资企业员工的收入也高于中部（包括东北部）和西部地区（王丹丹，2007）。学术界广泛认为，外国投资的分布不平衡是区域经济发展不平衡的一个重要原因（王丹丹，2007；张玉和、王罡，2002）。

根据以上的讨论，本研究关注消费文化更为繁荣的城市地区，定量分析特别关注都市地区和一线城市，并且选择北京作为田野调查的地点。在CGSS2003数据的分析中使用"都市地区"的概念，为北京、上海、天津的城市地区，这三个直辖市都位于东部地区；在CGSS2003数据收集的那一年，这三个地区的国民生产总值（GDP）居全国榜首（国家统计局，2004）。在CSS2008和CSS2011的分析中使用"一线城市"的概念，为北京、上海、广州、深圳的城镇地区。

在正常情况下，地区差异是人口流动的主要原因，因为人们为了更好的生活往往从较不发达的地区向较发达的地区流动。但是，在中国历史上，政府的政策曾经是人口迁移的主要驱动力。大体上，学术界认为1949年之后中国经历了三次全国规模的人口大迁移。

第一次人口大迁徙发生在"大跃进"时期，为了促进工业经济增长，大批的农民经招工进入城镇工矿企业（杨黎源，2009）。这个运动的结果就是，自1960年开始上千万的新招职工中的原农村人口迁回农村，国民经济也到了崩溃的边缘（杨黎源，2009；钟水映，2000）。

第二次人口大迁徙发生于1968年开始的"上山下乡"运动中。"上山下乡"的高峰在1969~1971年，三年内全国有573万知识青年到农村落户。知青的大批返城发生在党的十一届三中全会前后，由于政治形势的变化，绝大部分知青通过合法和"非法"的途径陆续回到城市（杨黎源，2009）。这段时期的人口流动历史解释了本书中50岁以上的被访者以及CGSS2003数据中的一些被访者在20多岁的时候为什么迁到郊区或者农村地区然后又迁回到自己的家乡城市。

第三次人口大迁徙发生在改革开放之后，区域经济发展不平衡是主要的原因（陈晨等，2008）。这一波人口流动最显著的特征是从内陆地区流动到东部沿海地区（杨黎源，2009；陈晨等，2008）。一开始，为了解决城镇居民的就业问题，政府对农民工从事的行业作了政策限制。1992年邓小平南方谈话发表后，改革开放的步伐进一步加快，农民工的流动规模也随着经济发展的需要急剧扩大。据农业部抽样调查估计，1997年农民工的数量为4461万，2002年为9400多万，2007年达1.4亿多，约占全国总人口的11%（杨黎源，2009）。

在三次人口大迁徙期间，"户口"所发挥的作用不容忽视。户籍制度严格限制了普通中国公民改变长期居住地的自由，这一制度可以追溯到封建时代。新中国成立后，城市和农村地区之间的流动受到严格限制，1958 年《中华人民共和国户口登记条例》的颁布标志着城乡二元户籍制度正式确立。但是，以农民工大量流入城市为主要特征的第三次人口大迁徙推动了二元户籍制度的改革。比如 2001 年批准颁布的《关于推进小城镇户籍管理制度改革意见》提出了改革小城镇的户籍管理制度：从当年起，凡在县级市区、县人民政府驻地镇及县以下小城镇有合法固定住所、稳定职业或生活来源的农民，均可根据本人意愿转为城镇户口，并在子女入学、参军、就业等方面享受与城镇居民同等待遇（马桂萍，2008）。但是在北京、上海等一线城市，由于涉及本来就紧缺的教育、医疗、住房等资源的分配，户籍制度甚至出现收紧的趋势，外来人口和农民工只能在社会保障体系的框架中享受有限的福利，但是拥有优越的教育经历或专业技术的中产阶层仍在一定程度上享有获得户籍的优先权。

以上关于地区经济不平衡以及人口流动的讨论解释了当代中国人口流动的内在机制，这也是为什么本研究关注都市本地人和都市外地人的区分。因为北京、上海和天津三个直辖市作为较发达地区与其他地区的经济差异显著，所以有理由假设出生并成长于这些地区的人与后来迁移到这些地区的人的消费行为和消费倾向是有差异的。这些背景信息的讨论也为解释访谈数据尤其关于都市效应勾勒了社会文本。

二　住房市场化和宏观调控

除了地区经济不平衡以及人口流动和户籍政策，住房的市场化改革也对中产阶层的消费模式产生影响。在计划经济体制下，住房由工作单位按照家庭人口和职位分配，个人只需付非常低的房租。在改革开放初期，中央提出了发展房地产市场来刺激经济增长的想法。但是，直到 1998 年才正式在全国停止住房的实物分配，从此以后住房逐渐成为昂贵的、难以负担的商品。

2003 年，政府首次明确指出房地产业已经成为国民经济的支柱产业，房地产投资迅速增长。这十年间伴随着一轮又一轮的楼市调控，城镇房价却日益攀高。据中房网援引国家统计局数据，全国住宅均价 2003 年为每平方米 2213 元，2012 年为每平方米 5429 元，整体涨幅达 145%；一线城市中北京的商品房销售价格涨幅最高，为 259%。图 3 - 1 标出了北京的房价,可以看到 2010 年出现了每平方米 17782 元的高峰。其实在 2008 年受到金融危机和"从紧"的货币政策的影响,房地产成交量日减,房价涨幅也已经缩小,但是随后货币政策向"适度宽松"转变,楼市迅速转为亢奋。2012 年,受国际金融危机和宏观经济增速回落的影响,我国房地产需求又呈现低迷态势,消费性需求谨慎观望①。国家统计局 2012 年 9 月份数据显示②,70 个大中城市中,同上个月相比,价格下降的城市有 24 个,上涨的城市有 31 个;与前年同月相比,价格下降的城市有 55 个,上涨的城市有 12 个。房价变化还是延续了稳中有降的趋势。但是考虑到 CPI 的上涨压力,也有学者认为房价又出现了上涨的势头。中企资本主席杜猛使用各城市交易中心的数据,发现北京 2012 年一手楼均价已达到 20700 元/平方米,比2003 年上涨 365%③。

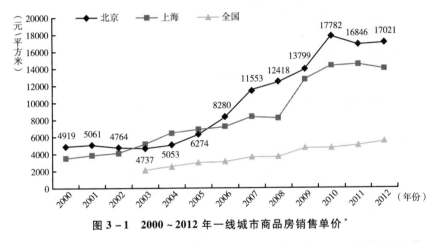

图 3 - 1　2000～2012 年一线城市商品房销售单价*

＊1. 数据来源:国家统计局;中房网 (http://www.fangchan.com/zt/tk10.html) 整理;2. 全国数据为住宅均价。

在住房制度改革的过程中,我们可以清晰地观察到市场机制和社会公平之间的张力。市场机制强调利益导向和效率优先,是经济发展的动力,但是

---

① 搜狐焦点,http://house.focus.cn/news/2012 - 05 - 24/2016559.html [检索日期:2013 年 3 月]。

② 国家统计局,http://www.stats.gov.cn/tjfx/jdfx/t20121018_402843319.htm [检索日期:2013 年 3 月]。

③ 新华网,http://news.xinhuanet.com/fortune/2013 - 02/25/c_124385598.htm,以及中国房产信息集团,http://yanjiu.cric.com/DetailObs.aspx?id=ecb67891 - d8f4 - 40aa - a1f9 - 873f7de93f87 [检索日期:2013 年 3 月]。

如果没有恰当的调节，市场机制可能会加剧社会贫富差异。总结下来，2003年至今十年间的房地产宏观调控主要从四个方面入手：信贷税收杠杆、政策杠杆、保障房制度和市场秩序整顿①。

信贷税收杠杆包括有关营业税、个人所得税和商业贷款的规定。2006年5月《关于调整住房供应结构稳定住房价格的意见》明确提出，对购买住房不足5年转手交易的按售房收入全额征收营业税，以及个人住房按揭贷款首付款比例不得低于30%。但是到了2008年12月出台的调控政策有所松动："加大对自住型和改善性住房消费信贷支持力度，享受贷款利率和首付款比例优惠，对住房转让环节营业税由5年改为2年免征，按收入差额征收营业税。"不过之后的调控政策日益严格。2010～2011年间，二套房首付贷款的最低比例提高了三次，于2011年1月的"新国八条"中提高到了不得低于60%，同时二手房转让的营业税又改回了满5年免征并强调按售房收入全额征收营业税。2010年4月出台的《关于坚决遏制部分城市房价过快上涨的通知》规定，购房贷款利率不低于基准利率1.1倍。2013年3月的"国五条"细则首次对二手房交易的个人所得税作出规定，按转让所得的20%征收，并强调了进一步提高二套房贷款首付款比例和贷款利率以及加快推进扩大房产税试点工作。

政策杠杆指政府直接出台政策影响市场运作，包括有关土地、商品房套型和"限购"等。典型的有2006年5月的"国六条"，规定新开工商品房套型建筑面积90平方米以下的比重须达总面积的70%以上。2010年4月国务院提出"限购"政策，大体思路是限定购房资格为本地户籍或有社会保险缴纳证明的家庭，同时限制购房数量②；2011年1月的"新国八条"进一步规定主要城市拥有二套住房以上家庭不得在当地再购房。截至2012年3月，全国已有51个城市出台了当地的限购政策③。政策杠杆也应用在了增加土地供应量上。"新国八条"规定商品房供地原则上不得低于前两年年均供应量，2013年初的"国五条"也规定住房用地供应总量不低于过去五年

---

① 房地产宏观调控政策的综述参考了中房网，http：//www.fangchan.com/zt/tk10.html、人民论坛网，http：//www.fangchan.com/zt/tk10.html；新浪财经，http：//finance.sina.com.cn/leadership/mroll/20101011/14468758127.shtml［检索日期：2013年3月］。

② 参考搜房网，http：//fdc.soufun.com/zt/201010/xiangouling2010.html［检索日期：2013年3月］。

③ 中国发展观察，2012，《近年来房地产宏观调控政策回顾与思考》，来自人民论坛，http：//www.rmlt.com.cn/News/201203/201203141618456690.html［检索日期：2013年3月］。

平均实际供应量。

　　保障房制度主要包括保障房建设和保障范围的有关规定。在停止住房实物分配的同时，政府已经提出"要建立和完善以经济适用住房为主体的住房供应体系"（1998年7月"23号文件"）。这个阶段，经济适用房针对占总人口大多数的中低收入家庭，他们可以以低于市场价的价格购买住房。但是2003年的"18号"文件把大多数家庭推向了市场——在房地产业作为国民经济的支柱产业的情况下，"经济适用房是具有保障性质的政策性商品住房"[①]。随着政策的调整，经济适用房能够惠及的家庭越来越少。比如《北京市经济适用住房管理办法（试行）》（2007年9月25日颁布施行）规定，经济适用住房指"向低收入住房困难家庭出售的具有保障性质的政策性住房"，申请条件（城六区）为本市城镇户籍满3年、1人户家庭年收入不足2.27万元[②]。而且，经济适用房政策于2000年初开始在全国实施的时候也比较混乱。首先，房子的位置和质量都不是很理想。其次，在2004年的规定中，经济适用房的覆盖人群还包括"政府确定的供应对象"，这就使得这一时期很多地方的经济适用房实际上并没有分配给真正有需要的人，而是变相成为"公务员小区"等（李鹏、武振霞，2009）。2006年5月的九部委"十五条"提到"限套型""限房价"的商品住房——"两限房"，将其用来解决中等收入夹心层群体的住房问题。但是"两限房"供应不足一直是最大的问题，中央提出的建设目标是否落实也不得而知。2010年1月，国务院提出力争2012年末解决1540万户低收入住房困难家庭住房问题，同年4月提出确保2010年建设完成保障性住房300万套，2011年温家宝总理又提出全国建设保障性住房和棚户区改造住房1000万套，未来五年将建3600万套。2013年最新的"国五条"提出把符合条件的外来务工人员纳入当地住房保障范围。

　　市场秩序的治理和整顿是政府实施宏观调控的常用工具。2003年以来房价过快上涨同土地投机倒卖、用途混乱和地方政府权力寻租等有重要关系。2004年4月国务院出台《关于深入开展土地市场治理整顿严格土地管

[①]　新浪网，http://finance.sina.com.cn/leadership/mroll/20101011/14468758127.shtml［检索日期：2013年3月］。

[②]　北京网，http://sqjt.beijing.cn/bzxzfsqzn/［检索日期：2013年3月］。

理的紧急通知》，提出继续深入开展土地市场治理整顿。次年的调控内容依然围绕制止土地炒买炒卖行为。2006 年 5 月针对闲置土地出台规定，两年未动工开发的土地无偿收回。2012 年爆出的"房叔""房姐"等事件集中反映了权力和资本勾结谋取利益的巨大空间。因此，2013 年初"国五条"提出推进城镇个人住房信息系统建设，但是由于涉及个人隐私、信息安全以及产权人的切身利益，信息的公开透明并非易事。

以上综述了部分有明确规定的房地产调控政策。十年间的调控政策突出的问题是，很多规定过于概括、含糊，缺乏具体内容、时间表和问责机制，也包括以上一些措施，因此即使有的政策是及时的、有针对性的，效果却了了。另外，由以上的综述也可以看出，楼市调控政策无体系、无连续性，最重要的是无法可依，执行的时候经常上有政策、下有对策，因此给了权力和资本钻空子谋利益的机会。

首先，从"限购"对市场交易的影响来看，其对成交量的影响较为明显，但是对房价的影响收效甚微。因此有分析人士认为，在中央屡次重申房地产调控不放松的情况下，地方政府不可能完全取消限购，但在操作层面出现松动的可能性较大，"限购令"将有节奏、分区域地逐步退出①。而且在北京，很多商住两用的楼盘并不在"限购"政策的约束范围内，唯一的"弱点"是 50 年或 40 年产权，但是政府至今未对产权到期之后的处理明确立法或规定；在侥幸心理和房价上涨预期的作用下，再加上这些楼盘的价格也是在平均水平，产权期限稍短并不影响畅销，它们尤其受到炒房客和投资者的青睐，从而加剧了住房市场供应的短缺。

其次，按照市场经济原则，价格受到供需关系影响，在需求不减的情况下，必须增加供应才能维持价格平稳；但是在很多城市，土地供应难以达到预定目标，一线城市的地价也常常创下新高。根据北京土地整理储备中心数据统计，2012 年北京共出让土地 163 宗，其中，住宅土地仅成交 37 宗，规划建筑面积 608.74 万平方米，同比下降 34.5%。这一数据不仅低于前几年房地产最火热时的供地量，也比 2012 年计划供地量要低不少②。对于房价

---

① 中国发展观察，2012，《近年来房地产宏观调控政策回顾与思考》，人民论坛，http://www.rmlt.com.cn/News/201203/201203141618456690.html［检索日期：2013 年 3 月］。

② 雅虎财经，http://biz.cn.yahoo.com/ypen/20130110/1543919.html［检索日期：2013 年 3 月］。

过高，政府抱怨开发商贪婪，开发商则抱怨拿地太难、地价太高，而且能拿到地的往往是资本雄厚的中央企业。SOHO 中国董事长潘石屹表示①，越是大型城市，越是在繁华地段，土地成本在项目总成本中的比重越高；例如，在北京最繁华地段，土地的成本可能占到总成本的70%，因此在地价屡创新高的条件下房价不可能下调。

最后，针对调控政策中一些"重税"的举措，在卖方市场的情况下，只会转嫁到买房者身上，又或者导致市场减少了二手房的供应，两种情况都会推高房价。因此，简单地提高交易中的营业税、个人所得税等也并非抑制房价的有效措施。

其实，这些调控政策的效果不佳，最根本的原因是我国目前的住房市场并非正常的供需市场，而是投机炒作的市场、赚钱赢利的工具。在一个正常的消费市场中，供应量增加或者成交量减少都会使价格降低。但是，在全国主要城市的住房销售量下降50%的情况下，房价依然居高不下，这是因为已经进入的投机炒作者仍然预期住房的价格不会下跌，或者预期下跌之后又会上涨，那么这些已经进入的投机炒作者是不愿意退出市场的，整个住房市场就会出现"量降价滞"的僵局（易宪容，2012）。这也是为什么信贷税收杠杆、政策杠杆和保障房制度对于住房市场的调节作用无法发挥。易宪容（2012）主张遵循市场经济原则、依法适度的宏观调控和立法。住房政策要运用以经济杠杆为主导的政策工具，如住房信贷政策及税收政策等，减少政府行政权力对市场的干预，并通过合适的制度安排把住房投机炒作限制在一定范围内（比如商业地产、高档住房及租赁市场等），严格去除住房市场的疯狂的赚钱效应，保证中低收入民众最基本的居住条件；同时，把这些原则固化为相应的法律制度，如《住宅法》《住宅信贷法》《住房税收法》《住宅保障法》等。而且，同投机炒作的市场相比，真正调动了我国住房消费需求的市场空间更大。房价回归到合理范围之后，就会有更多的消费者进入市场，住房销售量会上升，住房市场发展才越健康稳定。打击投机炒作之外，也必须加紧住房联网、倡导官员财产公开，尽量减少利益勾结、腐败滋生，从而使得住房供应集中满足住宅消费

---

① 新华网，http://news.xinhuanet.com/house/2009 – 03/17/content_ 11023675.htm［检索日期：2013 年 3 月］。

需求。

从以上住房的市场化改革，我们可以理解部分被访者由于北京超高的房价而产生的焦虑以及住房消费如何制约家庭的支出，也有助于理解住房消费模式在代际、工作单位类型、人口迁移以及收入上的差异，将于第六章详述。房地产宏观调控政策的综述有助于理解住房消费市场的复杂机制，也暗示着中产阶层和中等收入群体对于住房市场健康发展的巨大潜力，第七章将分析和验证中产阶层以及有希望上升为中产的边缘中产阶层的购房意愿，从住房消费的角度论述中产阶层对于扩大消费的作用。

第三节　本章结论

本章主要关注当代中产阶层的形成和发展以及影响他们的社会地位和生活机会的一系列经济社会改革。中产阶层以从事专业性和管理工作为主，拥有较高的收入和受教育程度，是经济和社会改革的受益者。在后改革时代，他们也大体上属于被保护的、享有"特权"的群体，甚至在极其严格的户籍制度中也占据优势地位。原因当然在于这一群体对于生产和消费的巨大贡献，尤其是在"知识经济"时代的贡献，也有部分原因是这一阶层对于社会稳定的作用。因此，本章为理解中产阶层的消费模式描绘了重要的历史和制度背景：被访者为什么表现出显著的信心，他们在何种机制的作用下体现出追求乐趣和舒适的消费倾向，为什么都市中的外地人和本地人存在差异，住房消费何以成为核心的消费领域，以及这些社会变迁如何塑造他们的消费行为。

这是第二次世界大战期间英国一幅著名宣传海报，作者是 Phillip Boydell。出于战事需要，海报号召人们不要浪费钱购买不必要或者昂贵的商品。这是在特殊背景下有关消费的道德话语。中国社会和西方社会都经历过有关消费的话语的变迁，这对理解人们的消费模式有着重要意义。

第四章
消费文化在我国的兴起

本章关注的是当代中国消费文化的兴起，并进一步勾勒中产阶层消费模式的社会文本。在中国的不同历史阶段，有不同的关于消费的话语，这就为解释消费文化的兴起提供了一条重要线索。本章将通过与欧洲历史的比较，来理解中国社会消费话语的发展。在当代，中产阶层和都市是消费文化兴起的两个重要的动力。本章将从消费倾向和内在的社会关系两个角度来对消费模式进行社会学的解读。

第一节　中欧消费文化的历史比较

在中国和欧洲的历史上，关于消费的概念和观点有很多不同的地方，但是截至资本主义萌芽之前，二者都是遵循类似的轨迹：奢侈品和奢侈品消费都曾被道德化为"自然需要"（natural needs）的对立面，并且违反了封建的社会秩序——富人拥有享受奢侈品的特权，但是穷人如果使用奢侈品，则被认为是腐化和冒犯了社会秩序。这一道德的话语在 16 世纪的欧洲开始逐渐被经济话语所取代，关于奢侈品消费的争议止于消费对经济发展的拉动作用这一决定性因素，继而导致了消费和消费者地位的巩固（Sassatelli，2007），以及资本主义的诞生（Sombart，1967）。中国社会在这一时期也出现了奢侈品的经济话语，但并未产生广泛影响。从 17 世纪初开始，奢侈品消费的经济功能同样得到强调，同时新兴的资本家和商人的地位也在提高，直至 20 世纪 20 年代"消费主义"的价值观成功地向大众文化逐步渗透，但是消费文化的发展仅限于对外开放贸易的几个城市，直到20世纪上半叶整个中国依然处于农业经济社会。消费文化在作为一种意识形态被广泛接受或者批评则始于改革开放之后，中国人的消费模式和消费倾向发生了转型。

一 道德的话语

在古典西方伦理中，从亚里士多德到托马斯·阿奎那，都认为奢侈品是违背了普遍的、自然的需要，而正是这些普遍的、自然的需要定义了人的存在（Berry，1994，引自Sassatelli，2007）。在欧洲社会，奢侈品受道德的影响深远，从"禁奢法"的源远流长就可以看出。欧洲典型的禁奢法包括对具体的穿着打扮的约束，并根据不同社会阶层规定了可以使用的食物和酒的数量以及质量的标准（Sassatelli，2007）。通过"禁奢法"，一方面，消费在普通民众中被限制了；另一方面，奢侈品对于贵族来讲则成为"必需品"，如此一来，奢侈品的使用便成为前资本主义时代社会秩序的基石（Sassatelli，2007）。在资本主义的发展前期，"禁奢法"继续产生影响。这一道德话语直到19世纪才被打破，在被剥掉禁止奢侈的外衣之后，逐步变身为一套新的经济保护主义的话语（Sassatelli，2007）。

事实上，禁止奢侈的法律在东西方古代文明都曾存在（Hunt，1995）。同时代的中国也存在一套同样的对消费的道德认知。在古代中国，大体上有两种区分是否奢侈消费的标准：一种标准为是否超越了消费主体的阶级地位，另一种标准为对主体来讲是不是必需的（欧阳为民，1994）。最为典型的是儒家思想和道家思想，已经在第二章有过论述。

在整个奴隶和封建社会中，由于生产力发展水平和物质财富的积累水平不高，中国国家治理的政策一直是"重农抑商"，商人的社会地位和大众消费也一直受到压抑。与欧洲的"禁奢法"相似，中国古代社会也有一套针对吃、穿、住、行、侍从甚至死后的棺材葬服的等级标准，统治阶级——地主、皇室、官员与平民百姓是有别的，奢侈消费只是统治阶级的特权（张旭华、罗萍，2001）。但是，很多朝代的瓦解都能归因于奢侈糜烂，历代学者又都针对上层阶级尤其是皇帝提出了崇俭黜奢的消费观。为了缓解贫富悬殊带来的社会矛盾，北宋著名思想家李觏提出了"平均消费"的理念，富人和穷人应当按照"富不得独文，贫不得独质，万金之居，与下户为伍，则饱食之余，无所复用"①，这种提倡拥有财富者的社会责任和慈善的观念对当今社会也有着积极的启示意义。

值得一提的是，先秦诸子百家中，管子是唯一一位意识到奢侈消费对国民经济具有推动作用的思想家，在节俭被普遍奉为美德的时代，这一思想显得尤为珍贵和杰出（曹俊杰，2000；胡曙光、宋士云，1997）。在管子看来，虽然奢侈品消费违反了节约这一价值观，但是富裕人家奢侈的生活可以提供更多的就业，维持劳动力的再生产，这些也正是促进农业生产发展的良好方法："积者立余食而侈，美车马而驰，多酒醴而靡，千岁毋出食，此谓本事。"② 同样的道理也见于 "富者靡之，贫者为之，此百姓之怠生，百振而食"③。因此奢侈消费从对社会的贡献来讲是种美德。尤其遇到灾害之年，国家应当进行 "奢侈" 消费。比如修建宫殿，不是用来享受而是一种民生政策，"若岁凶旱水泆，民失本，则修宫室台榭，以前无狗后无彘者为庸。故修宫室台榭，非丽其乐也，以平国策也"④，其思路相当于现代公共消费的投资拉动。可惜的是，这种观点在中国历史上长期未受重视，秦汉以后能理解这一观点的也只有极少数的思想家。毕竟，如坎贝尔（Campbell，1987：29）所分析，"实用主义的观点不能提供足够的理由将奢侈消费解释为具有道德优势的行为"，这也是为什么管子崇尚侈靡的观点虽然很先进却无法根本扭转奢侈品消费的道德话语。

二 经济的话语

到了 17 世纪末，奢侈品的概念开始在欧洲的经济和政治领域内得到讨论，而不再局限于道德范畴（Sassatelli，2007）。人们普遍赞成，商业和经济发展的最强有力的驱动是奢侈品和旺盛的物质欲望 [Sassatelli，2007；Smith，1976（1776）]。这种去道德化的话语武装了西方国家的民众，使他们得以表达自由消费的愿望。曼德维尔就提出了一种新的价值观："节俭不见得是多大的美德，人们没有理由只满足于自己所拥有的。"

就在奢侈品刚刚获得道德上的肯定的时候，启蒙运动中期又出现了对奢

---

① 李觏，1981，《李觏集》，北京：中华书局。
② 见管子《侈靡》。
③ 见管子《侈靡》。
④ 见管子《乘马》。

侈品消费社会效应的反思。比如，苏格兰著名哲学家大卫·休谟就强烈感到有必要划分"美好的"（innocent）和"邪恶的"（blameable）奢侈品。美好的奢侈品符合个人的和公共的"利益"（benefits），而邪恶的奢侈品则使人类和社会放纵（Hume，1993，引自 Sassatelli，2007）。这种批评恰恰证明了商业活动已经被承认是对社会有益并且合法的，也反映了奢侈品消费的地位上升到对经济和商业生活产生影响并在这一高度上来被评价。

在这种文化氛围下，随着经济学和现代市场的确立和巩固，消费和消费者的概念开始被中性化，他们的价值取向逐渐被人忽略（Sassatelli，2007）。在同时代的经济学家中，亚当·斯密是最杰出的一位，因为他"接受了这个发展中的商业社会里物质欲望的标准的变化，并认为这是正常的，而不赞成习以为常地在特权阶级和工人阶级的物质欲望上建立双重标准"（Roberts，1998）。他反对传统的"可支配收入的增加会导致工人阶级游手好闲"观点，主张一种更乐观的思想："物质上追求安逸的欲望将会给社会带来良性的循环"。按照促进还是妨碍资本积累的标准，亚当·斯密也为消费加上了道德的标签，将消费行为分成高效的（productive）和低效的（unproductive）（Roberts，1998）。同时，在亚当·斯密看来，"巨额"的消费在一定程度上助长了商人和资本家阶层的萌芽，这一阶层把握着整个社会朝着现代资本主义方向发展，他们摆脱了所有的依赖和束缚，也引导着社会走向公共自由（Smith，1976）。也正因此，商人被认为是好的、品行端正的、理性的消费者（Smith，1976），并逐渐成长为一个新的社会和政治秩序的基础：他们是市场所回应的需求的主人，是自己欲望的主人（Sassatelli，2007）。

在政治经济学的"边际效用"革命中，也有对奢侈品消费的关注。根据阿尔弗雷德·马歇尔对效率的定义，一个工人及其家庭的"必需品"不单单是指维持基本生存所需要的物品，而是维持一种舒适、新颖和精致的生活所需要的物品（Marshall，1961，引自 Roberts，1998）。基于此，马歇尔肯定了社会各阶层对精致和新颖物品的需求是有利于经济增长的。但是，"这种消费过度了就不再具有经济效益，而是一种浪费"。

在亚当·斯密的追随者中，对于是否允许工人阶级存在物质欲望却有不同的声音，有人认为奢侈品需求的变化无常将会增加劳动力市场的不稳定性；在这些不同声音中，马尔萨斯被公认为是继亚当·斯密之后最有影响力的政治经济学家，他的"人口的增长速度将会超过生活必需品生产的速度"的思想迅速成为政治经济学的基本假设（Roberts，1998）。

不管是前资本主义时代的道德话语还是政治经济学内部的诸多争论，我们都得到一个启示，那就是消费在本质上是一个伦理性的问题；奢侈品消费当然不能例外，并且在道德尺度上比日常消费更难把握，因为任何关于某种消费形式的道德立场，都根源于对世界和人类的假设——乐观还是悲观，积极还是消极，自我优先的还是集体优先的。因此，消费伦理可以作为理解人类消费行为的一个有用的工具，这是本书致力于揭示当代中产阶层消费伦理的原因。

随着我国的商品经济在宋代获得了长足发展（陆爱勇，2004），消费者的意识开始在城市居民中出现（宋立中，2007），突出体现在中下层居民的奢侈消费和休闲消费的增长（陆爱勇，2004；杜艳艳，2006）。结果就是，"等级着装"的官方制度不得不妥协，消费的增长也刺激了消费文化的出现（杜艳艳，2006）。类似发生于现代西方社会的"涓滴效应"（trickle-down effect）（Simmel，1908，引自Gronow，1997）也出现在中国社会，社会上层的时尚也被社会下层所模仿。明清时期，江南和福建地区的消费非常繁荣，商品经济也比其他地区更为先进，消费已经发展到了推动生产的程度（宋立中，2006；赵建群，2006）。

因此，明清时期，曾作为节俭对立面的消费开始较少地被道德化（钞晓鸿，2002；王世光，2001）。历史学家钞晓鸿（2002）将我国在这一时期针对消费和奢侈品的概念的转变总结为三个方面：①闲暇消费不再被严格禁止，相反，奢侈品和炫耀性的消费逐渐得到默认和欣赏；②对"奢侈"的评价出现变化，重点强调其在当时社会的经济功能，认识到"奢靡"对个人与社会所带来的不同后果，区分了个人的奢侈与增加社会消费的不同功用，肯定部分人的奢侈消费对繁荣经济、扩大就业、增加他人收入等方面的作用；③对积极从事工商业、追求财富利益的活动的肯定，认为其与"奢侈"之间不存在必然联系。

在19世纪晚期，被迫开放对外贸易的上海迅速地转变成一个消费城市。然而，这种热衷炫耀性消费、欣赏新奇时尚和进口商品的消费倾向只在几个向西方开放的都市中出现过。到20世纪前半期，自给自足的农业社会仍是中国主要的经济特征，节俭依然是主导的价值观（郁方，2005）。

三　当代中国消费文化的兴起

在1949～1978年间，整个社会非常平均化，节俭的意识形态也仍然占统治地位。著名的标语"新三年，旧三年，缝缝补补又三年"是这一时期主导消费倾向的最佳写照。部分原因是这一时期物质资源匮乏，政府通过强调节俭与共产主义价值观的一致性来倡导人民保持艰苦朴素的作风。

改革开放之后，中国人民开始有机会接触到丰富的物质产品，社会的分层也开始变得显著。然而，在20世纪80年代，中国消费者对于"强调朴素和均等的共产主义遗产和倡导个人享乐主义、通过消费来寻求社会区分的这种上升中的消费主义话语二者之间的明显不一致"感到非常困惑（Zhao and Belk，2008：3）。1992年邓小平"南方谈话"之后，政府为了刺激经济发展，开始积极鼓励消费。无论政府在消费文化的兴起中扮演了怎样的角色，在整个社会转向市场经济体制之后，人们的消费模式以及消费倾向的确发生了显著的变化。鼓励消费的意识形态——虽然持续不断在调整——从那以后就保留在了官方话语中（Zhao and Belk，2008）。

在当代社会，中国人的消费模式发生了很大的变化，很多的市场研究和学术研究对此都有所揭示。国家统计局的数据表明，1995～2006年间，医疗、通信、教育和住房（不包括买房）在城市人口日常支出中所占份额增长显著（杭斌，2007）。在微观层面，随着经济的快速发展和人均收入的提高，中国人的购买力也大大提高，使得他们能够追求舒适和享乐。因此，有研究认为中国人开始热衷于提高生活质量的物质产品和服务，中国消费者的需求也远远超过了基本的必需品（McEwen et al.，2006）。城市中的高档商品和时尚商品的消费与发达国家同步，成为富裕群体的一种生活方式（王建平，2005b）。就消费模式的变化及其对社会生活各个领域（包括社会结构、社会关系、社会秩序、价值观念、思想文化）的影响，有学者相信一场"消费革命"正在当今中国发生（Davis，2005；Davis ed.，2000；王建平，2005b）。随着消费文化的兴起，一个非常显著的社会变迁就是消费者自主权的上升，也就是对于市场权威和政治权威更为反思的、批判性的回应（Davis，2005）。社会生活和消费空间日趋人本化、个性化、多元化，其结果是带来生活方式的多样化与个人空间的不断增长，从而促进了社会生活中个人的自由（王建平，2005b）。

如现有文献所强调，中国消费者好像非常热衷于炫耀性消费。比如，昂贵的礼物是显示个人支付能力的一种方式（Wong et al.，1998：13）。只要是进口的，无论奢侈的还是普通的商品都具有某种符号价值（Zhou，2003）。但是，"个人的取向"，换句话说，出于身体和精神的需要而购买的动机，一直被研究中国消费文化的学者们所忽略。在这种意义上，Tsai（2005）的研究非常难得，它强调与"为了向他人展示而购买"的"社会取向"相反的"个人取向"。根据跨国的实证证据，Tsai（2005）认为在社会区分和社会认同之外，奢侈品牌消费的原因也有自我导向的乐趣、自我礼物馈赠或者内在自我的协调。近年来的市场研究也进一步验证了这种观点。《2011 中国奢侈品报告》[①] 聚焦"80 后"消费者，发现对于年轻的消费者来说，购买奢侈品最主要的原因是出于"自我"的诱因，而类似身份象征等因素退居第二位；这个趋势早在 2010 年的中国奢侈品报告中即体现了出来，"彰显身份、地位"在奢侈品消费诱因中已次于"自我愉悦"，2011 年的报告更加确定了这一趋势。在西方学术界，自我导向的消费倾向也被较少考虑，但是在坎贝尔和西托夫斯基的研究中被强调。以上这些关于"自我导向型"消费倾向的理论和研究发现对于本书有极大的启发。

通过论述我国消费文化的发展历史，我们可以看出节俭作为占统治地位的话语存了几千年，所以对于中国人的行为具有相当深远的影响。另外，尽管政府和民众的回应显得有些不知所措，消费文化已经开始在当代中国出现并蓬勃发展。这种新的消费动机和更为传统的价值观的相互交叉，是理解中产阶层消费模式的关键。

第二节　中产阶层的消费模式

中产阶层被广泛认为对当代消费文化的出现具有显著的影响（王建平，2007）。首先，他们是驱动消费最强有力的群体；其次，他们的消费行为体

---

① 由罗德公共关系顾问有限公司与信天翁联业商务咨询有限公司联手推出，http：//life. caijing. com. cn/2011 – 11 –29/111458711. html［检索日期：2011 年 12 月］。

现了新的品味和新的消费欲望（零点调查，2006）。因此，中产阶层的消费模式，包括他们个人的和家庭的消费，都引起了学术界很大的兴趣。尤其在1980 年之后实行独生子女政策的背景下，为子女投资的性质和程度是现有研究的焦点。本节主要通过对其个人的消费和对子女的投资来讨论中产阶层的消费行为。在学术文献之外，本节还将引用大众媒体的资料讨论如何理解"中产阶层品味"，来看市场和媒体所倡导的品味如何与人们的日常生活交叉。这种交叉有助于理解中产阶层的物质欲望和品味，也有助于理解市场、政治权威和消费者关于消费倾向合法性的斗争。

一 中产阶层的消费行为

本部分主要从支出模式、消费偏好、消费如何组织日常生活以及社会互动的作用等方面关注中产阶层的个人消费。在现有文献的基础上，中产阶层的品味以及潜在的消费倾向将会得到阐释。

通过电话访谈来自北京、上海、广州、南京和武汉的城市地区的1519位居民，王建平（2007）分析了2003 年中产阶层①的家庭支出结构、消费偏好、耐用品的拥有和休闲消费活动。调查发现，子女生活费所占支出的份额在中产阶层和非中产阶层家庭中没有显著的区别，但是着装、娱乐、住房和汽车的支出所占份额在中产阶层家庭中更高（王建平，2007：122）。中产阶层家庭中 14.5% 的拥有私人汽车，22.1% 的为潜在的消费者——在不久的将来打算购买私人汽车。中产阶层群体中潜在的轿车消费者比例远远高于非中产阶层群体的该比例。中产阶层比非中产阶层更为频繁地参与休闲活动，例如去健身房健身。关于消费偏好，中产和非中产阶层都偏好低价高质量的物品，但是相比较非中产阶层，中产阶层更为看重便利、购物环境、服务和产品的质量（以上参考王建平，2007：125，128，148）。

零点调查公司于 2002 年的一个调查关注的是中产阶层消费者的特征。根据地区经济差异和抽样框，在北京、上海、广州和南京的中产阶层为家庭月收入 5000 元以上、家庭可支配收入每月 3000 元以上的人群，在武汉、成都、西安、郑州、大连和沈阳的中产阶层为家庭月收入 5000 元以上、家庭

---

① 该调查"中产阶层"的定义为月收入 5000 元或以上并且大学本科教育程度或以上的技术人员，约占样本总体的 11.9%。具体定义将在第五章详述。

可支配收入每月 1500 元以上的人群（零点调查，2006：463）。在从以上城市随机抽出的 3781 名被访者中，362 名被访者为中产阶层。中产阶层的职业多数为专业人士（119 人），或者为普通行政人员（73 人）、蓝领（36 人）、退休或者失业人群（49 人）。在普通的休闲消费方面，例如美发和去电影院，中产阶层和非中产阶层并无差异，而在稍微昂贵以及彰显西方生活方式的休闲消费上二者有较大差异，比如去健身房锻炼的消费上中产阶层和非中产阶层的比例为 23.7% 和 14.4%，光临酒吧的消费上二者的比例分别为 19.4% 和 8.0%，光临咖啡馆的消费上二者的比例为 18.0% 和 7.4%。这说明中产阶层更广泛、更频繁地参与休闲消费并将之发展成为区别于非中产阶层的生活方式。就大多数家庭耐用品的拥有来说，中产阶层和非中产阶层家庭非常类似，但是区别显著体现在私人汽车的拥有。近 17.0% 的中产阶层家庭拥有私人汽车，而只有 1.5% 的非中产阶层家庭拥有私人汽车（以上参考零点调查，2006：463 ~ 472）。可见，零点调查（2006）和王建平（2007）都发现消费模式的阶层差异显著体现在较现代的休闲消费和私人汽车的拥有。

但是，现有的关于中产阶层消费模式的研究还不够深入，仍然停留在对于购买行为的描述性分析，很少研究注重人们对于自己品味的理解或者解析新的消费倾向如何在中国的文本中实践。本书将使用访谈数据展现，在品味的辩护中乐趣审美如何被舒适审美所调节，以及审美的辩护如何与道德的辩护相交叉。

中产阶层和非中产阶层在消费模式上的差异说明了消费被阶层所区分，也就是说，一个人根据自己所处的阶层知道去哪里购物、去哪里消磨时间（周晓虹，2005），中产阶层和非中产阶层在购物地点与休闲活动方面有不同的偏好也有不同的优先选择（周晓虹，2005；王建平，2007）。另外，社会关系也被消费所建构，也就是说，具有类似消费模式的人们更可能亲近。在周晓虹（2005：86）的研究中，两位被访者在经历了几次共同购物之后成为朋友，他们的交流也从购物延伸到了情感、工作和子女。如周晓虹（2005：86）解释，这种社会关系的机制与计划经济下社会关系的机制有很大区别；在计划经济体制下，社会关系主要被生产关系所调节：在同一个单位工作的人们更可能亲近。本书也将对社会关系和消费之间的双向关系进行综合的分析，即社会关系和互动如何塑造日常生活，以及中产阶层如何对他人的品味作出判断从而建构社会区分。

以上文献综述显示，中产阶层在个人消费中对于乐趣、舒适和个性的追求十分显著。下一部分将主要关注对于子女的消费，初步揭示新的消费倾向如何被社会习俗所调节——如何通过使用物质产品来履行家庭责任。

二 家庭责任和消费

履行家庭责任是传统的社会习俗，尤其随着独生子女一代的产生，青少年在家庭消费中扮演着重要的角色。有研究认为子女是代理消费者，用来显示家庭的社会地位，当然该理论有很大争议。对于中产阶层和非中产阶层家庭对子女投资的研究能够帮助解释中国人的消费模式，对子女的投资也暗示着父母的消费倾向。

在《中国'新富'的生活方式：广州和上海的青少年的个案研究》（Fan，2000）中，根据"奢侈品"的拥有情况，青少年（18～28岁）被认为是"中国最富裕的消费者"。研究中的"奢侈品"定义为20世纪90年代末期对于青少年来说"奢侈"的耐用品。调查发现"奢侈品"包括录音机、山地自行车、摩托车、寻呼机、纯金首饰、奢侈品牌手表、照相机和信用卡。作者分析，青少年奢侈消费的原因主要有两个：第一，父母或者祖父母经常鼓励年轻一代的消费，更多地是为了向潜在的婚姻对象显示家庭的经济地位；第二，由于改革开放，一些已经工作了的年轻人的收入非常高，处于收入分布的顶端（Fan，2000：90）。该研究证实了子女作为代理消费者的角色，也暗示着年轻一代追求快乐和舒适的消费倾向。

戴维斯（Davis，2000）编的《中国城市的消费革命》是一本优秀的论文集，收录了多位中外学者的实证研究和思考。考虑到独生子女政策，戴维斯和森森布莱纳（Davis and Sensenbrenner，2000）将独生子女的消费作为观察这个逐渐市场化的社会所经历的变迁的窗口，并认为一场消费革命正在进行。根据他们的解释，除了整个社会收入增长的原因，年轻人生活较富裕的另一个重要原因是父母对于独生子女的巨大投资。即使一个家庭处于工人阶级，父母也会尽最大可能满足独生子女的各种需要，免得让他们的孩子比中产阶层家庭的孩子低人一等。这个发现表明"惊人的经济发展速度以及独生子女政策的成功普及使得社会各阶层的父母和子女被卷进了一场消费革命中"（Davis and Sensenbrenner，2000：57）。这个研究体现了中产阶层和非中产阶层家庭类似的非常迫切地为子女提供富裕的生活环境的欲望，和王建平（2007）的研究结论一致。

以上的文献显示，为子女投资主要的动机之一是显示家庭的地位。这种文本下的子女扮演的角色，让人想起了生活在 18 世纪的英格兰依赖丈夫的主妇们。在消费革命之前，男人炫耀所拥有的财富主要是通过所雇佣仆人的数量。但是，在消费革命期间，男人的炫耀方式变成了主要通过妻子购买奢侈的家具和家庭装饰品等消费（Sassatelli，2007）。妻子在代理消费中扮演的角色可以帮助解释当代中国年轻子女的奢侈消费，并且当代中国也在经历一场"消费革命"。但是，对于为子女消费的主要动机是地位炫耀的结论仍然有争论。在戴维斯和森森布莱纳（Davis and Sensenbrenner，2000）的研究中，我们也看到了非中产阶层父母为子女奉献的一面，并非仅仅为了地位的"弥补"。本研究将进一步从物质文化理论的角度来讨论为子女的投资，并在具体的文本中通过主观的解释来建构相关结论。

另外，对于子女慷慨的投资并不意味着父母不考虑自身的物质欲望。戴维斯和森森布莱纳（Davis and Sensenbrenner，2000）发现，父母们用频繁的、微小的消费来宠爱孩子，但同时也在他们自己身上花费巨大，比如定制衣服、手机和度假。沿着这一思路，本研究也将使用访谈数据进一步探讨，这十年间父母为自己的消费发生了怎样的变化以及为子女消费和投资的方式是否发生了变化。本研究还将建立起家庭责任和对消费的辩护二者之间的联系，目的是更为全面地分析消费倾向。

三　中产阶层品味的理解

在大众媒体领域①，有不同的对"中产阶层品味"的理解。一方面，媒体倾向于强调"奢侈的"和"西方的"品味来影响消费者决策。另一方面，它也开始关注欣赏和使用物质产品的知识，来迎合消费者的不同需要。经济资本较高而文化资本较低的中产阶层渴望有关如何培养审美品味方面的知识；而经济资本较低、文化资本较高的消费者需要公开的知识来为自己的品味辩护。本部分的目的在于探讨大众媒体为什么热衷"奢侈的"品味以及

---

① 本节的大众媒体和互联网资料大多检索于 2008 年，彼时作者正在北京进行田野调查。

消费者和媒体之间的互动或者斗争暗示着什么。

在接近 2008 年情人节的一期《北京青年周刊》①上，充满了"给她的礼物"的推荐：卡蒂亚、香奈儿、宝格丽、蒂凡尼、普拉达以及其他不太知名但同样昂贵的珠宝、香水、皮包、皮鞋和护肤品的品牌。情人节的建议不只包括奢侈品，还有很多豪华假期以及餐馆的介绍。在一篇文章里，玛丽莲·梦露这位过世的西方时尚榜样也被引用来为女性对珠宝的热情辩护。事实上，大众媒体的奢侈文化情结跟北京越来越多的奢侈品购物场所以及不断扩大的奢侈品市场有关。20 世纪 90 年代，北京只有两家专卖奢侈品的地方——王府饭店和国贸商城，是普通人从来不会去的地方。2005 年，美美百货在北京较早的商业中心西单开业，普通民众逛街时候也会瞥到各种顶级品牌；2007 年新光天地和金融街购物中心分别出现在北京东、西城区。普拉达、古琦、香奈儿和其他设计师品牌在新光天地开设了旗舰店，并承诺产品与海外保持"零时差"。

一个问题是：谁是媒体和市场所倡导的这种"奢侈文化"的目标群体？正如《北京青年周刊》所说，它致力于"提升奢侈品和服务成为一种生活方式"，将目标读者定位在"社会中坚阶层"。因此，万科集团董事长王石被邀请做代言人（在广告中，王石在登山和玩滑翔机上面投入巨资）。有趣的是，大众媒体和广告好像非常喜欢类似"有影响力的人群"和"社会精英"这样的语词而不是"中产阶层"。一个原因是，"中产阶层"在当代中国是个非常模糊的词。同时，"有影响力的人群""中坚阶层""成功人士""社会精英"是消费者熟悉的词汇（但未必容易理解）并且也有广告所需要的夸张效应。但是，根据本研究的定义，那些拥有相当的财富、声望、权力或者全都拥有的从事管理、专业技术或行政工作的人群为"中产阶层"，所以可以肯定的是，这种被媒体和市场建构起来的所谓"奢侈文化"的目标群体就是"中产阶层"——那些改革开放过程中的受益者，而非仅仅是"精英"或者"成功人士"。

在传播消费主义和享乐主义之外，很多大众媒体也强调关于物质产品的知识以及品味的培养，典型的例子是很多时尚杂志讨论过"与奢侈品一起生活"等相似主题，虽然重点各有不同。比如，中国版的《时尚

---

① 出版日期：2008 年 1 月 31 日，ISSN1005 - 3549。

COSMOPOLITAN》将自己定位为"最有品位的女性杂志"①；《时尚先生ESQUIRE》认为自己是"面对成功男士的、最具影响力的生活消费类期刊"②；《优品》倡导"君子爱奢，侈之有道"的生活方式③。大众媒体所倡导的这种物质文化实际上反映了中产阶层的需求，尤其是那些经济资本较高而文化资本较低的人群。他们不再满足于仅仅拥有消费品，而是渴望更多的关于如何欣赏和使用物质产品以及如何培养品味的知识。

　　而且，在中国的背景下，欣赏和使用物质产品的知识也可以用来为品味辩护，是解决物质欲望和购买力之间紧张的一种方式。虽然大众媒体和市场倡导这种奢侈的、挥霍的消费文化，但事实上由于各种条件的限制，并非所有中产阶层成员都负担得起或者频繁地购买奢侈品。如王建平（2006）所指出，"激情与理性"——物质欲望和购买力之间的张力是转型社会中的中产阶层的困境之一。因此，人们需要锻炼根据自身购买力和品味来选择"最适合的"奢侈品的能力并积累相关的知识，作为应对这种困境的一种策略；同时，他们排斥所谓"有钱人"的品味——往往拥有大量奢侈品却不懂得如何欣赏。在此背景下，《精品购物指南》曾推出名为"新奢侈主义"的特刊，试图为中产阶层——尤其是可支配收入较低的年轻中产阶层——的品味辩护。"新奢侈主义"的宣传标语是"以拒绝物质奢侈的名义，盛装上市"④，提倡一种从物质产品和服务中获取快乐的品味。可以看出，在物质欲望和购买力的张力之中，有关物质产品和文化品味的知识在很大程度上扮演了缓冲的角色，因为它主张的是充足的经济资源并不一定带来好的品味的观念。关于中产阶层如何做出"品味的判断"以及判断依据的问题将在第十一章详细讨论。

　　总之，在当代大众媒体和市场对于中产阶层品味的理解中，一方面强调奢侈文化，目的在于商业利益的最大化，在这种氛围下，不难发现本研究中

---

① http：//mag. trends. com. cn/trendsmag/subscribe/subscibe. jsp? pl_ no = 1 ［检索日期：2008年 1 月］。

② http：//mag. trends. com. cn/trendsmag/subscribe/subscibe. jsp? pl_ no = 21 ［检索日期：2008年 1 月］。

③ http：//www. lifestyle. com. cn/jingpinmenhu/baoshenews/baoshenews/56729. shtml ［检索日期：2008 年 1 月］。

④ http：//www. addown. com/article/jijing/yuanchuang/2006128/3509. Html ［检索日期：2008 年 1 月］。

的被访者体现出了追求乐趣和舒适的消费倾向并且一些被访者的品味跟西方中产阶层的品味非常接近。而另一种在大众媒体和市场中传播的有关品味的话语是强调物质产品的欣赏和使用，反映了消费文化的意识形态与人们日常生活的交叉。这种话语不仅迎合了那些对物质文化的要求越来越"复杂"的消费者，也为那些需要应对物质欲望和购买力之间张力的消费者提供了品味的辩护依据。

可以看到，虽然在传统文化中只有节俭是具有合法性的消费倾向，但是在当代社会，具有合法性的消费倾向却不是单一的，不同领域有各自的主张。"鼓励消费"的话语搭配理性适度的原则体现了政治权威的规训，"奢侈消费"的话语体现了市场的主权，而强调"物质产品的欣赏和使用"的话语则在一定程度上试图抵制政治权威和市场并提升消费者的主权。不同领域的合法性话语之间的斗争暗示着中产阶层的消费者主权在上升，而不是像有些文献认为的消费者完全被市场、媒体、政治权威或者所谓西方文化所操控。

至此，我们可以清晰地看到中产阶层是当代中国消费文化兴起的核心力量。他们比非中产阶层更广泛地参与消费活动，也是很多媒体和市场的目标群体。另外，中产阶层的日常生活也被消费所结构化：他们从购买和使用物质产品中获得乐趣与舒适，也通过为家庭成员消费来履行家庭责任。下一节将简要评论都市消费行为的文献。

第三节　都市消费文化

现有的国内文献主要关注城市地区的消费文化（比如王建平，2007；黄京华，2003；刘世雄，2007；Davis and Sensenbrenner，2000）。由于历史和文化的原因，消费文化在不同的城市地区也有差异，在富裕的地区，尤其是都市地区最为繁荣（黄京华，2003；刘世雄，2007）。

在文化、经济和地理特征的基础上，刘世雄（2007）将中国大陆划分为七大区域，通过一个城市地区分层抽样的调查研究了消费文化的区域形态。刘世雄（2007）认为，大体上东北和西南的消费者往往比较保守，很容易受到影响，对自己的偏好也认识不够。这种消费倾向和这些地区相对落后的经济发展程度有关。华北、华中和西北的消费者综合了享乐主义、炫耀消费以及传统的节俭等倾向，原因是这些地区经济发展程度比较发达，并受到了传统价值观很大的影响。东南和华南是两个最发达的区域，但是表现出了迥异的消费倾向。在东南地区，享乐主义和冲动消费比较显著，而不是传统价值观。但是在华南地区，节俭和适度的传统价值观比较普遍，人们往往比东南地区的人们更为保守（刘世雄，2007：198～207）。如刘世雄所揭示，这两个地区的差异有着历史的原因。虽然它们都受到西方文化的长期影响，东南地区在与西方文化互动之前自身的文化基础较为薄弱，而华南地区在对西方开放之前有着比较坚定的儒家文化的信仰（刘世雄，2007：203～207）。

这些关于消费文化区域特征的发现非常有价值。研究揭示了消费文化在富裕的城市地区更为繁荣的事实，也证实了全球化中西方文化和本地文化之间的互动。刘世雄的研究可以解释为什么本研究关注都市地区并以全球化为背景，也提供了一个在特定的历史文化文本下进行数据分析的很好的视角。

根据《中国青年报》进行的几次调查，城市地区的女性大都是自主的消费者，她们被描述为在消费中追求个性、情感宣泄、乐趣和地位（陈晓敏，2008）。这一研究发现有助于获得对于城市女性消费者初步的认识，也揭示了当代社会一些新的消费动机。

一个关于四大城市（北京、上海、成都和沈阳）年轻中产阶层女性的调查揭示了一些新的消费特征以及内在动机。根据着装消费的数据，该研究（徐玲、赵伟，2002）发现：①冲动消费比较明显，样本为1050名被访者，有67%的人有此倾向；②打折季对于中产阶层女性来说并不具有吸引力，相反，来自沈阳的很高比例的被访者提前购买下一季的衣服，表明沈阳的中产阶层女性在着装购物中对时尚更加敏感。对于中产阶层女性来说，购物场所往往是大型购物广场、百货商场和专卖店。本研究中一些家乡是东北地区的被访者也提到，东北的消费者通常在着装和奢侈品上投资巨大，可能暗示这些地区的消费者尤其热衷炫耀性消费。

另外一个旨在调查城市"高收入阶层"的生活方式的研究，从四个大城市（上海、深圳、南京和长沙）中抽取了500个样本，"高收入阶层"为在上海和深圳个人月收入4000元以上、在南京个人月收入2500元以上、在长沙个人月收入2000元以上的人群（陈浮，2002）。研究揭示，在高收入阶层的总支出中食品仅占20%，而教育和娱乐等服务性支出均占总支出的7%～10%。高收入阶层几乎全部拥有彩电、冰箱、电话，拥有信用卡、移动电话、贵重金属的人群比例也很高（陈浮，2002）。在这四个城市的调查中，储蓄的原因非常有趣。总体样本中，排在前三位的储蓄目的为"防止意外所需""子女教育""为年老做准备"；但是在深圳，"为工作、生意投资"排在第三位，反映了在经济特区浓厚的商业氛围；而在上海和长沙，"旅游、娱乐"排在第三位，反映了这些地区的消费者追求生活乐趣和休闲的倾向（陈浮，2002：60～61）。该研究强调了城市地区消费模式的特征：自我实现以及"超前消费"；而后一种特征，也即借贷消费，在深圳尤其显著（陈浮，2002）。研究揭示的强调个人乐趣和舒适的自我实现的消费倾向对于本研究有重要的启示。

上述文献分析表明都市地区是消费文化兴起的重要场所。都市地区消费文化的显著特征可以总结为一种新的消费动机，包括追求乐趣、舒适、个性和地位，以及借贷消费的发展。至此，通过文献综述发现，总体上中国人的消费模式主要在阶层、年龄、居住地区以及收入等因素上有差异，因此定量分析将主要联系这些人口特征来分析当代中国城镇的消费模式特征。

第四节　消费模式的社会学解读

中国学术界对于消费模式的思考主要通过消费倾向和内在的社会关系的分析。周晓虹和王建平对于中产阶层的消费倾向做出了比较系统的论述。另一部分文献从社会关系的角度寻求对于消费模式的理解，关于中国人的自我观念是附属于群体的还是独立的仍有争论。本节最后将讨论费孝通（Fei，1992）的社会关系模型，该模型将和第二章综述过的西方理论一起来解释本研究的发现。

一　消费倾向

到底中产阶层群体采纳了一种新的消费倾向还是在很大程度上仍保持节俭，这是国内消费研究领域的主要争论之一。在实证证据的基础上，周晓虹和王建平认为，中产阶层对于节俭和消费主义都非常矛盾，并且在他们的消费中存在一些张力。王建平（2007：136～138）和周晓虹（2005：74～75）都强调中产阶层的消费倾向在经历巨大的转变；与非中产阶层相比，中产阶层更接近现代社会的消费观念，如对超前消费的态度、对开源与节流的认识、追求品位等。

　　周晓虹和王建平的研究建立在同一套全国调查数据的基础上，调查涉及中产阶层的认同、消费、生活方式、社会网络、教育和文化生活、品味、政治参与以及与媒体的互动。周晓虹（2005）认为，中国中产阶层的消费观念可以说是矛盾的，既有挥霍的一面也有适度的一面，并且中产阶层尽可能地在二者之间保持平衡。用周晓虹（2005：73）的话来说就是，他们"基本接受了超前消费的观念"，却又是"理性的、现实的"（2005：72~74）。对于"超前消费是很有必要的"的观点，43%的中产阶层被访者认为符合或者较符合，而只有29%的非中产阶层被访者持同样态度。周晓红（2005：73）认为，这与中产阶层较为稳定的工作和收入有关。另外，对于"与其勤俭节约，不如能挣会花"的观点，61%的中产阶层被访者认为符合或者较符合，而只有44%的非中产阶层被访者持同样态度（周晓虹，2005：74）。以上研究发现暗示了一种通过物质产品的使用来满足个人的乐趣、舒适和个性追求的倾向被很多中产阶层以及一小部分非中产阶层所接受。同时，周晓虹（2005：73~74）也发现传统的节俭伦理并没有完全被抛弃。只有很小一部分（25%）的中产阶层被访者同意（包括符合和比较符合）"国外的东西比国内的好"，也只有31%的中产阶层被访者同意"高消费是成功人士的象征"，并且在对待这两种观点的态度上中产阶层和非中产阶层被访者没有明显的区别。然而，在中产阶层群体中，对于节俭的判断标准发生了变化。访谈研究发现，奢侈是一个与自己的经济状况相对应的概念，如果自己负担得起，就是好一点的也不能算作奢侈；节俭不应该等同于传统意义上的储蓄，而是要"开源"，强调挣钱的能力（周晓虹，2005：98）。周晓虹认为这种观点是可以理解的，因为当代社会中产阶层的生活机会大大增加了，而不像过去物质资源和市场机会都极其匮乏所以节俭被认为是种美德。

　　以上研究呈现了中产阶层消费者的一个非常辩证的形象：他们接受一些新的消费观念，但仍然保持一定程度的节俭和适度。该研究发现提醒人们要更加全面地认识中国的"新富"们。王建平（2006）更侧重理论的建构，关注中产阶层的消费张力，认为这些张力塑造了我国社会转型阶段这种独特的消费模式。这些消费的张力包括：①节俭与奢侈；②激情与理性；③主动与被动；④雅与俗；⑤个性化与阶层化。

　　前两个张力的实质是物质欲望和购买力之间的冲突，这也是西方国家的消费者所面临的紧张。但是，这两个张力也体现了中国的特殊情况，那就是强调通过物质产品的使用获得满足的新的价值观可以与强调知足的传统价值观相妥协。二者之间的互动解释了中产阶层的特征，"贷款消费、超前消费的现代理念也是在他们的可承受范围内进行的，这与发达国家如美国、日本的消费信贷又不尽相同"（王建平，2006：142）。

主动和被动之间的张力与1978年之后的社会变迁和全球化的影响有关（王建平，2006：142）。随着市场经济的发展，中国消费者逐渐获得了自主权，但是，他们仍旧受到物质匮乏的经历和计划经济的影响，这种影响在某种程度上可能制约着消费者主权。并且在全球化背景下，中产阶层遇到了消费文化的兴起，他们的消费行为也不可避免地被强加了一些符号，这使得他们也可能挣扎于"贪得无厌的"物质欲望之中。

最后两种张力看起来与西方消费者类似，但事实上与当代中产阶层短暂的历史更有紧密联系。如第三章所述，"新中产阶层"出现于改革开放之后，到今天也只有三十几年的历史。因此，王建平（2006：143）在他的观察和实证证据的基础上总结，一种新的"高雅文化"，甚至是一种共同欣赏的文化，还没建立起来，也因此带来了中产阶层在阶级认同上的困难。另外，当代大众媒体和市场所倡导的生活方式及品味不断变换也使得某种高雅文化不太可能占主导地位。个性化和阶层化的张力也可以同样联系"新中产阶层"较短的历史得到解释。重点是，个性化和阶层化的张力可能加剧品味的个体性与共同性之间的矛盾。当中产阶层享受通过消费来表达个性的自由的时候，如果缺少阶级认同或者阶级文化作为参照，他们可能会对自己的品味陷入困惑或者矛盾中。无论如何，王建平（2006：144）强调，中国的中产阶层虽然没有一致的对高雅文化的追捧，但非常在意与地位不如自己的阶层的区别，这点与西方中产阶层一样。可以看出，在当代中国，品味也在一定程度上起着社会分层的作用，第九章将对此进行论述。

王建平的研究将中产阶层消费者的特征同更广泛的社会学理论联系了起来，对于建构有关中国消费文化的理论框架十分有益。但是，可能因为篇幅的限制，文章没有能够建立起结论和实证证据之间的联系，关于消费倾向的论点也没有充分阐释，比如新的价值观如何与传统价值观交叉、这几种张力之间的关系是怎样的、中产阶层如何应对这些张力。

很多现有研究存在一个较普遍的问题，就是将"中国中产阶层受到西方文化影响"当作理所当然的假设，并将新的消费动机（观念或者倾向）归结为"消费主义"或者"享乐主义"。这些研究隐含的假设是，西方文化、跨国公司在这场"消费革命"中发挥了主导作用，而中国消费者都不同程度地"受到了"西方文化的"辐射"或"影响"，因此"消费主义"在中国得到了发展。但是，消费文化的扩散机制是不是简单地从西方国家辐射到东方和发展中国家、新出现的消费倾向与"消费主义"或者"享乐主义"是不是同质的？第二章已经对此做过反思，在全球化的过程中，本地文化并非只是被动的接受者，而是与外来文化有着斗争，甚至可以改变外来文化。

本研究采用一种动态的、互动的全球化的观点，将提供关于消费倾向的更为恰当的分析。在详细的分析方法和理论框架的基础上，本研究将主要从品味的辩护的角度解析消费倾向，也即中产阶层如何理解自己的品味、他们如何对于自己的消费感到自信。本研究也将从中国文化的本质并联系社会变迁和社会规范来解释消费倾向，建立在实证证据的基础上，中产阶层的消费模式将会从日常消费、品味和物质文化的维度进行考察，因此新的消费倾向如何在中国实践的问题能够得到较全面的理解。

二　内在的社会关系

很长时间以来，认为中国的社会关系是"集体模式"的观点在学术界占主导地位，并用来解释中国人的消费行为。这种集体的模式指出，儒家社会中依附于群体的自我认同导致了"面子"的观念，即从他人的观点中获得自我认同（Wong et al.，1998：8）。根据这个理论，东南亚消费者被认为重视公开可见的财产，而西方消费者重视享乐的体验（Wong et al.，1998）。礼物在中国是获取奢侈品的重要途径，因为奢侈品被认为尤其适合作为礼物；赠送贵重的物品可以为赠送者带来荣耀，因为可以显示他的支付能力（Wong et al.，1998：13）。该研究发现证实了对于当代中国消费者的一些刻板印象。但是，这种集体的社会关系模型是否反映了中国社会的实质存在争论。

朱晓辉（2006）使用市场调查数据研究了中国人的自我观念及其对于奢侈消费的启示。研究从一个关于某种高档白酒（580 元/瓶以上）的市场调查数据中选取了 276 个样本。研究发现当代中国消费者既强调独立自我也强调关联自我，但在群体的维度（集体主义）上较弱。如作者解释，该发现与传统的社会结构和儒家文化的影响有关。前者以自给自足为特征，塑造了独立自我；而后者强调个人与社会的和谐统一，塑造了关联自我。因此，中国消费者既体现出社会性消费动机——地位炫耀和社会认同，也体现出个人性消费动机——自我享受、自我馈赠和品质追求（朱晓辉，2006：143）。该研究强调了个人性消费动机在中产阶层消费行为中的重要作用，具有创新意义，也对本研究有重要的启示。

这种强调独立自我的社会关系模型最早由费孝通于 20 世纪 40 年代提出。通过多年在苏南开弦弓村的田野调查以及对于中国历史和文化的分析，费孝通（Fei, 1992）将中国的社会关系总结为"差序格局"。这种社会关系的模型本质上是以"己"为中心，因为它"由私人联系延伸出去形成的不同的网络所组成"（Fei, 1992：71；费孝通，1998：26 ~ 30）。中国的社会关系格局可以被比作同心圆，"自己"是共同的圆心，每个人所有的社会关系排列在每一圈上，虽然这些重叠的社会网络的边界常常很模糊，也并不是固定的——关系的亲密依赖于社会规范和个人设定的义务，所以每个人的社会关系格局可能会有不同（Fei, 1992；费孝通，1998）。以下是一个"差序格局"所表示的社会关系模型的例子（见图 4 - 1）。

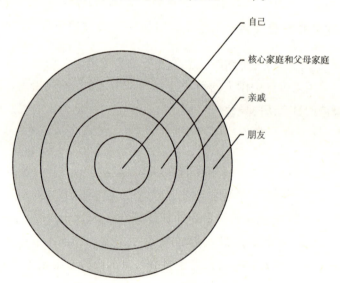

图 4 - 1 "差序格局"所表示的社会关系模型的例子

根据费孝通的解释，对于家庭或者朋友的责任的性质和程度取决于个人对"关系"的看法，同时建立在社会规范和个人道德标准的基础上。这种差序格局也体现在了本研究的一些被访者的消费行为中。被访者常常将亲戚放置在比父母以及他们的核心家庭更远的圈子中，与图 4 - 1 类似。一个人如何排列自己的各种社会联系是非常微妙、隐蔽的，也经常会有变化。比如，被访者之一张女士（40 岁，著名媒体公司助理总经理，年收入 30 万元）给自己买了很多奢侈品，但是对于为自己大手大脚花钱她表示很有罪恶感，并且打算要多给儿子买东西。公务员常先生（57 岁，国家级教练、省级体育局官员，年收入 12 万元）常常为老一辈唯一在世的姑母买各种东西，但是只愿意为姑母的儿女提供有限的经济援助，因为他觉得“没有义务”。

　　跟西方中产阶层不同，中国很多富人对于捐钱和慈善热情不高，这也体现在了本研究的访谈中，费孝通的模型对此问题也很有解释力。他特别强调，这个以“己”为中心的网络体现的是强调推己及人的“自我主义”，而非西方社会中权利和义务明晰的“个人主义”（费孝通，1998：28 ~ 29）；“这种差序的推浪形式，把群己的界限弄成了相对性，也可以说是模糊两可了。这和西洋把权利和义务分得清清楚楚的社会，大异其趣”（费孝通，1998：30）。国家和公共不过是“从自己这个中心里推出去的社会势力里的一圈而已”（费孝通 1998：30）。所以，典型地，中国人主要关心的是家庭和父母的福利，陌生人和公共的福利就被放置到更远的地方。

　　虽然费孝通的理论建立于 60 多年前，但是也广泛应用于当代的文化和社会研究之中。在本研究中，差序格局提供了一个很好的解释内生因素和社会规范的视角，可以有效地理解中产阶层的消费模式。

第五节　本章结论

　　本章主要讨论了中国消费文化的发展历史和当代消费文化的兴起，进一步勾勒了本研究的社会文本和国家文本，也为研究发现的解释总结了一些有用的理论视角。根据现有研究，中产阶层的崛起和都市的发展是消费文化兴起的两股重要力量，城镇居民消费模式主要在阶层、年龄、居住地区以及收入等因素上有差异；消费倾向和社会关系的分析提供了对中产阶层的消费模式更加深入的社会学解读。接下来，本书将进入研究方法论的章节。本研究将使用定量和定性数据来分析消费模式与内在的消费倾向，并建构起关于中产阶层的品味的模式以及中国文本下新的消费倾向如何实践的相关结论。

第五章
中产阶层的定义和规模

　　本章将首先从宏观角度介绍一些欧美国家的社会分层体系和设计理念，来分析在社会的结构和运行中哪些是划分社会经济群体的重要因素。基于此，并结合国内外学术界的相关争论，将阐明本研究对于中产阶层的界定及理由，然后根据此定义描述我国城市中产阶层的规模和人口特征。本章的参考文献主要来自社会分层和中产阶层的研究领域，选取了一些有影响力的学者和机构。

第一节　欧美国家的社会分层体系

　　社会分层是社会学和政府统计中的核心概念。社会分层的基本假设是，那些拥有相同资源从而拥有相似结构地位的人会拥有相似的生活机会上的可能性和局限性。通过经济和社会的分层可以看出哪些人群占有大多数的社会和经济资源、哪些人群处于弱势以及社会结构是否合理，因此，一个合理的社会分层体系对于揭示社会结构和社会不平等具有积极的意义。同时，社会分层体系还可以用作人口流动、劳动力市场、医疗健康、犯罪等问题的有效的解释变量，帮助人们认识各种社会现象。

　　另外，学术界和政府部门也关心什么因素、怎样的机制决定了一个人在社会中的位置，这些问题的研究对于构建社会分层体系具有重要的作用。但是，学术界和政府部门对于社会分层研究的兴趣点并不同。学术研究大多建立在冲突理论、功能理论等有关社会结构理论的基础上，将社会结构或者看作客观存在的或者看作被社会建构的，与研究的主题相联系（如消费行为、家庭劳动分工、公共卫生等），选择能够深入分析研究问题的分层结构，由于研究条件的限制也大多使用调查数据。而政府部门更关心如何根据职业、收入、受教育程度等变量来正确反映全国所有成年人的社会经济地位，显然政府部门将社会分层视作客观存在的，需要收集数据来分析这个现象，并与国情、历史或者社会热点问题相联系来构建分层体系。比如，美国于 20 世纪初试图建立一套系统的社会分层体系，初衷就是大量教育和技术水平较低的外来移民的涌入对于劳动力市场以及种族优生产生威胁（Szreter，1993）。另外，政府部门更有条件使用普查数据从而更为全面、客观地揭示社会结构。因为这种优势，很多国家用于政府统计的社会分层体系也被广泛应用到学术研究中，比如英国的 NS‐SEC（将在下文详细介绍）。就本研究而言，也是持有一种客观主义的视角，希望了解社会中受过高等教育、白领职业、生活还算优越的那么一群人，他们的社会经济地位和生活水平如何、其消费模式有哪些特征。因此，本研究将借鉴英国、美国、法国和澳大利亚政府统计中的社会分层体系，考察哪些是影响社会经济地位的重要因素。

一　英美体系：系统、成熟

两次世界大战期间，一个建立在职业的基础上、反映国家社会结构的经验模型开始出现在英国和美国的政府统计中，见表 5‐1（以下模型引自 Szreter，1993）。

表 5‐1　英国和美国政府统计使用的"职业等级模型"

I	Professional（专业人士）
II	Proprietors, Managers, Officials（业主、经理人员、公职人员）
III	Clerical, Salespersons（办事人员、销售人员）
IV	Skilled Manual（技术工人）
V	Semi-skilled Manual（半技术工人）
VI	Unskilled Manual（无技术工人）

可以看出，这是一个将全社会的劳动力区分为体力劳动和非体力劳动的社会分层等级模型。为什么世界上很多国家的社会经济地位模型建立在职业的基础上？一个原因是随着现代市场经济逐渐占主导地位，政府和学术界非

常关注劳动分工如何影响一个人在社会中的位置（Rose，2003：29 - 30），而不是像前资本主义社会中家庭出身很大程度上影响了社会流动；另一个原因，如 Szreter（1993）分析，职业是一个能够单独提供最稳健、最易收集、最能反映经济地位信息的变量。

这个模型自 20 世纪 30 年代起一直被美国的政府和学术界使用，直到 1980 年人口普查时才被较大幅度修改，但是仍以六个建立在职业基础上的类别变量的形式出现，只是区分了新出现的服务产业劳动力和传统的农业、手工业、工业的劳动力。这六个社会阶层为：①managerial and professional；②technical，sales and administrative support；③service occupation；④farming，forestry and fishing；⑤precision production，crafts and repair；⑥operatives，fabricators，laborers［The 1980 Census of Population：Classified Index of Industrial and Occupations（PHC80 - R4），（Washington，D. C. 1982）］（引自 Szreter，1993）①。

在英国，这种"职业等级模型"从 1910 年人口普查开始在英格兰和威尔士使用，1990 年改名为 Social Class based on Occupation（SC）。自 2001 年开始，一套新的社会经济分类体系 the National Statistics Socio-economic Classification（NS-SEC）取代了之前的 SC 体系并开始被应用于英国的政府统计和调查。据英国国家统计局介绍②，NS-SEC 目的在于测量雇佣关系和职业状况，二者对于反映现代社会中社会经济地位的结构以及帮助解释社会行为和其他社会现象十分重要。NS-SEC 的分析模型包含 8 个阶层（见表 5 - 2）。

与之前的 SC 体系不同的是，NS-SEC 是一个定类的测量尺度，因此这 8 个阶层之间并非等级序列的关系。这样做的理由是，NS-SEC 是建立在社会关系的基础上，设计者并不试图将社会描述成一个多层叠加的模型（layered model），并且一些群体虽然属于不同的职业类别但是在生活机会上总体是平等的（Rose，2003：18）。此外，NS-SEC 是以住户为分析单位，从家庭/户中的最高收入者（Highest Income Householder）的社会经济地位来代表整个家庭/户。NS-SEC 的数据来源是人口普查数据，主要使用了其中

---

① 因为美国普查局网站和劳动统计网站都没有像英国和法国的统计局网站那样明确公布社会分层体系，所以这个分层体系是否是目前官方统计中使用的体系，有待进一步研究。

② Office for National Statistics 网站，http：//www. ons. gov. uk/ons/guide - method/classifications/current - standard - classifications/soc2010/soc2010 - volume - 3 - ns - sec - - rebased - on - soc2010 - - user - manual/index. html［检索日期：2011 年 12 月 27 日］。

表 5 - 2　NS - SEC 的分析模型*

1	Higher managerial and professional occupations 1. 1 Large employers and higher managerial occupations 1. 2 Higher professional occupations
2	Lower managerial and professional occupations
3	Intermediate occupations
4	Small employers and own account workers
5	Lower supervisory and technical occupations
6	Semi-routine occupations
7	Routine occupations
8	Never worked and long-term unemployed

　*"学生""职业未提供或者描述不当"和"其他原因不便分类"这三类被归为"未分类";
资料来源：Great Britain. Office for National Statistics（2005）The National Statistics Socio-economic Classification User Manual, p. 9. New York：PALGRAVE MACMILLAN。

的职业和有关雇佣状况的变量。在当前的 NS - SEC 体系中,职业编码来自 SOC2010（the Standard Occupation Classification）中的 unit groups。雇佣地位综合了以下的变量：是否雇主、自雇或者受雇者；是否主管（supervisor）；以及工作单位的受雇者数量。

二　法国：描述性体系

　　与英美体系最大的区别就是,法国政府统计中的社会分层体系是描述性、归纳性的,而非系统的、线性等级划分的（Szreter, 1993）（当然在英国的 NS - SEC 体系中只是部分具有等级序列性质）。相同点则是,法国体系也是建立在职业分类的基础上。Szreter（1993）列出了法国当时的分层体系,将经济活跃人群分为 6 个职业类别（见表 5 - 3）。

　　法国体系和英美体系的发展过程迥异,主要是同各自的历史和社会发展进程有关。英国和美国都较早地经历了工业化和现代化,"第一次世界大战"之后,专业人士和管理人员的数量和影响力就庞大到形成了一个独特的社会阶层；而法国直到 20 世纪 30 年代才出现了一个类似的社会群体 "Les Cadres",他们以较高的受教育水平以及提倡工业和经济效率的主张来为自己谋求社会地位（Szreter, 1993）。这也是为什么英美体系本质上是较为固定的,也没有频繁的变动,这与其内在的主张有关：职业和社会群体的

表 5 – 3　法国政府统计中的社会分层体系（Szreter，1993）*

1	Agricultural proprietors
2	Proprietary retailers or dealers and artisans, and businessmen
3	Cadres and other highly qualified public and private sector professional, administrative, managerial occupations
4	Intermediate, includes lower managers and administrators; technicians and foremen; minor professions such as primary teachers, paramedics, social workers; and the clergy
5	Public and private sector routine non-manual employees (i. e. clerical workers), also includes police and military personnel
6	Non-proprietary manual workers in all sectors, including those in agriculture.

　　* 这个体系是被 Szreter 翻译成英文的，并加了解释，有些名词（如 "professional and minor professions"）并没有出现在法文版本中，是为了帮助英语读者理解而这样翻译的。

　　分类是根据一个全面的、公认的地位分配系统，要么完全接受要么完全放弃；而法国体系是可以接受变动的，正因为它是描述性的、目录式的体系，增加或者去掉一个类别不会影响整个体系，所以，伴随着法国的社会变迁，社会分层体系也经历了比较频繁的变化。

　　法国当前的社会分层体系为 PCS（The Classification of Professions and Socioprofessional Categories）①。该体系的划分标准综合了职业（或者以前的职业）、级别和雇佣状况（受雇者或者其他）的信息。该体系也包括了三种水平的聚合，其中一种是包含 8 个类别的社会职业群体（the socioprofessional groups）②。

三　澳大利亚：社会经济指数

　　澳大利亚的官方社会分层体系与英、美、法的体系有很大区别，它使用声望尺度或说声望分数来划分人群。这种职业分层体系在澳大利亚被称作 ANU 测量指标（Australian National University scales），目的是为澳大利亚国家统计局发布的官方职业分类中的职业赋予具有社会学意义的职业地位分数

① 法国统计局网站公布的 PCS 和表 5 – 3 中的体系基本相同，但是类别数量不同，因为网站上的 PCS 体系是法语，没办法写到文章中。
② 以上信息来自法国国家统计局（National Institute of Statistics and Economic Studies）网站，http：//www. insee. fr/en/methodes/default. asp? page = definitions/nomencl – prof – cat – socio – profes. htm［检索日期：2011 年 12 月 27 日］。

（McMillan et al，2009）。它最初的形式为 ANU1，是一个定类职业测量指标，由专家或者抽样人群对一些职业的声望作出判断，最终从 100 组职业中得到 16 个类别然后排序而成。ANU2、ANU3 和 ANU3_2 使用布劳－邓肯（Duncan，1961）的方法将 ANU1 过程中的声望分数推广到全部职业，即建立起已有的部分职业的声望分数和教育、收入或者其他的社会经济特征之间的回归关系，得到的回归权重用来计算出一个覆盖所有职业的连续的社会经济指数。ANU4 和 AUSEI06（当前使用的版本）的构建方法与国际社会经济指数（Ganzeboom et al.，1992；Ganzeboom and Treiman，1996，引自 McMillan et al.，2009）中使用的方法相同——最优尺度法（optimal scaling）。这种方法比邓肯所使用的回归方法更为科学，更能体现职业和教育、收入之间的路径关系。研究者认为职业是一种将一个人的人力资本（教育）转化成物质回报（收入）的方式，因此最优尺度法被用来给职业赋予分数，目的是最大化职业干预教育和收入之间关系的作用（详见 McMillan et al.，2009）。

　　AUSEI06 建立在最新的职业分类代码——澳大利亚和新西兰标准职业分类（ANZSCO）的基础上，使用 2006 年人口和住房普查数据，分析变量包括职业（由 ANZSCO 的 unit group 中得到的 117 个组别以及无业人口）、年龄、性别、受教育程度、劳动力状态（受雇、自由职业或者无业）、收入和每周工作时间。经过调整声望分数的分布，ANSEI06 为 0～100 分的连续的社会经济指数。医生为 100 分，接着是高级健康专业人士（94 分）、大学教师和老师（92 分）以及法律专业人士（91 分）；工人（laborers）处于最底层（0 分）（McMillan et al.，2009）。

　　由以上分析可见，在欧美发达国家的政府统计中，职业——包括职业类型、雇佣状况和级别——是决定社会经济地位的最重要因素，而更为综合的如澳大利亚的社会经济指数则将职业、教育和收入等多种社会经济变量都纳入指标体系。这些分析对于我国的社会结构划分以及中产阶层的界定具有启发意义。下节将重点讨论学术界关于中产阶层定义的争论，并进一步论述针对我国这样一个转型社会应当使用哪种分层体系以及如何定义中产阶层。

第二节　中产阶层的界定

　　关于如何划分社会阶层，西方学术界经历了一个从强调经济资本、生产关系到强调经济资本和文化资本的过程。中国学术界仍然较强调作为物质回报和生活机会根源的经济关系，将职业状况作为划分社会阶层的基础。本节将综述国内外一些重要学者对于阶层划分和中产阶层界定的主要观点和分歧，在这些文献研究的基础上，再选择一种比较适合中国国情和本研究的界定方法。

一 "阶层"的概念

本研究对于"阶层"的划分主要关心的是社会分层如何区分生活方式和消费。马克思和韦伯创立的阶级模型是最有影响的理论。马克思使用雇佣关系定义"阶级"，认为剥削关系由生产资料的占有情况所决定。因此，马克思的阶级模型可以被理解为生产主义的，在这个模型中其他的生活领域包括消费都被生产资料的占有所决定。在此机制的基础上，整个资本主义社会逐渐分裂为两大敌对阶级：资产阶级和无产阶级（Marx，1848）。可见，马克思忽略了"中产阶层"或者"中间阶级"——那些掌握一定程度的生产资料但是未掌握金钱资本的人，因此没有能够在社会分层中定位"中产阶层"。

与马克思不同，韦伯认为市场机制应该为社会分层负责，并且根据所占有的资源和在市场中获得福利和富足的途径来划分人群（Sorensen，1994）。韦伯并不认为阶级，或者说经济财富，是社会分层的根本原因。相反，他建议的是一个综合了阶级、地位（声望和荣誉）、权力（政治权力）的三位一体的社会分层模型。这种多维度的方法更为有效地定义了中产阶层。中产阶层指那些拥有一些资产但是受教育程度较低的人（"小资产阶级"，例如个体经营者和小企业家）以及那些拥有较少资产但是由于其较高的受教育程度或者从业资格而获得了较高工作收入的人（"知识分子和专家"）（Saunders，1990：22）。因此，韦伯指出了一个很重要的观点——社会分层不仅依赖于经济资本而且依赖于文化资本和生活方式，从而在理论上确立了一个人在社会中的位置和受教育程度之间的关系。

文化资本，如果我们采用布尔迪厄的概念，指的是在交换的体系中扮演着社会关系的角色，包括一个人所积累的、赋予其权力和地位的文化知识（Bourdieu，1986）。可以看出，就文化资本在社会分层中的重要作用来讲，韦伯对于布尔迪厄的社会分层观点有着重要的影响。如布尔迪厄（Bourdieu，

1984：373）指出，"阶层不应只用生产关系中所处的位置来定义，还要有阶级惯习（Habitus），它'通常'（统计概率较高）和一个人在社会中所处的位置有关"。据布尔迪厄（Bourdieu，1990：53）解释，惯习是一个"持续的、可转换的处置的体系，它是预先被结构化了的结构，起着组织社会结构的作用①"。作为"被结构化了的结构"，惯习被两种主要的资本形式所定义——经济资本和文化资本，并帮助这两种资本形式的再生产。经济资本"可以立刻并且直接地转化为金钱，可能以资产的形式存在"（Bourdieu，1986：3）。跟马克思一样，布尔迪厄也认识到了经济资本的决定性作用，是"其他各种类型资本的根本"，"其他类型的资本都可以由经济资本得到"（Bourdieu，1986：12－13）。文化资本"在某种条件下可以转化为经济资本，可能以教育文凭的形式存在"（Bourdieu，1986：3）。作为"组织社会结构的结构"，惯习组织消费和生活方式，品味是惯习这个机制的主观实现（Sassatelli，2007：92）。品味是一种"符号权力"；通过品味，"客观划分"得以和"主观划分"一致，从而使社会的和文化的秩序变得"自然化"（naturalization）（Sassatelli，2007：94）。

另外，Chan 和 Goldthorpe（2007a，2007b）近年的研究体现了地位（status）在社会分层中的作用。虽然他们反对布尔迪厄的文化统治（cultural domination）的理论，他们的分析也和布尔迪厄一样强调除了经济资本之外的文化资本甚至社会资本在文化消费分层中的作用。在他们看来，地位"来自于社会平等和不平等的关系，体现在比较亲密的关系形式，特别体现在"commensality"和"connubium"——和谁一起吃饭、和谁联姻（Chan and Goldthorpe，2007a：377）。他们的研究发现支持了"杂食－纯食"（omnivore-univore）的观点，也就是处于较高社会阶层的人们更可能参与广泛的文化行为（Chan and Goldthorpe，2007a，2007b）。在音乐消费的分层中，研究发现地位（status）比阶级（class）② 的作用更为重要（Chan and Goldthorpe，2007b：10）。而且，他们也发现地位独立作用于文化消费的分层，包括①戏剧、舞蹈和电影，②音乐以及③图像艺术，因为在教育和收入

① 英文原文为"system of durable, transposable dispositions, structured structures predisposed to function as structuring structures"。
② 阶级划分基于 NS－SEC 的阶层分类，主要由职业和雇佣状况进行定义；地位区分基于 Chan and Goldthorpe（2004）建立的 31 种地位分类，考虑了职业、雇佣状况和社会资本等方面。

的作用之外（以及之上），地位依然经常对文化消费的水平和形式产生作用（Chan and Goldthorpe，2007a：382）。

然而，大量关于中产阶层的消费文化和消费模式的市场研究、社会学研究和人类学研究认为，在发展中国家，劳动力市场的成果尤其显著。在理论上，"职业地位"可以测量生活方式基本的相似度，因为社会的和文化的处境同职业经验紧密联系，因此"职业地位"的尺度可以测量同生产系统相关的劳动力市场的成果（Stewart et al.，1980）。Liechty（2003）进行了典型的发展中国家中产阶层消费文化的人类学探讨。它通过以职业地位所界定的中产阶层的特征，说明了将尼泊尔消费文化的研究锁定中产阶层身上的恰当性。该研究认为，发展中国家的中产阶层的典型特征为，"多种多样的不同形式的文化资本，与资本主义市场之间模糊的并引发焦虑的关系，错综复杂的伪装体系"以及在全球文化过程中逐渐占主导性的角色（Liechty，2003）。中产阶层在当代中国社会有着特殊的地位，也在消费文化的兴起中扮演着重要的角色。因此可以说，在发展中国家的背景下，建立在经济关系基础上的"阶层"是区分消费行为的一个重要结构。

二 当代中国中产阶层

在当代中国中产阶层的研究中，来自中国社会科学院、清华大学、复旦大学和南京大学的一些学者做出了重要的贡献。中国社会科学院的陆学艺曾于2001年主持一项全国性的调查，并出版了《当代中国社会阶层研究报告》（2002）。这本书在当代中国首次从职业地位和生活机会的角度指出，工人和农民处于社会阶层这个金字塔的底端，这样的结论曾引起过舆论的波澜。同样来自中国社会科学院的李培林、张翼使用2006年的中国社会状况调查数据对中产阶层的规模进行了科学的估计，李春玲则综合了生产关系、消费方式和主观认同的指标来划分中产阶层。清华大学的李强也是社会分层领域的一位著名学者，他的贡献之一是建立了区分中国新旧中产阶层的理论。来自复旦大学的刘欣侧重从职业地位的角度来划分社会阶层，形成了一套系统的分层体系。来自南京大学的周晓虹和华南农业大学的王建平对于中产阶层的消费模式进行了较细致的分析，同时也对中产阶层的规模进行了较为恰当的估计。本节将选取这些重要的研究来讨论中国学术界对于中产阶层界定的争论。

经济学家和政府统计常常以个人或家庭收入作为标准，使用"中等收入群体/家庭"的概念来衡量中产阶层。国家统计局（2005）将年收入在 6 万～50 万元的城市家庭定义为中等收入群体，其约占城市家庭总数的 5%。但是，单独将收入作为测量中产阶层的尺度是不可靠的，因为收入本身既不能反映雇佣关系也不能反映文化资本。因此，社会学家大多倾向使用能够体现劳动力市场中所处地位的职业指标（陆学艺，2002；刘欣，2007；李友梅，2005），或者建立在职业的基础上综合教育和收入的测量尺度（周晓虹，2005；吕大乐、王志铮，2003；李培林、张翼，2008）。

刘欣（2007）的社会分层体系参考了韦伯的多维度社会分层模型和戈德索普的阶级分析框架并考虑到当代中国社会的特殊性。该体系建立在公共权力与市场能力的基础上，综合了职务级别、经济资产控制权、技术资本量等职业和雇佣的信息，将中产阶层大体上定义为介于主导公共权力和资产控制权的支配阶层和与之相对的被支配阶层之间的阶层。中产上层包括党政事业单位的中层领导干部、中层国企经理、小业主、民营企业经理、高级专业技术人员等；中产下层则包括了低级职务的党政事业单位的干部、低级专业技术人员、有行政定级的职员办事人员、国企基层管理者、私营企业中的低层管理者、私营小企业经理等。使用中国综合社会调查 CGSS 2003 的数据，刘欣（2007）认为社会上层占约 0.6%，中产上层占约 7.6%，中产下层占约 22.8%，如果将上层也计入中产阶层，那么中产阶层占中国城市就业人口的比例约为 31%。

李友梅（2005）主要使用职业类型，利用第五次人口普查资料统计得到"白领"阶层约占北京就业人口的 57.7%，天津就业人口的 39%，上海就业人口的 50.4%。相比较而言，"白领"阶层占美国就业人口的 73.5%，德国的 63.2%，日本的 62.2%。[①] 根据该文，"白领"阶层包括国家机关、党群组织、企事业单位负责人、各类专业和技术人员、办事人员和职员以及商业服务业人员；但是办事人员和职员、商业服务业人员中可能包含一部分体力或者半体力劳动者，所以这个"白领"阶层的定义较为宽泛，可能高估了白领所占比例。上海白领阶层的壮大贯穿上海的"科教兴市"战略以

---

① 美国、英国、德国及日本的数据为 2001 年资料。

及"从投资导向转变到创新导向"的发展过程。从 1990 年到 2003 年，第二产业从业人员下降了 20.13%，而第三产业的从业人员上升了 22.13%（上海市统计局，2004）。可以说，以国家、社会和企业的管理者和专业技术人员、办事人员等为主的中间阶层从数量上已经开始成为上海的主导性阶层，社会结构呈现"两头小，中间大"的"橄榄型"态势，然而中产阶层发挥的功能和影响力还远未达到发达国家的水平（李友梅，2005）。

在一项关于中产阶层的全国调查中，周晓虹（2005：45）将中产阶层定义为：①经济上月收入为 5000 元（或以上——本书作者加）；②职业为事业单位管理或技术专业人员、党政机关公务员、企业技术人员、经理人员、私营企业主；③接受过大学本科及以上教育。统计结果显示，当代中国城市中产阶层的有效百分比是 11.9%。王建平（2007）分析了该调查中的部分样本，发现由于地区经济差异，中产阶层大多集中于发达地区。在中产阶层人群中，34.1%分布于上海，24.4%分布于北京，16.9%分别分布于广州和南京，只有 10.5%分布于武汉（王建平，2007：109）。

李培林、张翼（2008）使用 2006 年中国社会状况综合调查的数据，也根据综合的指标，从收入、职业和受教育程度这三个维度来研究中产阶层。他们将"核心中产阶层"定义为：①各种领取薪金的、具有一定管理权限或技术水平的非体力劳动者（也包括"自雇"和雇主）、②家庭年人均收入在 14001 元或以上、③取得了大专和大学本科阶段及以上教育文凭的人群。"半核心中产阶层"为符合以上任意两个维度的人群，"边缘中产阶层"为只符合一个维度的人群。研究发现，只有 3.2%的全国人口属于"核心中产阶层"；如果算上"半核心中产阶层"，那么有 12.1%的全国人口属于中产阶层，25.4%的城市就业人口属于中产阶层。李培林、张翼（2008）的分层模型为中产阶层的壮大阐释了一个理论框架，本书将采用这一理论框架来考察边缘中产阶层对于扩大消费的作用。

李春玲（2003）采用的是一个包括收入、职业、消费水平和主观认同的更为复杂的测量指标。文章使用的调查数据来自中国社会科学院社会学所 2001 年进行的"当代中国社会结构变迁研究"，采用多阶段分层随机抽样的方法从全国 12 个省、自治区、直辖市调查 16 岁至 70 岁的人口，获取的有效样本为 6193 个。"职业中产"包括党政官员、企业经理人员、私营企业主、专业技术人员和办事人员。"收入中产"指的是居住在发达城镇月收入在 1250.02 元或以上的人群，居住在较发达城镇月收入 631.79 元或以上的人群，居住在欠发达城镇月收入 741.02 元或以上的人群，居住在发达农村月收入 638.28 元或以上的人群，居住在较发达农村月收入 350.47 元或以上的人群，居住在欠发达农村月收入 233.45 元或以上的人群；其中发达地区包括北京、上海、浙江和江苏，较发达地区包括山东、黑龙江和河北，欠发达地区包括贵州、四川、河南、江西和内蒙古。关于"消费中产"，李春玲将家庭耐用品分为四大类来计算耐用消费品指数。第一类包括彩电、冰箱和洗衣机，代表了最初级的现代生活方式；第二类包括电话、手机、组合音响、影碟机、空调机和微波炉，代表了一种更丰富和更全面的现代生活方式；第三类包括电脑、摄像机、钢琴和摩托车，代表更高档次的现代生活方式；第四类是家用轿车，代表最高水平的现代生活方式。家用电器和耐用消费品指数的计分方法是：拥有一件第一类或第二类物品为 1 分，拥有一件第三类物品为 4 分，拥有一件第四类物品为 12 分。得分在 6 分以上的人为消费中产。"主观认同中产"指的是在社会地位自我评价中选择"上""中上"和"中"等地位的人。研究揭示，如果只包括满足四个维度的中产标准的人群，中产阶层在适龄人口中所占比例为 4.1%，在总人口中只占 2.8%（李春玲，2003：7）。根据 2000 年第五次人口普查的数据，中产阶层的人数为 3518.5 万。

除了以上建立在职业和收入基础上的指标，有学者也建议使用个人消费作为社会分层的标准（范成杰、彭远春，2005；戴慧思、卢汉龙，2001）。这种观点体现了消费在当代中国社会的重要作用。但是，王建平（2005a）对此持反对意见，他强调这种测量指标可能会低估中产阶层的规模并导致一种"中产阶层生活方式"的幻象，因为在当代社会，消费变得越来越个体化而不是整体化（王建平，2006；姚建平，2005）。

虽然这些客观指标在中产阶层的界定中占主导地位，但是作为主观指标的认同也被采用，尤其在大众媒体中。《金融时报》中文网记者魏城（2007）调查发现，中国人对于中产阶层的认同非常模糊。"在中国没有中产阶层！"魏城在访谈一些在西方社会中被认为是中产阶层的人群的时候曾得到这样的反馈。他们中有人并不认同中产阶层这个标签，甚至认为"中国中产阶层"并不存在。这种情况在我的访谈中也曾发生过。一些被访者对于中产阶层的标签感到很困惑，并询问我定义是什么；一些收入并不是很高的专业人士被访者则对于这样的身份感到很矛盾。但是，也有一些被访者很明确地认为他们是中产阶层——虽然不是所有人都乐意被贴上"中产阶层"这样的标签。无论如何，这些阶级认同的困惑并不让人感到意外。毕竟，中国在短短三十年的时间经历了翻天覆地的经济和社会变迁，建立起一个新的阶级认同体系也需要时间。而且，随着文化变得越来越个体化，人们也抗拒被贴上标签。因此，仅仅依靠建立在主观认同基础上的指标，对于估计当代中国中产阶层的规模是不可靠的。

本书认为，构建一个以职业为基础、较为综合的测量指标对于转型中的社会还是比较恰当的。如李春玲（2009）所指出，中国社会目前正处于高速经济增长和中产阶层初步形成时期，中产阶层多元身份特征的一致性明显低于发达国家处于成熟阶段的中产阶层，因此，估计中国中产阶层人数规模采用多元指标更为合适。在中国学术界，依据多元指标定义中产阶层通常包括职业、教育和收入三种指标，有时还加上消费。社会学家估计出的全国范围的中产阶层比例从3.1%到25%，城市中产阶层比例从8%到48.5%（李春玲，2009）。

除了以上静态的视角，也有学者从动态的、社会流动的视角考察中产阶层的构成。严翅君（2012）分析了"边缘中产"上升流动的障碍所在，认为主要包括发展阶段的局限、制度体制的分割以及强势阶层的挤压。李强（2010）将中产阶层的候选群体锁定在农民工，认为无论从国际上大多数国家社会结构演变的惯例还是农民工自身的优势和对社会的贡献，都应该发展这群有技术，但由于制度限制而"无地位"的人进入"专业技术人员队伍"，从而达到我国社会结构的优化。他指出最有力的渠道就是对已经具有一定和较高技术水平的农民工给予正式的技术职称认定，使得他们的专业技能具有制度合法性从而实现农民工自身的结构转型。

李强（2010）一文提供了很好的"政府－市场"的理论视角。他提出的促进农民工向上流动的途径并非简单的户籍制度改革，而是强调为农民工创造向技术人员、高技术人员转化的认定与竞争机制。这种理论视角不同于现有的一些试图"整体性"地增加收入、优化社会保障或者改革户籍制的建议，它不仅能够提高政策实施的效率，同时也尽可能地维护了市场经济秩序。本书也认同这样的思路，主张重视"边缘的"中产阶层的作用，通过增加他们的生活机会来促进内需的拉动，这种社会结构的视角既能够比较有针对性地进行政策设计，又能够促进中产阶层的成长壮大。后文将使用实证数据论证该观点。

第三节 我国城市中产阶层的规模

由于我国中产阶层集中在城镇地区，本研究主要关心的也是城市化对于中产阶层成长的影响，实证分析只考虑了城镇地区的样本——从居委会抽取的样本，不考虑户口属性。本研究的分层框架首先将城市人口划分为三类职业群体：精英、普通白领和体力劳动者，普通白领和体力劳动者内部的划分综合考虑了收入（经济资源）和受教育程度（见图5-1）。虽然学界对于中产阶层的边界仍有争议，但是具有一定管理权限或专业技术的脑力劳动者毫无疑问属于"中产阶层"，很多现有文献也将他们称作"管理精英"和"专业精英"（如边燕杰、刘勇利，2005），即图5-1中的A块。其次，虽然本研究不赞成用收入来单维度地定义中产阶层，但是在目前的社会发展阶段，不得不承认收入或所占有的经济资源是影响一个人消费模式的非常重要的因素。因此本研究也将一部分收入高于平均水平的普通白领——脑力或半体力劳动者——归入"中产阶层"，即图5-1中的B1和B2块。

由于图5-1根据职业、收入和受教育程度进行了多维度的区分，研究者也可根据需要来整合或者细化对于社会经济群体的划分。借鉴李培林、张翼（2008）对中产阶层的定义，该分层体系可将中产以外的群体进一步划分成"边缘中产"和"社会底层"，暗示社会流动和中产阶层成长的机制。"边缘中产"指的是拥有一定的经济、文化或权力资源但是相比较中产阶层又处于弱势的群体（B3+B4+C1+C2+C3）；"社会底层"指的是在职业、收入和受教育程度都处于弱势的群体（C4）。我们也可以进一步细分"边缘中产阶层"：受过高等教育的"边缘知识群体"（B3+C1+C3）、具有一定管理或技术能力的"边缘白领"（B4）以及收入高于平均水平的体力劳动者——"边缘富裕群体"（C2）。

本书在日常消费、消费偏好和休闲消费的定量分析中应用"中产阶层"和"非中产阶层"的二分体系，利用图5-1可以简单总结，中产阶层为A+B1+B2，非中产为C+B3+B4。购房意愿同中产阶层的成长有密切关系，所以相关分析将应用"中产阶层""边缘中产"和"社会底层"的分层体系。

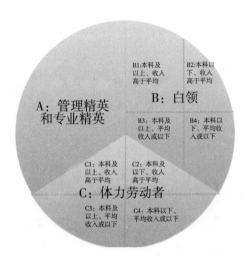

图 5 – 1 城市各阶层的划分体系＊

＊此图所划分的比例并不代表各阶层实际所占比例。

根据中国社会状况调查（CSS）数据使用的职业编码表，本研究将管理精英定义为"国家机关、党群组织、企事业单位负责人"，专业精英定义为"专业技术人员"；白领定义为"办事人员和有关人员""商业工作人员""服务性工作人员""警察及军人"；将体力劳动者定义为"农林牧渔水利业生产人员"和"生产工人和运输工人"以及"其他职业"，也包括"没有工作"的人群。因为职业编码中的"警察及军人"也包括了掌握一定权力、具有一定专业技术的职业，如公安、交警机构各级干部和军官，本研究也将其纳入白领从业者。

本研究以家庭人均收入，而非被访者汇报的个人收入作为划定中产的标准之一。因为一个人的生活机会不仅受到个人收入的影响，很大程度上也受到共同生活的家庭成员的收入的影响，将家庭总收入除以共同生活的总人口数而得到的家庭人均收入能够较准确地测量一个人所拥有的经济资源。因此，家庭人均收入较适合作为本研究的收入分层标准。

我们首先分析一下 2011 年我国城市中产阶层的规模及分布。本研究将

60 岁以上人群以及在校学生、丧失劳动能力者从样本中剔除。城镇居民接受过本科或以上教育的占 12%，管理和专业精英占 16%，白领从业者占35%。由于一部分缺失样本的存在①，对于家庭人均收入的分析稍微有些复杂。家庭总收入除以家庭人口数得到家庭人均收入的变量，但是该变量存在一些奇异值，会给中产收入标准的估计带来偏差。本研究以 2010 年甘肃省城市居民最低生活保障标准每月 204 元②为例，认为家庭人均收入不应该低于每年 2000 元，同时也去掉了人均收入每年 500000 元及以上的 4 个奇异值，这样以去掉 3% 的样本为代价得到家庭人均收入均值为 21674 元。根据国家统计局年鉴数据，2010 年城镇家庭人均可支配年收入为 19109 元，中等收入户（收入高于全国 40% 的户但低于 40% 的户）平均每人可支配年收入为 17224 元。国家发改委社会发展研究所课题组（2012）综合考虑城乡居民收入水平、城乡收入差距及城市化进程等因素，并参照世界银行相关标准，认为人均可支配收入介于 22000 元至 65000 元（以 2010 年为基期）之间的人群可算作中等收入者。相比较这些数据，调查数据分析得到的家庭人均收入处于合理范围内。经过百位后化零的调整，确定城市中产的收入标准为 21000 元。

2011 年在我国城镇地区，中产阶层——管理精英、专业精英以及家庭人均收入超过 21000 元的白领约占 27%（详见表 6.4）。根据李培林、张翼（2008）对 CSS2006 数据的分析，中产阶层占城市就业人口的 25.4%，本研究分析得出 2011 年中产阶层占城市就业人口比例增长到了 37%。

按照同样的思路③，对于 2008 年数据的分析也将 60 岁以上人群以及在校学生、丧失劳动能力者从样本中剔除。分析发现，2008 年城镇居民接受过本科或以上高等教育的只占 7%，管理和专业精英占 12%，白领占33%。将年收入低于或等于 1500 元以及高于 100000 元的奇异值（约占总

---

① 在 CSS2011 中，总样本为 7036 个，城镇样本为 4324 个。去掉家庭人均收入、受教育程度、职业带来的缺失样本，并剔除 60 岁以上、调查时为在校学生或丧失劳动能力者，有效样本为 2957 个。

② 人民网，http://gs.people.com.cn/BIG5/183283/12294768.html［检索日期：2012 年 4 月］。

③ CSS2008 中总样本为 7139 个，城镇样本为 3862 个，占 54%。去掉家庭人均收入、受教育程度、职业带来的缺失样本，并剔除 60 岁以上、调查时为在校学生或丧失劳动能力者，有效样本为 3065 个。

样本的 5%) 剔除后，得到家庭人均收入均值为 11198 元。结合国家统计局年鉴数据，2007 年城镇家庭人均可支配年收入为 13786 元，中等收入户平均每人可支配收入为 12042 元，所以数据分析得到的家庭人均收入可能被低估。本研究将家庭人均收入乘以 1.5 的系数，得到 2007 年家庭人均收入均值为 16797 元，经过百位后化零的调整，确定中产的收入分层标准为 16000 元。

由此分析发现，2008 年在我国城镇地区，中产阶层——管理精英、专业精英以及家庭人均收入超过 16000 元的白领约占 18%（详见表 5 - 4）。2008 年中产阶层占城市就业人口比例为 27%。

表 5 - 4 我国城市中产阶层的规模，2008 年和 2011 年

	2008 年	2011 年
中产阶层(%)	18	27
非中产(%)	82	73
总样本	3065	2957

可见，到了 2011 年，城市中产的比例有所上升，而非中产的比例显著下降，说明有更多的人群实现了向上流动。在就业人口中，中产阶层的比例也在持续上升。这说明随着城市化的发展，我国中产阶层的规模在壮大。但是目前来讲，城镇地区的社会结构还不十分均衡，非中产所占人口比例仍然很高。

第四节 我国城市中产阶层的特征

李春玲（2003：7）使用 2001 年全国调查数据揭示出，"在现代中产阶层中，2/3 是男性，近 3/5 是 41 岁以下的中青年人，3/5 是城镇居民和非农户口的人，近 1/2 是全民所有制单位的就业者，超过 1/2 是中专及以上学历的人……大约 1/10 的现代中产阶层成员是国家与社会管理者，经理人员和私营企业主各占 1/6，专业技术人员占 1/5，办事人员所占比例略超过 1/3"。

如第三章所述，跨国公司的增加是我国新中产阶层形成的一个重要因素，并且大量的专业人士和经理人员在跨文化的环境中工作，他们的生活方

式和价值观被认为同西方中产阶层很类似（傅宏波，2004）。"小资品味""波波族"以及"乐活族"（LOHAS-Lifestyles of Healthy and Sustainability）等生活方式受到中产阶层的欢迎。许海峰（2003）甚至认为由于受到市场的影响，"中产阶层"更应该被理解为一种有关时尚和生活方式的概念。他勾勒了一个中产阶层的形象，当然也有着整体主义和刻板印象的风险：他们大都在30岁上下，穿着优雅，喜欢读各种铜版纸时尚杂志，受过良好的教育，有着不错的收入和体面的工作，开着自己的车或者乘出租车，经常出现在高尔夫球场、保龄球场、西式快餐店以及其他"有品味"的场所，参加各种派对，谈吐之间会夹杂英文单词（许海峰，2003）。虽然许海峰和傅宏波的研究没有明确地定义中产阶层，但是他们强调了当代中产阶层的一个显著的特征——新的品味，这是当代中产阶层与1978年之前的"老中产阶层"的重要区别。然而，当代中产阶层的成员对于这些新的品味并不是十分确定，也常常感到很矛盾。本研究将使用访谈材料，发展现有文献中关于品味的判断的研究结论。

本研究使用实证数据，描述了城市中产阶层的人口特征。从表5－5可以看出，总体上中产阶层比较年轻，家庭人均收入显著较高，2011年超过人均4万元；男性比例较高，受教育程度集中在大专及以上——2011年占67%；从事脑力和半体力职业，非农户口占绝大多数，11%～18%①分布在北京和上海。而非中产阶层同中产阶层较显著的差异表现在收入、受教育程度、职业类型和户口性质。总体上，非中产阶层的家庭人均收入仅为中产阶层的1/3，受教育程度集中在未上学和小学、初中、高中（中专和职高），大多数从事体力职业或失业，非农业户口的比例在60%～70%。此外，非中产阶层也较年长，女性居大多数，90%以上分布于北京、上海以外的城市。从纵向上来看，中产阶层在2008～2011年间的变化主要体现在家庭人均收入提高、男性增多、本科及以上学历占人口比例增加、在北京和上海居住比例的增加；非中产阶层的家庭人均收入也有所提高，但是在受教育程度、职业类型、居住地等其他方面无明显变化，可能暗示着进一步的社会分化。

---

① 本研究对于中产阶层的定义考虑的是城镇总体的情况，但是一线城市与其他城市的收入水平有一定差距，所以该比例可能不准确；本研究用此比例来强调不同阶层在北京、上海的分布差异，而并非当作某阶层在不同类型城市的实际比例估计。

表 5 - 5　我国城市中产和非中产的人口特征

		2008 年		2011 年	
		中产阶层	非中产阶层	中产阶层	非中产阶层
平均年龄(岁)		39	43	38	43
家庭人均收入(元)		24226	8223	45428	14521
性别(%)	男	49	43	53	44
	女	51	57	47	56
受教育程度(%)	未上学和小学	3	22	3	22
	初中	12	42	9	41
	高中、中专和职高	25	27	21	27
	大专	31	7	29	7
	本科	28	2	33	3
	研究生	2	0	5	0
职业类型(%)	脑力和半体力职业	100	32	100	33
	体力职业和没有工作	0	68	0	67
户口性质(%)	农业户口	9	28	15	39
	非农业户口	91	72	85	61
居住地区(%)	北上	11	5	18	6
	其他城市	89	95	82	94
总样本		553	2512	798	2159

第五节　本章结论

在分析国内外文献的基础上，本研究认为在我国这样一个转型国家的背景下，建立在经济关系基础上的阶层划分能够较有效地区分消费行为。本研究采用一种以职业状况为基础、综合考虑收入和受教育程度的指标来界定中产阶层，并使用 CSS2008 和 CSS2011 数据分析了我国城市中产阶层的规模和人口特征。2008 年，中产阶层占城市人口的 18%，到 2011 年增长至 27%；2008 年中产阶层占城市就业人口比例为 27%，到 2011 年增长至 37%。这四年中，中产阶层的变化主要体现在家庭人均收入提高、男性增多、本科及以上学历的比例增加、在北京和上海居住比例的增加；非中产阶层的家庭人均收入也有所提高，但是在其他生活机会的指标上无明显提高。下一章起将进入到对中产阶层消费模式的分析。

中篇　中产阶层的日常消费

  当物质匮乏不再是问题，少食多餐、减肥降脂、杜绝酗酒，这种健康的生活方式成为城市中产阶层的追求。访谈显示，北京很多中产家庭喜欢健康、有机和绿色的食品。

第六章
消费与日常生活的组织

本章以对生活水平和日常消费的分析，引出本书的核心内容——中产阶层的消费模式。本章首先使用定量数据从家庭资产、日常支出及构成、耐用品拥有和生活压力的角度，来评估中产阶层及其家庭的生活水平以及勾勒日常消费的一些特征。定性分析将更丰富、详细地呈现中产阶层日常消费的特征并帮助理解定量研究的发现。定性分析关注中产阶层如何通过消费安排他们的日常生活，将通过日常支出构成和理财策略来解释日常消费，并关注区分中产阶层日常消费模式的一些因素。

第一节　家庭资产、日常支出和生活压力

家庭资产是衡量生活水平的一项重要指标。本研究从家庭所拥有的房产现值、金融资产、耐用消费品总值以及债务四个方面来计算家庭资产。2011年，我国城镇家庭平均资产约 597018 元[①]，中位值为 258500 元，约 3.8%的家庭存在负资产情况，也有近 2%的家庭资产超过 500 万元。中产家庭总资产显著高于非中产家庭，分别约为 104 万元和 43 万元。需要说明的是，CSS2011 调查的债务总额不包括分期购房、购车所支付的月供，仅为一般的尚未偿还债务，因此可能低估了城镇家庭的债务数额并导致家庭资产的偏高。数据显示，负债家庭占 24%，城镇家庭平均负债 19886 元[②]；有债务的

---

① 该指标的系列平均值由去掉总资产在 1000 万元以上的 5 个奇异值之后计算得到。

② 该指标的平均值由去掉 200 万元的 1 个奇异值之后计算得到。

城镇家庭平均负债84652元；在有债务的家庭中，中产家庭债务较高，平均负债18万元，非中产家庭平均负债约5万多元。

2012年出版的备受争议的《中国家庭金融调查报告》[①] 分析得出，中国城市家庭资产平均为247万元，中位数约40万元，负债的城市家庭占35%，负债（包括住房和汽车贷款）平均10万元。由于本研究的负债未包括住房和汽车贷款，所以实际上的城镇家庭平均资产可能要低于597018元，这个估计则大大低于《中国家庭金融调查报告》的测算。这可能由于上述报告"抽样调查的样本里，非常有钱的人很多，资产最多的10%家庭占全部家庭总资产的比例高达84.6%"[②]。相比之下，CSS2011的城镇有效样本中，资产最高的10%家庭的总资产占全部家庭总资产的比例为53%，说明样本的差异性较高，因此代表性好于上述报告。但是，本研究的数据分析依然说明了我国城镇家庭显著的贫富差异，50%的家庭资产平均只有9万多元，而10%最高资产的家庭平均资产337万多元，集中了全部城镇家庭财富的50%以上。

图6-1显示了中产和非中产家庭的资产构成和数量。房产是中产和非中产家庭价值最高的资产，占家庭总资产的80%以上。总的来讲，城镇家庭房产现值[③]平均57万元，有房产的城镇家庭房产现值平均66万元；一线城市（北京、上海、广州、深圳）家庭的房产现值则平均高达132万元。中产家庭的房产现值要高于非中产家庭，平均分别为96万元和41万元。由耐用品和贵重物品构成的家庭动产总值[④]来看，中产家庭的该资产比例稍高，平均资产额则为非中产家庭的3倍。金融资产[⑤]的比例在中产和非中产家庭中相近，但是中产家庭的金融资产数额是非中产家庭的2倍多。值得注意的是，高达60%的非中产家庭的金融资产为零，也有37%的中产家庭金融资产为零，与城镇家庭平均57万元的住房资产形成鲜明对比。一方面可能说明居民为了购置房产几乎耗尽全部储蓄，反映房价"高不可攀"给城镇居民包括中产阶层带来很大压力；另一方面可能也跟当前的通货膨胀和股

---

① 网易新闻，http：//news.163.com/12/0516/04/81JLU1HU0001124J.html［检索日期：2012年12月］。

② 网易新闻，http：//news.163.com/12/0516/04/81JLU1HU0001124J.html［检索日期：2012年12月］。

③ 该指标的平均值由去掉家庭房产现值超过1000万元的2个奇异值后计算得到。

④ 该指标的平均值由去掉1000万元的1个奇异值后计算得到。

⑤ 该指标的平均值由去掉大于500万元的4个奇异值后计算得到。

市低迷有关，无论中产还是非中产家庭，都把房产作为收益最佳的投资理财手段，这也是房价居高不下的原因之一，但是这种较单一的投资方式也埋下了难以抵御风险和市场变化的隐患。

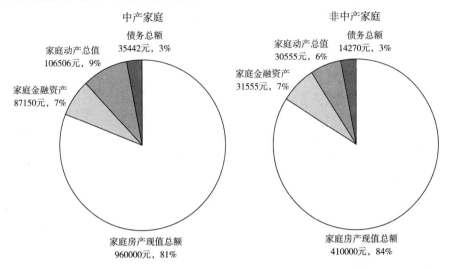

图 6-1 2011 年中产和非中产家庭的资产构成和数量*

*家庭房产现值总额指家庭所拥有的全部房产现值，如不拥有任何房产，则房产现值总额为 0；家庭金融资产包括现有储蓄存款余额和现有股票、期货、有价证券等的价值总额（按购入价计算）；家庭动产包括贵重首饰、收藏品、家具、家用电器、家用车辆、IT 产品、体育器械、厨具、卫浴设施等，家庭动产总值按购置价计算。

这些资产构成和规模反映出，相对于非中产家庭，中产家庭较为富裕，生活质量也较高（耐用品和贵重物品比例较大、价值更高），因而在消费模式上有着不同于非中产家庭的特征；数据也揭示了城镇家庭存在的生活压力和风险。下文将从日常消费及生活压力来分析，后两章将重点考察住房消费。

分析发现，中产家庭①的日常支出显著最高，2010 年平均为 100595 元②，

① CSS 系列数据采用多阶随机抽样的方法抽取家庭户，然后使用 Kish 抽样随机选取一名家庭成员作为被访者，所以如果被访者为中产阶层，那么家庭中至少有一名成员为中产，因此该家庭属于更高社会阶层的概率应当高于随机选取的被访者为非中产的家庭概率；而且分析发现非中产被访者配偶的职业地位和受教育程度都较低，所以被访者为非中产的家庭中有更多中产阶层成员的可能性较低。因此，本研究在分析消费模式时，将被访者为中产阶层的家庭近似地当作中产家庭，将被访者为边缘中产的家庭近似地当作边缘中产家庭，将被访者为非中产的家庭近似地当作非中产家庭。

② 该平均值由去掉家庭年支出为 4785750 元的 1 个奇异值之后计算得到。

非中产家庭平均为 47337 元①。图 6－2 显示了各阶层家庭的日常支出构成。除了医疗保健，中产家庭在各类消费中都是支出最高的。在家饮食仍然是各阶层的主要消费，其次为购房首付和房贷支出；对于中产家庭来说，购房支出甚至比在家饮食支出稍高。就注重服务购买和体验的文化、娱乐和旅游消费来讲，中产家庭 2010 年支出显著较高，为 4178 元，但也仅占家庭总支出的 4%。如果将文化、娱乐、旅游和家电、家具、家用电器等耐用品购置的支出加在一起可以构建一个"享受型消费"的指标的话，中产家庭的该支出比例为 16%，而非中产家庭的享受型支出比例仅为 5%。2007 年，中产和非中产家庭的享受型支出比例分别为 8% 和 4%。可以看出，到 2010 年，中产家庭的享受型消费明显增长，体现生活水平的提高，而非中产家庭的享受型支出仅微弱增长，生活水平提高较有限。

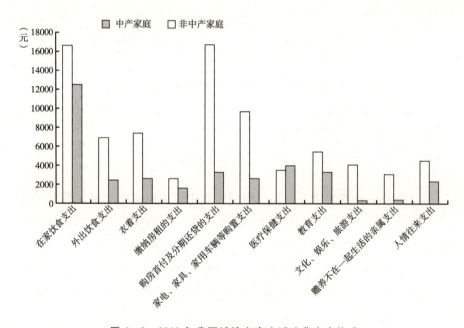

图 6－2　2010 年我国城镇家庭生活消费支出构成

非中产家庭生活水平难以提高可以从一些带有集体消费性质的支出上得到解读。虽然社会经济地位相差较大，非中产家庭在教育和医疗方面的支出

---

①　去掉家庭年支出超过 100 万元的 2 个奇异值之后计算得到。

与中产家庭不相上下，可见其生活艰难。2010 年，中产家庭的教育支出为
5508 元，非中产家庭的教育支出为 3332 元；中产家庭的医疗保健支出甚至
稍低于非中产家庭，分别为 3604 元和 3887 元。制度门槛可能是造成这种情
况的主要原因。城市非中产家庭存在较高比例的农村户籍和流动人口，他们
无法享受城市中的教育、医疗等社会保障，不得不自费购买这些本应由政府
埋单的集体消费，从而大大限制了他们在改善住房和提高生活质量方面的
消费。

　　因此，从日常支出及构成可以看出，拥有丰富资源的中产家庭既有较强
的消费欲望也有较强的购买力，对服务和体验消费具有一定兴趣，他们是扩
大消费非常重要的力量。

　　2011 年，城镇家庭私人汽车拥有率为 20%。私人汽车的拥有显著地体
现了阶层差异。2008 年，中产家庭拥有私人汽车的比例为 21%，到了 2011
年增长至 37%。而 2008 年非中产家庭拥有私人汽车的仅占 6%，到了 2011
年增长至 14%。这说明私人汽车消费在不同阶层都有增长的趋势，但是在
中产阶层的增长更显著。而且中产阶层的购车意愿更强烈。中产阶层半年内
打算买车的占 12%，高于非中产的 4% 的比例。2011 年数据显示，中产私
家车主比非中产私家车主更年轻些，平均年龄分别为 38 岁和 42 岁。相比较
而言，中产家庭有房（不考虑产权所有者）有车的比例是最高的，占中产
总体的 35%；但是仍有 56% 的中产家庭有房（不考虑产权所有者）无车，
这点跟西方社会中有房有车是中产阶层的典型特征有很大区别，也说明了我
国的中产阶层并不十分富裕，或者说，仍存在汽车消费增长的空间。

　　在信息时代，手机成为大众消费品，跨越了阶层甚至年龄。在 2008 年，
仍有 11% 的非中产家庭不拥有任何手机，然而到了 2011 年，非中产家庭的
手机拥有率达到 90% 以上，中产阶层家庭更是达到 99%。各阶层在手机拥
有的数量上也不相上下。70% 的中产阶层家庭有 2~3 个手机，非中产家庭
的该比例稍低但也达到了 60%。所以，普通手机在城镇居民中的需求增长
空间已经很有限。但是，在笔记本电脑的拥有上则有显著的阶层差异。48%
的中产阶层家庭拥有笔记本电脑，而非中产家庭的拥有率只有 16%。

　　本研究选取有关消费生活压力的一些变量构建了一个"消费压力指
数"，包括"住房条件差，建/买不起房"，"子女教育费用高，难以承受"，
"医疗支出大，难以承受"，"物价上涨，影响生活水平"，"家庭收入低，日

常生活困难"，"赡养老人负担过重"以及"家庭人情支出大，难以承受"。消费压力指数最高为7，最低为0。结果发现，我国城镇居民的消费压力指数平均为2.3。中产阶层的压力指数较低，平均为1.7，相对来讲比较"高枕无忧"。而非中产的压力指数超过了平均水平，为2.5，足见该群体被消费生活的各个方面所困扰，经济上的压力很大。

本研究也特别分析了年龄在50岁及以下群体的消费压力，这一群体进入劳动力市场的可能性最高，近似就业适龄人群。该年龄段非中产阶层最大的压力来自物价上涨、家庭收入低和建/买不起房，选择有压力的分别占77%、44%和43%，说明困扰非中产阶层的主要还是支付能力较低以及与收入增长不成比例的物价上涨。相对于非中产，中产阶层感受到的生活压力较轻，但是在"物价上涨，影响生活水平"的选项上选择有压力的高达70%，选择"住房条件差，建/买不起房"的占30%，说明近些年快速增长的物价使得各个阶层都受到了影响，过高的房价也困扰着中产阶层。

在子女教育、医疗和赡养老人等一些带有集体消费性质的领域，我们发现也有一少部分中产阶层感到了困扰——在医疗支出上有压力的占18%，在子女教育费用上有压力的占16%，在赡养老人上有压力的占7%。这些消费中的很大一部分本应由社会保障所覆盖，却给各阶层都带来了不同程度的压力，并且这些压力也很可能引发对未来的不安全感从而强化储蓄倾向，所以，即使是消费欲望强烈的中产阶层在日常支出以及购买计划上也显得非常谨慎。

第二节　"购物"和"消费"的话语

本节开始进入中产阶层日常消费的定性分析。首先将会讨论"购物"和"消费"的话语，目的是考察消费在人们的日常语言中如何被解读。新华字典将"消费"解释为"人们消耗物质资料以满足生活需要的过程"①。英语中的"consumption"被解释为"使用能源食物或者物质资料的行为"

---

① 在线新华字典，http://xh.5156edu.com/html5/78974.html［检索日期：2011 年 12 月 29 日］。

或者"购买和使用产品的行为"①，可见在中文和英文的语境中，"消费"作为名词时的含义非常接近，都强调"使用"或者"消耗"物质产品的"过程"而非市场交换的一瞬间。瓦德（Warde，2010）对于"消费"的定义也是建立在这种理解的基础上，"消费由获得、使用、欣赏物质产品的过程组成"。在口语中，"消费"的用法不像书面语那样严谨，含义为"使用""购物""支出"或者三者都包括，"消费"的含义将会在相关的访谈片段中具体说明。除了"消费"之外，人们在相似语境中也常常使用"逛街""购物"和"买东西"，但这些用法更加口语化。本书在引用被访者原话时将如实地记录被访者所使用的语词，但是在分析时将不区别"购物""逛街""买东西"，而是统一使用"购物"来指代。

访谈显示，"购物"可以指有目的的购买行为，也可以指只是在商店闲逛而不一定花钱，后者也可以称作"橱窗购物"。比如，张女士（主要媒体企业助理总经理，40岁刚过）说："逛街②是我的主要休闲活动（笑）（停顿）我几乎每天都在花钱。"温女士是一位50岁刚过的大学会计，她也喜欢将购物当作休闲活动，说："就衣服来说，我挺喜欢买的，也经常去逛，但不是每次都买。"因此，从日常口语的修辞可以推断，"购物"被赋予了消磨时间、无目的性和休闲的特征。这种关于购物的话语也在人们对于购物和消费的理解中体现了出来。

当我向被访者介绍研究主题为消费③的时候，很多被访者的脑海中立刻浮现的是买衣服或者买某种特别的东西，或者一种有关"挥霍""女性化的""年轻"以及"消磨时间"的活动。比如，"你应该和我姐讨论这个话题，她比我更加购物狂"（欧女士，38岁，大型上市企业公关总监），"我并不怎么花钱，不像我的一些年轻同事"（马先生，40岁，主要跨国银行客户执行助理经理）。这种观念尤其体现在一些男性被访者中。庞先生是一位40岁左右的艺术家，说"我不怎么买东西，那是女人喜欢的"，"我不经常去购物④因为我不喜欢逛商场"。麦先生是一位年纪相仿的外企研究设计经

---

① 牛津字典，http://oald8.oxfordlearnersdictionaries.com/dictionary/consumption ［检索日期：2011年12月29日］。
② 更广泛的定义，包括有目的的购买以及橱窗购物。
③ 为了让不同的被访者能够理解，有时候我也说我的研究是关于购物或者买东西。
④ 更广泛的定义，包括有目的的购买以及橱窗购物。

理，刚听说我的研究题目的时候，甚至半开玩笑地说"我从不消费①"。

由于这种观念，一些男性被访者只在有需要的时候才去购物（比如冯先生，31 岁，民营上市企业产品总监；郭先生，35 岁，跨国企业销售经理），或者周末与伴侣一起去商场、超市购物（比如林先生，27 岁，区政府公务员；宋先生，31 岁，大型房地产上市企业部门经理；唐先生，36 岁，上市企业下属公司首席商业计划官）。网上购物也由于其便利的特点受到一些年轻被访者的偏爱。

相反，很多女性被访者表达了对于购物②的热情，尤其对于衣服、鞋包、首饰以及其他的穿戴用品。董女士和张女士尤其热衷于购物并且自认为是"购物狂"，她们在购物上花了很多钱并且经常在闲暇时间去商场或者商店，但是并无具体的购物计划。温女士也经常在空余时间购物③并且将之作为爱好，但是她在打扮自己的同时也为了满足家庭的需要。

这些对于访谈主题即时的反应和回答以及嵌置其中的有关购物的话语，同丹尼尔·米勒在伦敦北部的研究发现很接近。如米勒（Miller，1998a：71）总结，购物被认为"挥霍的""不用思考的""享乐的物质主义"，这是我们这个时代占主导地位的话语。但是，一个在座谈会研究中体现出来的更加经验主义的话语是：抚养幼童的母亲更关注购物中烦琐和痛苦的一面，而年轻人更强调购物中享乐主义的一面（Miller，1998a：69）。这种性别和年龄的差异也在本研究的消费倾向中明显体现，将在第十一章详细说明。

尽管这种话语建构了一些刻板印象，访谈还是发现了一些对于某种物质产品的选购或者橱窗购物很感兴趣的男性案例，另外，一些女性案例则强调购物中的效率和节省，虽然这些男性和女性被访者的数量明显较少。嵌置于这些"特殊"案例中有关"消费"的话语与那种强调年轻、女性化、休闲和挥霍的话语是不同的。常先生是一位 57 岁的省级事业单位的中层干部，因为 2008 年奥运会借调到北京，在接受我访谈的时候他已经在北京住了半年多。他非常喜欢搜寻和购买新奇的"小玩意儿"，有空的时候不仅逛商

---

① 主要指购买和欣赏物质产品。

② 更广泛的定义，包括有目的的购买以及橱窗购物。

③ 更广泛的定义，包括有目的的购买以及橱窗购物。

场、超市，还会逛市场、地摊，而他的妻子更为节省，"在我们家经常花钱的是……我，（因为）我有花钱的欲望。有空的时候要是不花钱我就不舒服"。反之，康女士，一位48岁的私营企业主，和郑女士，一位40岁的学者和作家，则对于橱窗购物不那么热情，她们都将自己与那些花费大量时间选购商品的女性区别开来。另外，一些女性被访者也采取各种各样的策略尽量以较低的价格购买最合适的商品，有的甚至认为她们自己在消费中很"节省"，这将在下文进一步解释。

因此，以上的分析反映，对于"购物"和"消费"的话语的理解和使用在北京的中产阶层群体中是有差异的。那种认为"购物"是属于年轻人、女性、有钱人的活动的刻板印象不能适用于整个人群。事实上，不同社会经济群体的消费模式也是有区别的。对于内在话语的分析也有助于理解被访者解释自己的消费行为和消费倾向时的文本。最重要的，对于有关购物的话语的分析能够一定程度反映中产阶层的消费倾向。

第三节　日常消费及构成

总体上，被访者的日常消费由两部分组成。一部分是食品和日用品，主要在超市购买；另一部分包括衣服、鞋包、护肤品以及其他消费品，主要在商场购买，但是频率不及超市购物。大多数被访者从事着朝九晚五办公室坐班的工作，有时候还会加班，他们通过这种方式安排日常消费。但是，对于那些时间较为灵活的被访者来说，日常消费的组织形式便不那么严格。例如，郑女士将她的日常消费分为有目的的购物和橱窗购物，虽然橱窗购物比较少。

在日常的家庭购物中，研究发现了劳动分工的传统性别角色。妻子往往为丈夫和孩子购买食品和衣物，如果丈夫出现的话，也往往是妻子和丈夫一起购物。这两种模式大体上取决于妻子是否有更多的自由时间。

在家庭支出方面，被访者很难回忆起准确的数字，因为他们很少在日常生活中记账。特别是对于一些富裕的被访者来说，一个主要原因，如龚先生（35岁，民营上市企业设计总监）解释，"它只是我们收入的很小一部分"。庞先生也很类似，这位拥有自己的工作室和工厂的40岁左右的艺术家对于家庭支出既不清楚也从未计算过，"可能几千块吧。因为（停顿）事实上

（停顿）像水电费一类的日常开支，跟（我的）收入比起来（停顿），不是太大的负担"。

但是大体上，根据被访者的回答，家庭日常支出主要包括食品和日用品、家庭按揭贷款、汽车养护费用、出租车费用、子女教育和生活费、穿着、家庭装饰品、文化用品和活动、社交和休闲以及娱乐支出。代际是区分家庭支出的重要变量。总体上，一个由出生在 20 世纪 60 年代或者之前的丈夫和妻子组成的中产阶层家庭比由出生于 70 年代或者之后的丈夫和妻子组成的家庭的支出更少。比如温女士，一位 50 来岁、与丈夫和儿子住在一起的大学会计，每月家庭平均开销 2000 元；而麦先生，一位 40 来岁的外企研究设计经理，也是与妻子和两个儿子住在一起，每个月平均花费 1 万元。另外还有几位年轻的单身白领，他们个人的月支出甚至比户主为 60 年代出生人的核心家庭总支出还要多。这种家庭支出的代际模式由很多因素导致，下文和第十章将详细解释。

在有关被访者的家庭支出和消费习惯的数据的基础上，本节将主要从三个方面来论述中产阶层的日常消费模式：①吃饭、②住房和汽车以及③穿着、家庭耐用品、休闲和其他。对于子女的投资与社会习俗有关，将在第十章与其他的家庭责任一起讨论。有关预算、储蓄和投资的理财策略将在本节结尾讨论，目的是体现中产阶层如何保持收支平衡。按照日常生活社会学的理论框架，本节在论述消费行为的共性和区别之外，也将以"解释"作为另外一个结构，通过对日常生活的参与以及人们的主观解释来理解消费模式。

一　在家吃饭和外出吃饭

在被访者的饮食模式中，主要有三个因素发挥重要作用——工作单位类型、年龄和家庭结构。大体上，在国有单位工作、出生于 1970 年之前或者有父母在家做饭的被访者经常在家吃饭，要么免费要么花费较低。而在非国有单位工作、属于较年轻的一代或者自己生活的被访者经常吃外卖或者在餐馆吃饭。

对于那些有幸被工作单位或者父母"庇护"的被访者，在食堂吃饭或者有父母在家做饭是日常饮食的主要解决途径。齐女士（29 岁）和常先生（57 岁）都为政府部门公务员，齐女士单身而常先生独自居住在北京，都经常在食堂吃饭，虽然有时候也外出吃饭。

　　年纪较大的被访者往往在家吃饭，这也是老一代人的生活习惯。温女士和何女士经常在家做饭，并且在家庭饮食的模式上也比较相似。他们都 50 来岁，都在大学里工作（温女士是会计，何女士是副教授），并且与丈夫和孩子一起住。她们都是主要在家里做饭的人，包括购买食材和烹饪。而且这两个家庭都不经常出去吃饭。温女士尤其提到她一点也不喜欢在餐馆吃饭，因为食物不是很健康而且又很贵。就在家做饭而言，这两位家庭主妇强调食物的质量和营养价值，并且在这方面不会吝惜。就像温女士说的，"只要我们负担得起，我们家，怎么说呢，从来不在吃的方面算计，就是从来不会因为贵就不吃了"。作为大学副教授，何女士比温女士要忙，所以她在做饭的问题上还强调"又快又有营养"，通常"晚餐很丰富"。她对于丈夫的食品采购很不满意，因为丈夫经常买便宜的东西，但是何女士坚信"一分价钱一分货"。事实上，何女士对于食品的质量标准比温女士还高。何女士只在超市买食品和原材料，而温女士经常在超市买生肉但是会在市场里买水果和蔬菜。

　　的确，北京的很多中产阶层家庭喜欢健康、有机和绿色的食品。虽然被访者的收入不同，但是他们对于健康和绿色食品的偏好是一致的。如果在家吃饭的话，廖女士（30 岁，记者、国有媒体部门主管）经常去家附近一个专卖绿色、健康食品的市场买菜，这个市场"在北京来说算是比较贵的"。万女士（35 岁）是一位国有医院的医生，虽然收入较低，也经常去离家较远但是价格稍低的市场买质量好的食材。因此，在食品消费、尤其在日常做饭的消费中可以初步发现中产阶级一种对于营养、健康和安全饮食的追求，也即追求舒适生活的取向。

　　生于 1970 年之后的被访者如果没有与父母同住、单身或者在非国有部门工作，经常出去吃饭，他们在食物上的支出也通常较高。另外，有些没有孩子的夫妻也是这种情况，主要原因是夫妻双方都没有足够的时间做饭。冯先生和妻子都是专业人士，都非常忙碌。他们家就两口人，经常在餐馆吃饭，但是并不认为外出吃饭贵。

　　　　"支出主要包括出去吃饭和日用品，因为我们吃午饭是在公司。晚饭我们一般出去吃。也不贵，一天大概几十块钱，一个月可能三四千块钱，包括日用品。"（冯先生，31 岁，移民，民营上市企业产品总监，

互联网行业）

所以，冯先生和妻子一个月花费 3000 元左右在外出吃饭上面，显然去的应该不是高档餐馆，而是中档、较为实惠的餐馆。作为跨国公司的采购总监，姜先生和妻子也是采用了类似的日常吃饭的解决办法——出去吃饭。姜先生特别提到他在选择餐馆上的偏好——食物的味道而不是环境或者服务。有关中产阶层的外出吃饭地点也会在定量分析中揭示。

但是，频繁的外出吃饭也不是所有人都能负担得起，即使对于中产阶层来说。如果外出吃饭的频率可以作为购买力的一种测量指标的话，访谈发现，在新兴产业部门（如互联网、媒体、工业设计）或者利润较高的行业（如能源、房地产）工作的被访者的购买力较高。冯先生和姜先生的案例也显示，虽然较为富裕的被访者能够负担得起频繁外出吃饭，但是他们的消费也体现了实用和节省的特征。

除了方便，外出吃饭的原因也经常是与朋友、客户或者同事社交。廖女士（30 岁，记者、国有媒体部门主管）和丈夫经常与朋友或者工作伙伴一起出去吃饭，"占总支出的 50%"[①]。如果是和朋友一起吃饭，被访者也通常和朋友分开付账或者轮流付账。出去吃饭有时候也出于工作的目的。对于那些经常与客户打交道的被访者来说，他们的日常饮食模式很大程度上受到工作的制约。首先，他们有大量的时间是在餐馆吃饭，但是通常情况下可以在单位报销。朱先生是一位 33 岁的中型国有企业总经理，有时候与客户吃饭要付高达上万元的账单。其次，吃饭的时间和餐馆的选择也取决于工作的需要。宋先生是一位刚过 30 岁的大型房地产上市企业的部门经理，频繁地出席社交饭局，每周最多在家吃两顿早饭。马先生是一位 40 岁的跨国银行部门助理经理，经常选择环境和服务比较高档的餐馆招待客户。

至此，我们很清楚地看到被访者大都热衷于健康、高质量的食物和便利的饮食方式，暗示了在物质产品和服务的使用中对舒适的追求。食品消费的模式主要受到年龄代际、工作（单位类型和工作性质）和家庭结构的影响。另外，如果这个家庭经常在家吃饭，女性通常是家庭中负责购买食材和做饭的人。收入也是区别食品消费的一个重要因素。但是，被访者大体上可以负

---

① 这里的总支出应该未计入按揭贷款。

担吃的费用，因为他们为自己选择了合适的日常饮食模式。因此访谈显示，食品消费也受到了传统价值观和社会习俗的塑造。虽然消费的特征和程度在被访者中有所区别，一种被节省和适度的价值观所调节的、追求个人舒适的取向在他们的消费模式中反映了出来。

二　住房和汽车

如第四章文献综述显示，住房和汽车的拥有是国内学者研究消费模式的一个重要维度。根据本研究的访谈数据，住房和汽车占家庭支出很高的比例，代际和移民－本地人的区别显著影响了这方面的支出。

1. 住房消费

第三章提到过，随着 20 世纪 90 年代晚期开始的住房市场化改革以及之后房地产市场的繁荣发展，住房成为了一种昂贵的商品，并对中产阶层的生活机会和生活水平产生了重要的影响。本研究将从住房获得成本的角度来分析住房消费，并据此将被访者大体上分为"受益群体"和"弱势群体"。在收入水平普遍高于社会平均水平的中产阶层群体中，三种因素突出影响着他们在住房方面的生活机会：工作单位性质、年龄和是否本地人。大致来说，在政府部门工作、年龄稍长或者属于北京本地人的被访者能够以较低的价格（或者通过其他资助）获得住房，所以属于"受益群体"。相反，在非政府部门工作、较为年轻或者非本地人的被访者不得不以较高的价格租住或者购买房子，因而属于相对的"弱势群体"。但是，值得注意的是，住房获得成本的高低并不能够决定能否拥有房产。是否拥有房产还取决于收入、家庭背景及其他因素，下文将详述。

被访者中，何女士、白先生、杭先生和温女士都在政府部门工作（分别为高校、研究机构、国有媒体、高校），并且都在该单位工作了几十年。他们的住房由工作单位分配并且以较低的价格——约几万元——购买到产权。年轻的公务员，比如齐女士和林先生，在访谈的时候住在单位提供的公寓中并且没有房租，他们也享受一笔额外的住房补贴——据他们解释，这是对没有享受到住房分配政策的年轻公务员的一种福利；在住房补贴之外，公务员和事业编制人员也享受"经济适用房"的福利①。

---

① 这是 2008 年访谈时候得到的信息，可能现在的政策又有变动。

　　"受益群体"的第二个特征是北京本地人。董女士和薛女士是两位将近30岁的北京本地人，与父母住在一起，因此没有任何住房方面的支出。相反，被访者中的移民需要支付昂贵的房租或者房贷。沈女士是一位30岁的原籍河北的白领，还算幸运的是她可以住在亲戚家，因此每月只要支付1500元来负担房租和平时在家的餐饮费，而其他无房的移民被访者则要在房租上支出更多。

　　第三个因素——年龄是在中国这样一个快速发展的社会中影响住房获得成本的一个特别关键的因素。大体上讲，出生于20世纪70年代或者以前的被访者较容易拥有住房，因为特殊的社会政策以及跟现在相比较低的房价。一方面，出生于1970年之前的被访者大都得益于住房分配政策，有的甚至打算购买第二套房子，比如何女士和温女士。另一方面，出生于70年代早期（大多在21世纪初由于成家而买房）或者在21世纪初购买房产的被访者虽然没有搭上住房分配的末班车，但仍然能够以相对合理的价格买到房子。他们中的一些甚至在第一套住房的出售中获得巨额利润。

　　朱先生和郑女士是两个在21世纪初买房并受益于房地产市场繁荣的典型案例。朱先生是一位33岁的国企总经理，于2001年在上海工作时买了第一所房子。他在来到北京工作之后卖掉了这所房子，获得了150万元的利润。郑女士的故事则更显著地体现了社会经济变迁的宏观环境和消费者个人决策的交叉。90年代末的时候郑女士曾在中央国家机关工作，当她的同事们还在等待分配住房的时候，郑女士以20万元的价格买了一个公寓。她来自新疆并且父母也不富裕，因此20万对她来说不是个小数目，当时很多人也不理解她。但是，住房分配政策很快终止，她的同事们不得不以更高的价格购买却比她更晚住进自己的第一套房子。2002年的时候，她以120万元的价格买了第二套房子，但是据她估计，2008年的时候这套房子至少值280万元。在我访谈的时候，她已经还清了所有借款。郑女士对于自己的消费决策非常自豪，这使得她能够比大多数同事更早地住进了更体面、更大的房子。

　　相反，较为年轻的一代——出生于20世纪70年代晚期及之后的被访者的住房消费则非常不同，他们结婚成家的高峰期基本处于房价飙升之后，错过了以相对合理的价格购买房子的最佳时机。北京本地人如果买不起自己的房子，还可以与父母同住；但是就买房而言，本地人的优势也不是特别明显，因为北京的房价已经高至连很多本地的父母，如果不是足够富裕或者有多余的房子的话也很难为子女买得起房。而且，大多数的中产阶层成员也不符合保障性住房的申请资格，因为他们的收入"过高"而不能够享受到这种福利。因此，访谈数据揭示，在这样一个快速转型的社会中，年龄或者说时机在个人消费中——其实并不局限于住房消费——发挥着异常重要的作用；就住房拥有成本的影响而言，年龄的重要性一定程度上超越了工作单位性质和是否本地人。

然而，访谈发现，年龄上属于住房获得"弱势群体"的40岁以下的被访者中，大多数（18个人中有14个人）已经拥有了自己的房子，或者如果已婚的话打算在不久的将来买房。当然，北京的中产阶层普遍也都有房贷。1/3的被访者，包括本地人和移民，有或者曾经有房贷。房产拥有的很高比例说明中产阶层——不管是本地人还是移民——同社会中其他大多数人比起来还是相对富裕的群体。他们——尤其是中产阶层移民——更加有动力获得较高的社会地位和积累更多的经济财富。例如，廖女士（30岁，记者、国有媒体部门主管）和丈夫需要每月负担7000元的房贷，对于中产阶层家庭来说也不是个小数目，但是他们都有收入稳定、较好的工作，因此可以负担。

但是，被访者能够买得起房子并不代表没有压力。冯先生是一位互联网行业民营上市企业的产品总监。仅仅30岁，他的收入就达到年薪40万元，并且借助工作的一些机会还有些其他投资的收益。这个收入以他的年龄在北京来说是非常不错的。然而，2007年他以130万元的价格买了第二套房子之后（据他说是因为第一所房子"太小"，以后生孩子不太方便），便陷入压力之中，"房子是目前来说最大的支出。我们很多年的积蓄都花光了"。类似地，潘先生是一位年收入近50万元的跨国公司IT专业人士，打算在上海市中心（因为太太和家人都在上海）买一套房子。虽然以他的收入能够负担得起，但是他的日常支出就很大程度上被买房的巨额预算束缚了。

"……（我的消费）最大的特征是房子，（停顿）作为一种特殊的和巨额的消费品，（在支出中）更加突出。而其他东西变得不是那么

贵，不那么重要了。"（潘先生，27 岁，移民，主要跨国 IT 企业项目主
管）

可以看到，住房占据了都市居民的很大一部分支出，即使是在中产阶
层家庭中，这体现了居住在都市如何塑造中产阶层的消费模式。对于拥有
房子的复杂情感，也反映了这样一种独特的中国社会的习俗在人们日常生
活中的重要作用。都市效应对于理解消费行为非常重要，将在第十一章进
一步说明。

个人收入之外，父母或者伴侣也会在购房中给予资助。如果可以的
话，父母大都会在儿女的婚姻或者事业的初期资助他们买房。这点在定量
数据中也有所显示，研究进一步发现父母资助对于年轻的中产阶层是否拥
有住房有非常重要的影响，第八章将详细介绍。传统上，作为女性，即使
从个人背景上没有任何获得住房的途径，还有可能通过婚姻拥有住房，因
为传统观念认为男方及其父母家庭应该负责买房。在拥有房子的被访者
中，房款——至少首付——都来自丈夫或者丈夫的家庭。另外，丈夫也将
买房看作自己的义务。林先生和潘先生是两位已婚的年轻白领，打算近期
内买房，强调他们不会让妻子或者她的家庭负担任何房子的费用，包括买
房和装修。如潘先生解释，"这是上海人的观念"。这些研究发现可能暗示
着在当代中国，购房行为中的性别角色大体上还是非常传统的。为儿女和
妻子买房是消费模式如何被社会习俗塑造的很好的证据，该问题将在第十
一章详述。

在使用价值之外，房子也被当作投资手段。如上文提到的，一些被访者
在卖掉第一套住房的时候获得高额利润。而且，在北京买房通常被认为是很
好的投资。这种观点是北京持续上涨的房价的一种折射，也建立在中产阶层
对于中国市场充满信心的基础上。这种投资预期一定程度可以解释定量分析
显示的中产阶层较强的购房意愿，特别是在大城市购房的意愿较强。住房消
费是本书的研究重点，第七章和第八章将呈现更多的关于居住状况、购房意
愿和住房拥有的定量研究发现。

2. 私家车消费

北京的中产阶层家庭在交通上的日常支出通常集中在私家车和出租车，
私家车上的支出更大。在被访者中，私家车的拥有很普遍——23 位被访者

及其核心家庭拥有至少一辆车。对于丈夫和妻子均为白领的中产阶层家庭而言，日常出行的解决方法往往为每人一辆车。另外 7 位没有私家车的被访者为单身或者离工作单位很近，年龄大都为 30 岁以下或者 50 岁以上。如果私家车的拥有可以当作财富的测量指标的话，或许可以推断 30 ~ 50 岁的北京中产阶层比其他年龄段的中产阶层更加富裕①。

其实不光在学术研究中，在日常生活中汽车的消费也常常被用作社会经济地位的测量指标。欧女士的案例体现了这一点。欧女士（38 岁）是一位大型上市企业的公关总监和董事长助理，她的丈夫是一位私营企业主，可见家庭非常富裕，以至于企业虽然给欧女士配备了公车，但是她选择使用自己的奥迪汽车。在刚开始这份工作的时候，她开着自己的奥迪汽车去上班，她的同事纷纷猜测她的背景。

> "……一开始大家很好奇我是干什么的。我那时候也看起来比实际年龄小……大家就说，'这个女孩子来这干吗的？'（笑）不知道为什么我开着辆奥迪车上班，因为部门老总都是坐出租，或者（停顿）最多开花冠。大家就一直在讨论我……"（欧女士，38 岁，移民，大型上市企业公关总监，食品）

正因为这样的家庭背景和工作环境，欧女士在之后的工作中有意识地保持"低调"，保持个体的消费偏好与周围环境的一致性，也即强调在工作环境中品味的公共性——虽然这在被访者中并非占大多数，将在第十章详细说明。

在北京，维持一辆家用汽车的费用并不低。廖女士和冯先生家里的汽车分别大约每月花费 2000 元，包括汽油、停车费和养路费②。以廖女士家为例，是一个两口之家，每月还房贷 7000 元，再加上汽车费用，就用去了两个人月收入的 50%，而 9000 元——廖女士家在住房和汽车上的月支出——

---

① 这个推断需要随着时间进一步检验。改革开放后出现的新中产阶层——就职业和生活方式来说大都在 50 岁以下。如果 20 年以后当这群人大都在 50 岁以上的时候再做研究，很可能发现 50 岁以上的中产阶层群体有更高的购买力、更为富裕。

② 成品油税费改革自 2009 年 1 月 1 日起实施，取消了在成品油价外征收的公路养路费。但是在进行访谈的 2008 年，私家车主仍需缴纳养路费。

约为北京"211"高校刚毕业大学生的月工资的三倍①。

因此从访谈数据可以总结,住房和汽车占了中产家庭支出的很高比例,都市人群的压力尤其来自北京过高的房价。在中国这样一个有着计划经济历史又处于快速转型中的社会,工作单位性质、年龄代际以及是否本地人在中产阶层的住房支出中扮演着重要的角色。在政府相关机构工作的被访者在住房的获得和拥有上更有优势。出生于20世纪70年代或者之前的人付出的购房成本更低,因为他们或者享受了住房分配,或者能够以相对合理的价格购房。本地人可以选择与父母同住从而没有住房方面的开支,而移民必须承担租房或者买房的支出,但是二者在买房方面的差异并不明显。虽然被访者中的移民、年轻一代、企业员工获得住房的成本相对较高,但是他们中的大多数还是拥有了自己的住房并过着优越的生活,也对自己的事业和中国市场充满信心。如果考虑中产阶层在当代中国兴起的背景,就很容易理解这种生活状况和信心:中产阶层是改革开放的受益者,他们的利益也被作为改革的成果受到保护,这种状况短期内不会改变。

三 穿着、耐用品、休闲和其他消费

除了吃饭、住房和汽车之外,被访者的其他消费主要包括穿着(衣服、鞋、包及其他附属品)、日用品(护肤品、化妆品)、家庭装饰品和耐用品(床上用品、家具、电器、装饰品)、数码产品、文化用品和活动(碟片、书、互联网、看电影、听音乐会和看现场比赛)、休闲和娱乐活动(旅行、去夜店酒吧、唱卡拉OK、登山徒步、野营、骑马)、健身(去健身房、按摩和其他运动)、家庭保险、子女费用(生活、教育、玩具、娱乐)以及其他(比如婚礼礼物和礼金)。穿着的消费在人们的日常生活中非常重要,可以体现一定的消费倾向以及不同的消费模式。以上诸多种类的消费将主要通过穿着和其他消费来讨论。

买衣服、鞋、包及其他穿着的地点主要由收入区分。比较富裕的企业家,比如康女士(48岁)和唐先生(36岁),经常去奢侈品较多的购物广

---

① 由麦可思信息管理咨询公司完成的《中国应届大学毕业生求职与工作能力调查》显示:北京"211"高校毕业生毕业半年后月薪中位值为3000元,全国"211"院校毕业生的此指标为2500元,全国其他本科院校毕业生的此指标仅为2000,http://learning.sohu.com/20080225/n255353456.shtml〔检索日期:2009年1月29日〕。

场如燕莎、国贸和新光天地，主要看哪里对于他们交通较方便。除了国内的购物广场之外，比较富裕的被访者也去海外购物，寻求较高的质量和较合理的价格。如欧女士（38 岁，大型上市企业公关总监）解释，"我们大致都喜欢去香港买这种大牌（比如 LV 和 GUCCI）。我在国内买的不多"。而不那么富裕的被访者则经常在本土的商场/商店购买穿着用品，并且在消费决策上更加谨慎。

　　就海外购物来讲，被访者们有不同的原因，这些原因暗示着不同的品味，也反映了一些社会背景因素。一些被访者强调海外市场上商品的审美。董女士是一位 28 岁的证券类外企的行政白领，北京本地人，经常去香港出差，并且十分欣赏香港市场上的产品设计，"它们真的很漂亮，（与大陆市场上的商品比起来）在审美上完全胜出"。对于海外设计的偏好可能某种程度上反映了全球商业链"自上而下"的效应。一些被访者的品味好像被跨国企业和进口商品"规训"了，因此赋予了这些商品较高的价值，再加上国内的各种税费政策，这样就进一步抬高了国外品牌商品的价格。而同样的商品，海外市场的价格更为合理，因此如果有条件的话，消费者当然偏爱海外购物。然而，另外一些被访者则强调海外制造厂商可以信赖的质量，这部分通常为较为富裕的人群。欧女士经常去香港购物，但是跟其他很多人喜欢香港的免税商品不同，她通常买日用品，比如洗发水和药品，因为她相信香港商店出售的商品的质量更高；同样的原因，她也托朋友从日本空运了很多奶粉，为即将出世的孩子做准备。因此，笼统地说中国中产阶层消费者"崇洋媚外"或者其品味被跨国公司"规训"是非常片面的，这种对海外商品的偏好有内在的诸多方面的原因，包括国内设计相形见绌、产品质量不可靠以及不合理的税费政策抬高了价格。虽然在被访者中品味有着差异，但是以上的分析暗示着一种相似的消费倾向——对于乐趣（审美乐趣）以及舒适（产品质量）的追求。

　　大多数的被访者往往选择去传统的商场购买穿着用品，因为同新光天地、燕莎等奢侈购物场所比起来，那里有更多价格稍低的商品。奥特莱斯（shopping outlets）是一种出售打折品牌产品的新型购物场所，近几年也在国内发展了起来，访谈显示在被访者中很受欢迎。简女士和潘先生是两位 30 岁左右的外企白领，并且都说自己对于购物有热情。他们愿意与伴侣长途跋涉去奥特莱斯购物（这样的购物广场大都开设在远离市中心的位置），因为那里可以较低价选购到"大"品牌。可以看出，大多数不是非常富裕的被访者在消费中比较谨慎，选择合适的购物场所，花费也比较适度。

这种谨慎消费的性质和程度有着性别差异，同有关"购物"的刻板印象某种程度上有相似之处。男性被访者强调购物的效率和方便，表现出对于购买穿着不感兴趣。相反，女性被访者往往在消费决策上更加"深思熟虑"，因为她们大都热衷于购物从而对自身的购买力水平更加焦虑。

女性被访者通常的消费决策之一是既在商场购买品牌商品也在小商店购买便宜的产品，而不是依赖信用卡等手段仅仅购买昂贵的品牌商品。沈女士、方女士和简女士都是30岁左右的外企白领，尤其提到了这种"混搭"的策略。沈女士描述她的购物为"两个极端"：在外贸商店①购买休闲装，在奢侈品商场购买正装。方女士由于是四大会计师事务所的专业人士，工资稍高，喜欢在外贸商店里购买便宜的衣服，但是鞋一定要在大商场买有信誉的品牌。被访者也提到了这种策略的背景，就是近些年不断增长的品牌衣服的价格，另外时尚也换季很快，因此她们一般不愿意为休闲装付出昂贵的价钱。可以说，这种"混搭"的购物策略实质上反映了一种节省和适度的价值观以及经济快速发展的国家文本。

无论如何，购物并不只是关于购买力和性别刻板印象的问题，也同品味有关。常先生是一位57岁的省级事业单位中层干部，对于新奇、特别的商品非常感兴趣，比如从未见过的酒或者功能独特的家庭小摆设。他经常在空余时间到杂货市场、二手市场和超市闲逛，搜寻这种类型的商品。相反，郭先生，一位35岁的跨国奢侈品公司的销售经理，购物习惯则很不一样。虽然郭先生的工资要比常先生的低，他却经常去公司附近的赛特商场购物，包括日用品、衣服和其他商品，并且"肯定不会去市场买东西"。一个原因是郭先生的朋友和同事也经常去赛特购物。可以看到，品味和社会互动在塑造消费习惯上也发挥着重要的作用。

在这种背景下，网络购物对于追求乐趣和舒适但是购买力较低或者时间

---

① 这种商店号称出售的是国外品牌在中国代工的尾单，但其实也有很多仿冒的假货。因为最初这些商品是用来进行出口贸易，所以这些商店习惯被叫做"外贸店"。这种商店在年轻白领中非常受欢迎。

较少的消费者来说就非常有吸引力，尤其受到年轻被访者的欢迎。齐女士、方女士、冯先生和简女士这几位 30 岁左右的年轻白领经常通过网络购物，认为这种购物方式比传统的购物方式更便捷、更经济也更可靠，因为它节约了时间、金钱，也可以查到卖家的信用情况，因此可以很大程度上保证交易的顺利。被访者通过网络一般购买护肤品、化妆品、家庭装饰品以及文化用品——比如碟片和书籍，但是像冯先生和齐女士这种网购经验非常丰富的消费者也在线购买家电等耐用品和日用百货。

就家庭耐用品（汽车除外）而言，被访者的家庭大都拥有电视机、冰箱、空调和电脑，一些家庭还不止拥有一部。家庭耐用品上的支出并不是很高，很多的支出集中在这些耐用品的更新换代上，比如一个新的冰箱或者电视。但是，一些喜欢数码产品的年轻中产阶层（齐女士、方女士、冯先生、林先生、潘先生和龚先生）在数码产品上花费更高，其中一些数码产品也属于家庭耐用品。高额的开支通常由于数码产品较快的、持续不断的升级，这也给消费者带来了一定程度的焦虑和矛盾：是追求最新的款式还是充分利用现有的？据被访者解释，数码产品能够带来乐趣和愉悦。对这种物质产品的偏好暗示着追求个人乐趣的倾向，将在第十一章进一步阐述。

一种频繁提到的消费是休闲和娱乐消费。访谈发现，被访者在日常生活中广泛参与旅游、卡拉 OK、夜店、骑马、运动以及健身房或者按摩等休闲活动。被访者尤其喜欢旅游观光和度假，第十一章将更详细分析这种对休闲消费的偏好所暗含的消费倾向。当然，一些休闲活动并不便宜，比如，据廖女士讲，在北京的郊外骑马是每小时 160 元，一张按摩的年卡则要花费 5000 元。同外出吃饭一样，这些休闲和娱乐活动也有时出于同朋友、同事以及客户的社交目的。

在以上家庭支出之外，健康和人身家庭保险也是比较昂贵的开支，几位与年轻子女或者老人同住的被访者特别提到了这一点。张女士（主要媒体企业助理总经理，40 岁出头）的三口之家每年在商业保险上要花费 3 万元，欧女士（38 岁，大型上市企业公关总监）和丈夫在家庭保险（包括为欧女士父母买的保险）上也花费 3 万 ~ 4 万元。虽然简女士（31 岁，跨国物业管理公司人力资源主管）的家庭不如张女士和欧女士的家庭富裕，她的三口之家每年花在商业保险上的钱也有 1 万多元。就保险消费而言，我们看到北京的中产阶层的某些生活方式同西方中产阶层的生活方式非常接近，愿意投资以保障自己和家人的生活安稳、富足。但是，较高的商业保险投资也反映了被访者对于当下社会保障体系不完善的担忧，这正是庞先生和麦先生所抱怨的。两位其实都属于比较富裕的中产阶层，但是在这方面仍表现出了一些无奈和不安。因此，为了保证退休后同样优越的生活或者应对紧急情况，他们选择依靠自己——趁现在购买力较强的时候投资商业保险。这种对于未来的或者"意外的"消费的担心某种程度上限制了被访者追求乐趣和舒适生活的日常支出，就可以解释为什么这种新的消费倾向被一种节省、理性的价值观所调节。这种"享乐主义""物质主义"倾向的独特的实践形式与机制正是与西方中产阶层消费模式的重要区别之一。

本章节讨论了中产阶层在穿着、耐用品、休闲和保险等领域的日常消费。访谈揭示了收入在穿着消费的区分上发挥着重要的作用。另外，性别和品味也区分着这方面的消费模式和物质产品的使用。在这些日常消费中，对于乐趣和舒适的追求在消费行为中反映了出来，然而这种新的消费倾向被传统的节省以及"未雨绸缪"的价值观所调节，尤其体现在购物策略和家庭保险的高额支出上。

四　家庭理财和策略

家庭理财，即人们管理收入、安排支出的方式，对于理解消费模式十分重要。第一，北京中产阶层的经济地位可以由此大致反映出来，他们是否过着优越的生活又或者有较大的经济压力。第二，中产阶层的消费倾向可以从理财决策中体现出来，他们是尽量满足自己的物质欲望还是尽量保持消费和支出的适度。第三，可以揭示性别角色——谁管理家庭理财，帮助理解为何消费倾向具有性别差异。

在被访者当中，只有很少一部分家庭做家庭支出的预算，但是没有家庭出现入不敷出的情况，并且通常每月都有盈余。尤其是在较为富裕的人当中，收支平衡不是主要的问题。康女士（48岁，私营企业主）、唐先生（36岁，上市企业下属公司首席商业计划官）和欧女士（38岁，大型上市企业公关总监）认为"没有必要"有意识地存钱。如欧女士解释，"就好像有10块钱，我只花了3块或者4块钱"。而且，与传统上对于中国人喜欢存钱的刻板印象相反，被访者大都不是依赖存钱作为主要的理财手段，他们更多地依赖多种不同的收入来源来积累财富。前面提到，潘先生和冯先生利用在互联网领域的工作机会开拓了个人的生意从而年纪轻轻便收入颇丰，还有几位在房地产市场的繁荣时期卖掉以前的房子获得了高额的利润。除此之外，1/3 的被访者还参与了多种投资，包括投资股票、基金、房地产和其他的金融理财产品。这些理财策略可以解释为什么被访者大都拥有较高的购买力，一个重要原因是善于利用市场。

但是，理财策略中也可以看出北京的中产阶层也在为购买力和物质欲望之间的张力而斗争。一方面，如以上访谈显示，被访者中追求个人的舒适和乐趣的倾向非常明显，意味着如果有条件的话，这部分被访者通常会优先追求舒适和乐趣而非增加储蓄。另一方面，在北京的生活花费又非常昂贵。如之前提到，子女抚养以及"应急钱""退休生活保障钱"都占有很大一部分的支出。就是因为传统的储蓄策略不能满足他们的需求，被访者才转向了其他更为有效率的积累经济资本的方式。就好像 27 岁的外企白领方女士所说的，"存钱对我来说毫无意义"——虽然她的收入在同龄人中算较为丰厚的。因为仅仅依靠存钱是不可能买得起另一套房子的（访谈的时候，她拥有一套由父母出资购买的房子）。因此，被访者大都投资生意或者金融市场来增强他们的购买力。

另外一种应对这种紧张的策略就是限制他们的支出，这可能是区别于西方中产阶层的重要特征。被访者不是尽可能地满足他们的物质欲望，而是通常在能够负担的范围之内购买并且有选择地使用借贷。虽然中产阶层家庭使用住房贷款较为普遍，但是日常消费中并不总是依赖贷款、分期付款或者银行借款。一些年轻的被访者（比如方女士、董女士、张女士）使用信用卡，但是通常每月都全部还清，正如董女士所说，"欠钱终归不太好"。相反，年龄在 50 岁及以上的被访者却不太使用信用卡。对于较为富裕的被访者来说，如康女士所解释，他们有充足的现金来支付日常开销。对于其他人来说，原因是他们不喜欢向银行或者其他人借钱。何女士、温女士和常先生是三位 50 来岁在高校和政府机关工作的人，如果负担不起的话，他们宁愿放弃某种商品或者服务。这种有选择地使用借贷的行为再次体现了中产阶层在消费中节省和适度的特征。这种理财策略也构成了被访者对于自己品味的一个重要的辩护，将在第十一章详述。

根据访谈数据，中产阶层家庭的收入大都由丈夫和妻子共同管理。因此，平时花的是谁的钱不是特别清晰，在"大件"商品（几千元或者更多）

的决策上，通常由丈夫和妻子共同做主。但是在这种"混合家庭收入"的体制下，谁负担较多的家庭开支在不同家庭中会有些差异，主要取决于哪一方的收入更高。如果丈夫的收入较高，他通常负责家庭的所有日常开支，而妻子如果有收入的话通常负担自己的开支。同样，如果妻子/女朋友收入更高——当然这种情况较少，只有薛女士（26 岁，律师）、何女士（50 岁以上，副教授）、郑女士（40 岁，作家和学者）为这种情况，妻子/女朋友也会负担更多的家庭开支，丈夫/男朋友负担较少的开支。另外，也有个别没有子女的被访者家庭采取 AA 制。

因此，我们大体上在中产阶层的家庭理财中看到的是一种较为平等的性别角色，对于家庭开支的贡献不是由丈夫或者妻子的角色来决定，而是由谁收入较高来决定，另外家庭消费也通常由丈夫和妻子共同决定。或许可以推断，虽然在某些生活领域，比如购物、做饭和买房，传统的性别角色依然存在，但是在北京的中产阶层家庭中，一种更为平等的性别制度正在发展。这种复杂交错的性别制度因此可以解释在追求乐趣和舒适的消费倾向上的性别差异。因为男人和女人拥有对各自收入和家庭收入的共同支配权，所以总体上这种消费倾向的性别差异不显著。但是，女人在家庭购物和做饭中担任着主要的角色而且中产阶层男性通常收入较高，因此追求乐趣的倾向在男性和年轻女性中更为明显，这种性别差异将在第十一章详细讨论。

第四节 本章结论

本章解读了城市中产阶层的日常消费。定量分析主要通过与非中产阶层的比较揭示了城市中产阶层的生活水平和生活压力，定性分析侧重了解日常消费的行为以及被访者对此的解释，反映出被访者如何通过消费安排他们的日常生活。

整体上，中产家庭较为富裕，生活水平不仅显著高于非中产家庭，也提高得更明显。从日常消费来看，一方面，中产家庭既有较强的购买力也有较强的消费欲望。他们对购买服务和体验等"享受型消费"有一定兴趣，超过 1/3 的中产家庭拥有私家车，而且购车意愿更强烈、私家车主更年轻；他们在消费支出方面的压力相对较小，因而是扩大消费非常重要的力量。另一方面，中产家庭备受物价上涨尤其是飙升的房价的困扰，在消费结构中购房支出甚至高于在家饮食支出；在子女教育、医疗和赡养老人等一些带有集体消费性质的领域，也有部分中产阶层表示承受压力。这些因素都可能带来投资储蓄倾向的强化，因而是扩大消费和提高民生保障的障碍所在。

访谈显示，年龄代际、工作单位类型以及收入在区别日常消费模式上发挥着重要的作用。来自年龄代际和工作单位类型的影响体现了快速的社会变迁以及中国社会独特的文本。移民和本地中产阶层之间在大多数的消费领域的差异都不显著，除了一些本地被访者的父母能够提供住房方面的援助和资助。当然，来自父母的资助对于年轻一代的消费模式的作用不容忽视。如第九章将揭示，父母提供资助的程度对于"80后"中产能否拥有住房有着举足轻重的作用，并且居住在直辖市和省会城市的父母能够提供更多的经济资助，这就有可能进一步加强社会不平等和分化。通过对于消费行为和主观解释的阐释，一种追求乐趣和舒适的倾向——与节省、适度的传统价值观相交叉暗含在了中产阶层的日常消费中。塑造日常消费的互动以及社会习俗将会在第十章详细讨论。

第七章和第八章将对城市中产阶层的住房消费进行更多的定量分析：目前我国城镇居民的住房拥有情况怎样？哪些人群最为买房着急？哪些因素影响着人们决定买房、租房还是与父母同住？中产阶层是不是购房意愿最强烈的人群？哪些因素又在鼓励或者阻碍着中产阶层的购房意愿？这些问题的回答能够详细了解中产阶层的生活状况并有助于解释其消费模式，也能够引发对于相关政策的探讨和建议。

第七章
居住质量与购房意愿

本书对于中产阶层住房消费的分析集中在住房拥有和购房意愿两方面。CSS2008 和 CSS2011 都显示，城市各阶层家庭在住房拥有上差别不大，80%以上的家庭都以各种形式①拥有自己的住房，这与早年间的住房分配制度有很大关系。第六章也提到，由于制度和市场的变迁，年龄代际是影响住房拥有的一个关键因素，出生于 70 年代晚期及之后的人群购买住房的成本显著较高。因此，买房问题主要困扰的是"80 后"一代及其家庭，下一章将讨论"80 后"中产的住房拥有状况。本章主要关注那些可能具有较强购房意愿的阶层——作为消费主力军的中产阶层和主要由有一定技术或工作经验的农民工和底层白领以及失业或收入较低的大学毕业生构成的边缘中产阶层，对他们的居住质量和购房意愿进行实证分析，并试图探讨城镇住房消费及其未来趋势。

第一节　住房消费和中产阶层

虽然学界对房地产市场的未来走势存在争议，但普遍的共识是，人口结构和城市化是影响住房需求和房地产市场的两个最重要因素。中国的城镇人口每年都在显著递增，《社会蓝皮书：2012 年中国社会形势分析与预测》指出，2011 年中国历史上第一次城市人口超过乡村人口，城市化水平超

---

① 包括自建住房、购买商品房、购买保障房、购买原公房、购买小产权房、购买农村私有住房及其他。

过 50%。另外，"80 后"一代逐渐进入婚龄，需求高峰可能出现在 2010~2020 年[①]。但是也有学者对人口结构的影响持相反意见，实证分析得到老年人扶养比与房价是负向关系，少儿抚养比与房价是正向关系，因此如果未来中国人口老龄化加速，那么住房市场和住房需求都将受到冲击[②]。而且即使"80 后"一代组建家庭带来近十年的购房高峰，二三十年以后当他们的父母甚至祖父母逝去将空出大量房子，因此有人估测到那时每个"80 后"家庭都将至少拥有三套房（自己家庭一套、两边父母家庭各一套），未来的房地产市场也许会出现供大于求的局面。

由此可见，人口结构和城市化对住房需求的影响受到其他因素的制约，城市化对住房需求的拉动作用也不可能永远直线上升。但是理论上来讲，中产阶层作为较富裕、追求生活质量的阶层，对于住房尤其优质住房资源的需求是稳定、旺盛的，因此研究他们的住房状况和购房意愿，不仅能够了解中产阶层的消费模式，也有助于考察城镇的住房需求和走势。然而，目前中产阶层的成长过程中仍有诸多政策壁垒，因此有一定的空间使用政策手段来促进其规模的扩大和生活机会的增长。

本章采用一种动态的视角，在核心的或说典型的中产阶层之外，也关注那些有可能成长为中产阶层的"边缘中产阶层"，他们的住房需求的收入弹性可能更高，在合适的条件下他们的购房意愿可能更强烈。在我国的城市化进程中，大批农民工和大学生来到城市寻找就业机会，其中有一定技术、工作经验的农民工和受过高等教育但是收入和工作一时不太理想的大学毕业生可以称得上"边缘中产阶层"——最有可能上升流动到中产阶层的一批人。不同于典型的体力劳动者，这群"边缘中产阶层"具有一定向上流动的动力，也有一些跻身中产的经济资本、文化资本和社会资本，同时向往有物质保障、有品位的中产阶层生活方式。他们为城市规模的增长和城市建设做出了很大的贡献，却很难拥有与城市户口居民同等的或者与所拥有的知识和技能对等的生活机会，很大的障碍仍是在制度层面。如果能妥善解决这群边缘中产阶层的就业和社会保障问题，将会极大地提高他们的积极性，使他们在

---

① 凤凰网，http://house.ifeng.com/news/detail_2012_05/16/14564811_0.shtml［检索日期：2012 年 9 月］。

② 复旦发展研究院，http://fddi.fudan.edu.cn/index.php?c=dev&a=info&mid=154［检索日期：2012 年 9 月］。

得以安居乐业的同时也会催生新的需求增长点。实证分析将首先界定边缘中产阶层，然后描述他们的住房状况，评估其生活水平，最后分析不同阶层家庭的购房意愿及影响因素。

在第五章的实证分析中，城镇人口被划分为中产阶层和非中产阶层。本章的实证分析将非中产阶层进一步划分为"边缘中产"和"社会底层"。如第六章的定义，"边缘中产"指拥有一定的经济、文化或权力资源但是相比较中产阶层又处于弱势的群体；如图5-1，包括受过高等教育的"边缘知识群体"（B3 + C1 + C3）、具有一定管理或技术能力的"边缘白领"（B4）以及收入高于平均水平的体力劳动者——"边缘富裕群体"（C2）；"社会底层"指的是在职业、收入和受教育程度都处于弱势的群体；如图5-1，为本科以下学历、平均收入或以下的体力劳动者（C4）。根据 CSS2008 和 CSS2011 数据，各阶层的规模如表7-1所示。

表7-1　我国城市各阶层的规模，2008 年和 2011 年

	2008 年	2011 年
中产阶层*（%）	18	27
边缘中产阶层（%）	33	34
社会底层（%）	49	39
总样本	3065	2957

＊相对于"边缘中产"，本章实证分析中的"中产阶层"指的是比较典型的或者核心的中产阶层；但是其定义就是第五章中的"中产阶层"，并且为了与书中各章保持一致，本章仍保留"中产阶层"的名称。

2011 年在我国城镇地区，中产阶层占 27%，边缘中产阶层约占 34%。2008 年，中产阶层占 18%，边缘中产约占 33%。在这四年中，边缘中产阶层所占人口比例维持在 1/3，增长较为缓慢，但是社会底层在较大幅度缩减，暗示边缘中产成长为中产阶层有一定潜力。

中产阶层的人口特征在第五章已经讨论过，这里重点讨论边缘中产和社会底层的人口特征，如表7-2中2011年我国城市中产、边缘中产和社会底层的主要人口特征。边缘中产阶层的收入还是要低于中产阶层的收入，但是远远高于社会底层群体的收入；其受教育程度集中在初中、高中，有 17%的人群为大专或以上学历，整体受教育程度高于社会底层群体；大多数的边

缘中产也从事脑力和半体力职业，这与社会底层的职业类型有很大不同。中产阶层和边缘中产阶层居住在一线城市（北京、上海、广州和深圳）的比例①较高，分别为27%和18%，而绝大多数社会底层群体居住在非一线城市；只是在户口性质和性别结构上，边缘中产和社会底层较相似，接近或超过30%的人群为农业户口，女性所占比例较高。

表7-2　我国城市中产、边缘中产和社会底层的主要人口特征，2011年

		中产阶层	边缘中产阶层	社会底层
平均年龄（岁）		38	41	44
家庭人均收入（元）		45428	20431	9469
性别（%）	男	53	46	42
	女	47	54	58
受教育程度（%）	未上学和小学	3	13	30
	初中	9	38	44
	高中、中专和职高	21	32	23
	大专	29	11	4
	本科	33	6	0
	研究生	5	0	0
职业类型（%）	脑力和半体力职业	100	72	0
	体力职业和没有工作	0	28	100
户口性质（%）	农业户口	15	27	40
	非农业户口	85	73	60
居住地区（%）	一线城市	27	18	7
	其他城市	73	82	93
总样本		798	995	1164

表7-3进一步勾勒了边缘知识群体、边缘白领和边缘富裕群体的社会经济特征。可以看出，边缘白领的受教育程度集中在初中和高中，大多为普通办事人员或者商业、服务业工作人员，相当比例为农业户口，据此可推断其中很大一部分为具有一定技术或工作经验的城市农民工，从事类似推销员、餐馆服务员、电脑维修等工作。与从事体力劳动的农民工相比，虽然边缘白领同样受教育程度较低、收入也不高，但是由于职业的原因，他们拥有

---

① 同第二章，这里的比例分布也是用来强调不同阶层在一线城市的分布差异，而并非当作某阶层在不同类型城市的实际比例估计。

一定的社会资本，也可能获得一些受教育的机会，向上流动的机会也较多，他们的消费模式也可能区别于典型的"非中产阶层"。在这方面表现最明显的就是"新生代农民工"，他们与老一代农民工的显著差异就在于对商品的欲望和消费模式的转变。这一差异较为积极的后果就是有助于"个体""独立、自主"意识的培养，也可能成为其在城市上升流动的渠道，"看似微小琐碎的消费实则在一点一滴地实现着农民工城市化的宏大主题"（张晶，2010）。但是，这种积极的影响受到户籍制度以及贫乏的经济资本和文化资本的制约，后文将进一步分析。

表 7 – 3　我国城市边缘中产阶层的主要人口特征，2011 年

		边缘知识群体	边缘白领	边缘富裕群体
年龄（岁）		34	40	46
家庭人均收入（元）		35820	11053	39109 *
受教育程度	未上学和小学	0	104	26
	初中	0	282	98
	高中、中专和职高	0	218	99
	大专	0	81	30
	本科	55	0	0
	研究生	2	0	0
职业	国家机关、党群组织、企事业单位负责人	0	0	0
	专业技术人员	0	0	0
	办事人员和有关人员	22	158	0
	商业工作人员	6	278	0
	服务性工作人员	1	239	0
	农林牧渔水利业生产人员	0	0	13
	生产工人运输工人	9	0	46
	警察及军人	1	10	0
	其他职业	3	0	6
	没有工作	15	0	188
户口性质	农业户口	6	235	53
	非农业户口	51	449	199
居住地区一线城市		12	67	101
其他城市		45	618	152
总样本		57	685	253

*去掉了人均收入超过 40 万元的两个奇异值计算得到。

表 7-3 也显示，边缘知识群体的职业集中在较低层次的白领职业，但也有一部分失业在家。这部分人群接受过高等教育、约 20% 居住在一线城市，而且也较年轻，推断大多由失业或者收入较低的大学毕业生构成，他们的成长对于中产阶层的发展壮大也具有重要影响。边缘富裕群体则一定程度上代表了有稳定收入的城市退休或"持家"人群：他们年龄较长、文化程度不高、没有工作的比例相当高（其中退休人群占 54%、料理家务占 20%），近一半居住在一线城市，可能由于退休前工作单位不错或者家庭经济环境较好，家庭人均收入仅比中产阶层的家庭人均收入低了 6000 元左右。他们或许没有接受过高等教育，又或许退休前还是体力劳动者，但从家庭拥有的经济资源来看，他们也过着富足的生活。边缘富裕群体中就业人口的职业多为农林牧渔水利业生产人员和生产运输工人，可能包括了一部分个体户和高级技术工人。

这说明，边缘中产阶层是介于中产阶层和社会底层之间的群体，拥有一定经济、文化或者权力的资源，享受比社会底层更多的生活机会，因此，他们可能在生活状况和消费模式上有着不同于社会底层的特征。

第二节　城市家庭的居住状况和质量

CSS2008 数据显示，城镇家庭自有住房的使用面积平均为 116 平方米，除了边缘知识家庭，中产、边缘白领、边缘富裕和社会底层家庭的住房面积都达到了 110 平方米以上。CSS2011 数据显示，城镇家庭自有住房的建筑面积平均为 147 平方米[①]，50% 的家庭住房总面积达到了 110 平方米，所有阶层的住房总面积都达到了 130 平方米以上。因此，从城镇家庭住房总面积来讲，阶层差异并不显著。

但是，人均住房面积体现出了一些阶层差异。在 2011 年，人均住房面积（家庭拥有的全部住房的建筑面积总和除以家庭总人口数）为 42 平方米，标准差为 35 平方米。中产家庭的人均住房面积最高，为 52 平方米，其次为边缘富裕和边缘知识家庭，在 47 平方米左右，边缘白领和社会底层家

---

① 由被访者家庭拥有的全部住房的建筑面积加总后平均而得到。

庭最低，在 36 平方米左右。根据 2005 年 1% 人口抽样调查数据①，城镇家庭人均住房面积为 28 平方米，户主职业为管理精英（国家机关、党群组织、企事业单位负责人）和专业精英（专业技术人员）的人均住房面积达到了 35 平方米和 30 平方米，户主职业为农林牧渔水利业生产人员和生产运输设备操作人员的人均住房面积则为 31 平方米和 25 平方米。说明近年来，我国不同阶层城镇家庭的居住质量均有提高，但是阶层差异也在拉大。

城镇家庭住房总面积的阶层差异不显著，可能的原因是自有住房的产权性质比较复杂，既有自建住房也有购买商品房、原公房、保障房、小产权房、农村私有住房等，不同类型产权的购房成本区别很大，而且一线城市、省会城市同其他市镇、县城的房价也相差很大。本研究尝试将"自建住房"剔除出样本之后，发现城镇家庭住房面积平均为 109 平方米，人均住房面积为 35 平方米，接近同年国家统计局数据——城镇居民人均住房建筑面积 32.7 平方米②。而且阶层差异开始显现，住房面积和人均住房面积最高的都是中产家庭和边缘知识家庭。如果只考虑在直辖市或省会城市有房的家庭，中产家庭的住房面积则显著最高，平均为 138 平方米，最低的是边缘白领和社会底层家庭，平均为 96 平方米；人均住房面积也是类似的分布，中产家庭平均为 47 平方米，边缘白领和社会底层家庭平均为 29 平方米。

由北京大学中国社会科学调查中心完成的《中国民生发展报告 2012》中有关住房的统计显示，中国家庭平均住房建筑面积为 116.4 平方米，住房面积为 60～120 平方米的比例最高，占 43.7%，60 平方米以内的占 22.8%；人均住房面积为 36 平方米，人均住房面积在 20 平方米以内的占 32.7%。从统计结果看，该报告的家庭住房面积和人均住房面积均低于本研究的分析结果，但是报告中未提到家庭住房面积指的是家庭所拥有的全部住房的建筑面积加总（同本研究定义）还是目前居住的住房的面积，也未详细分析住房面积的离散情况，所以无法进行准确的比较。

此外，住房拥有数量和产权情况也具有阶层差异。不考虑产权所有者，在 2008 年，中产家庭和边缘富裕家庭拥有两套房子的比例最高，分别占到各自阶层的 13% 和 19%；在 2011 年，中产、边缘知识和边缘富裕家庭拥有

---

① 国家统计局网站，http：//www.stats.gov.cn/tjsj/ndsj/renkou/2005/html/1112a.htm。
② 国家统计局网站，http：//www.stats.gov.cn/tjsj/ndsj/［检索日期：2013 年 3 月］。

两套房子的比例较高，分别为 20% 、26% 和 21% ；而拥有三套房子的家庭少量地存在于中产和边缘富裕阶层，分别占各自阶层的 4% 和 3% 。分析也显示，65% 的中产家庭为本人或配偶（共同）拥有至少 1 套住房，该比例接近边缘富裕家庭和社会底层家庭的情况，社会底层家庭自有住房比例较高可能跟不同类型产权、不同地区的购房成本差异有关。但是，只有 47% 的边缘知识家庭为本人或配偶（共同）拥有 1 套住房，意味着超过半数的接受过高等教育的边缘中产暂时没有自己名下的住房，且他们大都在 30 岁以下。他们是边缘中产阶层中向上流动机会最多的，随着工作经验和财富的积累，这一群体很可能成为住房需求增长的重要源泉。

第三节　中产阶层的购房意愿及影响因素分析

现有研究对住房消费和购买意愿的分析主要从开发商的角度、政策制定者的角度和消费者的角度，如房地产营销、住房政策研究和居民购买选择的影响因素等。营销方面如沈悦等（2010）从房屋价值、开发商形象、配套设施、营销手段、物业管理和地理位置六个因素考察居民住房消费的影响因素。住房政策研究则关注宏观经济趋势、人口结构等对住房需求的影响。陈斌开等（2012）利用人口普查数据对人口结构转变和住房需求的关系进行研究，发现居民住房需求与年龄高度相关：20 岁以后需求快速上升，直到 50 岁以后逐步下降，得出结论"婴儿潮"很可能是 2004 年以来住房价格快速上涨的重要原因；研究也预测，由于人口老龄化，我国住房需求增长率在 2012 年以后可能大幅下降。但是，该研究对住房需求和价格变动的解释变量只有人口结构似乎欠妥，需要比较不同因素的作用才能更为恰当地总结哪个因素更重要。

有关居民购房意向的研究则更为丰富。刘雪妮等（2010）将住房消费影响因素分为主体因素（消费者的特征）、客体因素（住房的特征）和环境因素（经济形势、住房政策等）三大类；在研究中，通过居民人均可支配收入、人均储蓄额、恩格尔系数、家庭结构、家庭负担来描述主体因素，通过住房价格、住房供应面积、人均供应面积、人均居住面积来描述客体因素，通过二手房市场发育程度、住房租售比、贷款利率来描述环境因素。研究发现收入、储蓄、人均居住面积、二手房市场发育程度、贷款利率和住房供应面积具有正面影响。庄菁、贾知青（2004）使用结构方程模型研究住房现状满意度、公共设施、小区环境、家庭背景和价格承受能力等潜变量对购房意向的影响，结果发现首先最主要的两个因素是居民对所购买住宅的价格承受能力和期望住房面积，其次是现住房面积，最后是公共设施和小区环境。

本研究介于宏观的政策性研究与微观的营销和住宅购买选择研究之间，主要从整体上考察影响居民购房意愿的因素，因此，住房和小区的特征将不考虑。另外由于只有横剖数据，经济环境变量也得到了控制，当然房价和住房政策有地域上的区别，实证分析部分将具体介绍自变量的操作化。

分析中我们将"购房意愿"分解为"有计划"的意愿和"无计划"的意愿。首先来看"有计划"的购房意愿。如图7-1所示，中产家庭打算1~3年内买房的占16%，是各阶层家庭中比例最高的，但是这个数字并不让人乐观，因为分析得知，有35%的中产家庭没有属于本人或配偶产权的住房。更低比例的边缘中产家庭打算1~3年内买房，社会底层家庭的该比例更是微乎其微。从我国城镇家庭总体来看，只有9%的家庭打算3年内买房。这个数据低于同时期央行发布的储户调查数据：据央行2011年第3季度的报告，未来一季有购房意愿的居民占14.2%①，该结果更接近本研究中的中产和边缘知识阶层有意购房的比例。

但是，如果不考虑购买计划，我们发现各阶层家庭都有相当程度的购房意愿。中产家庭、边缘知识家庭和边缘白领家庭的购房意愿是最高的，各有1/4的家庭选择"有购房的想法，但暂时不打算购买"。可见，在购房"意愿"上，阶级效应被抵消了一部分，因为房子本身是刚性需求的一部分，特别对于中低收入家庭来说。在上述有购房意愿（包括有计划和无计划的）的被访者中，53%的家庭主要为了改善现有的住房条件，36%的家庭主要为自己（或子女）购置婚房，还有5%的家庭是为了投资升值。这些家庭打算在直辖市购房的占16%，打算在省会城市购房的占17%，打算在地级市或县级市购房的占31%，打算在镇、农村或其他地方购房的占13%，可见在欲购房地

---

① 来自搜房网，http：//news. zhoushan. soufun. com/2011 - 09 - 16/5896039. htm。《2011 年第 3 季度储户问卷调查报告》是中国人民银行在全国 50 个城市对 2 万个城镇储户进行的问卷调查报告。

点上直辖市和省会城市等大城市占到了房地产需求的1/3。

到底是什么原因使得相当比例的家庭有意愿却又没有明确的购房计划呢？居民的购房意愿受到多种因素的影响，包括购买能力、生命周期、对市场的评估以及"限购"等房地产宏观调控政策。但是本研究发现，在这群有着较强购房意愿的中产、边缘知识和边缘白领家庭中，"暂时不打算购买"的群体主要是受到购买能力的困扰。家庭打算三年内购房的被访者和仅有意愿的被访者年龄相近，都在37岁左右；这两种家庭的住房拥有状况和购房原因也差不多，都有17%的家庭不拥有任何房子产权、50%左右的家庭是为了改善现有居住条件、30%左右的家庭是为了为自己或子女成家购房，因此可以推断打算三年内购房和仅有意愿而暂时不打算购房的家庭在住房需求上差不多。但是，仅有购房意愿的家庭选择"住房条件差，建/买不起房"的比例是最高的，占该群体的48%；人均收入比打算三年内购房的家庭人均收入显著低（分别为27381元和49656元），家庭存款余额和股票、证券价值总额等也显著低很多（分别为69702元和194637元），所以阻碍这部分家庭购房的主要原因应当是购买能力，或说房价同家庭收入不成比例。这部分边缘中产阶层主要由技术农民工以及失业和低收入大学生构成，因此购买能力还可能受到户籍政策以及不完善的社保体系的限制，特别是他们当中的流动人口很难享受到与本地居民平等的住房、教育、医疗等社会福利。

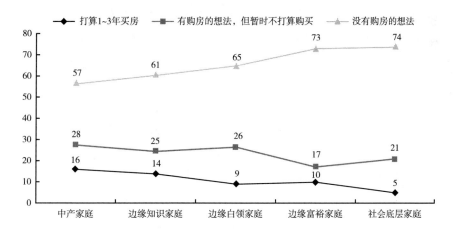

图7-1 我国城市各阶层的购房意愿，2011年*

*图中数字表示占该阶层总体的百分比；有效样本为2884。

但是我们也看到，有购房意愿但暂时不打算购买的这部分中产和边缘中产家庭的人均收入还是高于城镇家庭人均收入水平，说明其具备一定的经济能力。总体上，这部分中产和边缘中产家庭感受到的房价压力也可能同所选择的购房地点有关，他们中有相当的比例打算在直辖市和省会城市购房，包括45%的中产家庭，32%的边缘知识家庭和26%的边缘白领家庭。因此，如果国家能对房地产市场实施有效的宏观调控，使得房价尤其是直辖市和省会城市的房价同居民收入成合理的比例，并落实保障房建设和购买的政策，将激活约1/4的有意愿并且有一定购买力的中产和边缘中产家庭的购房计划，这将极大地促进房地产市场的健康发展和经济的繁荣。

回归分析主要考察阶层对于购房意愿的影响——拥有更多资源的中产和边缘中产家庭的购房意愿是否更强烈？在阶层作为解释变量之外，根据现有文献和研究目标，控制变量主要包括生命周期（被访者年龄和婚姻状态）、社会制度和背景（是否居住一线城市、是否本地居民①）以及住房情况和满意度（是否已经拥有房产、是否满意现有住房和是否有买房压力）。现有研究（Haurin et al, 1993；Bourassa et al.，1994）也指出预期工资对于买房还是租房也有显著影响。本研究将被访者对未来5年生活水平的预测作为近似的预期收入的变量。现有数据只询问了有购房意愿的被访者打算购房的地点和购买原因，无法控制没有购房想法的被访者的具体原因——是因为限购、没有需求抑或是购买能力不足？因此本研究不能较准确地控制宏观住房政策对购房意愿的影响，只能从研究发现中进行推断。分析所涉及的自变量的描述统计见表7-4。

本章首先将购房意愿作为结果变量构建了一个定序逻辑回归模型（见表7-5），三种类别分为"没有购房想法""有想法但暂时不打算购买"以及"打算一至三年内购买"。模型显示，在控制了年龄、婚姻状态、居住地区、住房产权情况、是否本地居民、对未来生活的预测以及住房压力的情况下，中产和边缘中产家庭的购房意愿比社会底层家庭要显著强烈。中产家庭的购房可能性最高，是社会底层家庭的2.3倍；其次是边缘知识家庭，是社

---

① 被访者回答目前户口登记地为"本乡（镇、街道）"或"本县（市、区）其他乡（镇、街道）"的被定义为"本地居民"，目前户口登记地为"本省其他县（市、区）"或"外省"或"户口待定"的被定义为"流动人口"。

会底层家庭购房可能性的 1.7 倍。边缘白领和边缘富裕家庭的购房意愿也比社会底层家庭要强。

表 7 - 4　分析所涉及的自变量的描述统计

自变量	均值	标准差
年龄	41.625	10.982
年龄(对数)	3.690	0.285
婚姻状态(参照组:未婚)		
已婚	0.841	0.366
居住地区(参照组:居住于其他城市)		
居住于一线城市(北上广深)	0.158	0.365
住房产权(参照组:不拥有任何住房)		
非本人或配偶(共同)拥有	0.266	0.442
本人或配偶(共同)拥有至少一套	0.622	0.485
所属阶层(参照组:社会底层)		
中产	0.267	0.443
边缘知识群体	0.0196	0.139
边缘白领	0.232	0.422
边缘富裕群体	0.0842	0.278
本地居民(参照组:流动人口)	0.836	0.370
未来 5 年生活状况预测(参照组:没变化)		
略有下降或下降很多	0.0975	0.297
上升或略有上升	0.626	0.484
买房压力(参照组:没有买不起房的压力)		
住房条件差、买不起房	0.389	0.488
样本数	2863	

表 7 - 5　购房意愿的定序逻辑回归和多项逻辑回归模型 ［Exp（B）：odds ratio］*

自变量	购房意愿	对比组:没有购房想法			
		想在大城市买但暂时不打算	想在其他地方买但暂时不打算	打算一至三年内在大城市买	打算一至三年内在其他地方买
年龄(对数)	0.269 ***	0.342 ***	0.179 ***	0.513	0.251 ***
	(0.046)	(0.109)	(0.040)	(0.250)	(0.084)
已婚(参照组:未婚)	1.483 ***	1.470 *	1.822 ***	0.854	1.779 **
	(0.186)	(0.330)	(0.315)	(0.262)	(0.442)
居住于一线城市(参照组:居住于其他城市)	1.071	2.946 ***	0.709 *	1.919 **	0.330 ***
	(0.126)	(0.521)	(0.131)	(0.496)	(0.107)

续表

自变量	购房意愿	对比组：没有购房想法			
		想在大城市买但暂时不打算	想在其他地方买但暂时不打算	打算一至三年内在大城市买	打算一至三年内在其他地方买
住房产权（参照组：不拥有任何住房）					
非本人或配偶（共同）拥有	0.506 ***	0.443 ***	0.567 ***	0.304 ***	0.464 ***
	(0.070)	(0.108)	(0.106)	(0.108)	(0.121)
本人或配偶（共同）拥有至少一套	0.553 ***	0.572 **	0.636 ***	0.461 **	0.396 ***
	(0.072)	(0.128)	(0.112)	(0.154)	(0.099)
所属阶层（参照组：社会底层）					
中产	2.318 ***	2.849 ***	1.291 *	17.891 ***	2.926 ***
	(0.251)	(0.575)	(0.186)	(8.711)	(0.619)
边缘知识群体	1.656 *	1.011	1.279	13.882 ***	1.992
	(0.477)	(0.647)	(0.473)	(10.083)	(1.131)
边缘白领	1.402 ***	1.542 **	1.166	4.350 ***	1.775 ***
	(0.152)	(0.330)	(0.159)	(2.321)	(0.387)
边缘富裕群体	1.402 **	1.504	0.826	10.797 ***	1.692
	(0.238)	(0.449)	(0.207)	(5.987)	(0.604)
本地居民（参照组：流动人口）	0.805 *	0.808	1.117	0.474 ***	0.624 **
	(0.089)	(0.151)	(0.177)	(0.121)	(0.127)
未来5年生活状况预测（参照组：没变化）					
略有下降或下降很多	1.192	1.611 *	1.271	1.163	0.665
	(0.182)	(0.399)	(0.255)	(0.513)	(0.310)
上升或略有上升	1.403 ***	1.175	1.203	1.449	2.344 ***
	(0.137)	(0.209)	(0.153)	(0.406)	(0.525)
住房条件差、买不起房（参照组：没有买不起房的压力）	1.977 ***	2.475 ***	2.128 ***	2.298 ***	1.593 ***
	(0.175)	(0.402)	(0.245)	(0.570)	(0.279)
cut1：Constant	0.027 ***	2.387	64.399 ***	0.154	8.708 *
	(0.017)	(2.762)	(52.370)	(0.279)	(10.539)
cut2：Constant	0.146 ***				
	(0.090)				
样本数	2863	2863	2863	2863	2863

* 括号中为标准误；*** p < 0.01，** p < 0.05，* p < 0.1；数据来源：CSS2011。

　　控制变量中，除了是否居住在一线城市，其他所有变量的影响均显著。尤以年龄的影响最重要，较年轻的被访者的购房可能性是较年长的被访者的 3.7 倍；另外，不拥有房产的家庭的购房意愿也更强烈。这些发现暗示，城镇家庭购房还是以结婚、改善住房等与生命周期相关的刚性需求为主，这就可以解释为什么对现有住房不满意、感受到房价压力的家庭更想要购房。由分析也可以推断，人口老龄化很可能会减少住房需求从而使得未来的房地产市场受到冲击，与现有文献中有关人口结构对住房需求具有显著影响的观点一致。此外，对生活水平的预期也具有重要影响，认为未来 5 年生活水平上升或略有上升的家庭是认为没变化的家庭的购房可能性的 1.4 倍。

由于大城市与普通城市和农村在房价上有较大差异，居民的购房意愿也与打算购房地点相关，本章将购买意愿和打算购房地点构造了一个交互变量，将之作为结果变量建立了一个多项逻辑回归模型。"大城市"指的是直辖市和省会城市，而地级市、县级市/县城、市/县城城区以外的镇、农村及其他统称为"其他地方"。主要考察的依然是所属阶层对于购房意愿的影响，控制变量也不变。表 7 - 5 显示，大体上，中产和边缘中产在不同城市的购房意愿均比社会底层要强烈，尤其在直辖市和省会城市"有计划的"购房意愿最为强烈。中产家庭打算三年内在大城市买房的可能性是社会底层家庭的近 18 倍，边缘知识家庭的该可能性是社会底层家庭的 14 倍，边缘富裕家庭的该可能性是社会底层家庭的 11 倍，边缘白领家庭的该可能性稍低，但也是社会底层家庭的 4 倍①。在打算三年内在其他地方买房的选项中，中产和边缘白领家庭的可能性显著最高，分别是社会底层家庭的 3 倍和 2 倍。而在购买意愿相对较弱的"想在其他地方买但暂时不打算"的选项上，阶层差异不是特别明显。

这些发现一方面说明了中产、边缘知识、边缘富裕家庭较强的经济实力，在购房需求尤其是直辖市和省会城市等大城市的房地产需求上是最有潜力的。因此，只要使得房价回归到与收入成比例的合理范围，同时提高中低收入人群的收入，将会极大地活跃城镇住房消费和房地产市场，从而促进经济的持续增长。研究发现另一方面暗示着目前楼市调控政策的成效不尽如人意——并未能有效控制房价，大城市的住房消费（购房意愿）仍然具有显

---

① 为了避免多重共线性，模型未将收入纳入解释变量，但是收入也是影响购房意愿的重要因素，所以这里中产和边缘中产较高的大城市购房的可能性包含了一定的收入效应。

著的阶层差异，在居高不下的房价面前，经济资源较少的底层白领和社会底层能买得起房子的希望仍然渺茫。

至于控制变量，不满意现有住房、有买房压力对于各种购房意愿的影响也是显著的。相比较流动人口，本地居民的身份对于有计划的购房意愿都有显著的负面影响，这个可以通过是否拥有住房对购房意愿的影响来理解。已经拥有房产的家庭（不管是否本人或配偶拥有）都不太可能再买房，可能因为非刚性的房产需求——如投资升值或享受生活等，在城镇家庭中不是特别普遍，这点在打算购房原因的分析中得到了证实。本地居民家庭较可能已经拥有住房，因而有计划的购房意愿较低。对于未来 5 年生活水平预测的作用则不是特别显著，只有预测上升或略有上升的人在非大城市三年内购房的可能性显著更高。居住在北上广深的家庭在大城市买房的意愿显著更强烈——不管是有计划的三年内买房还是暂时不打算买，而在其他城市买房的意愿较低，暗示着在大城市居住过的人还是更愿意在大城市定居，可能考虑到子女教育、事业发展或者文化氛围，这也说明直辖市及省会城市的住房需求还有很大增长空间。

第四节　本章结论

如第三章提到，2003 年以来我国的住房价格持续攀升，虽然经历过一轮又一轮的宏观调控，房价依然难以回归到与居民收入成比例的合理范围；另外，投机炒作因素以及权力与资本的结合增加了房地产市场的风险和不稳定因素。本章的分析证明，消费弹性较大的中产阶层以及拥有一定资源的边缘中产阶层在住房消费上有较大潜力，如果房价能合理回归、居民支付能力增强，一大批有真正需求的中产阶层和中低收入群体进入市场，能够促进房地产市场的健康稳定发展。

首先，对于住房状况的实证分析发现，城镇家庭在居住质量上存在一定的阶层差异。虽然住房拥有率和住房总面积的阶层差异不显著，但是中产和边缘中产家庭的人均住房面积和住房拥有数量均高于社会底层家庭，说明中产和边缘中产较高的生活水平。

其次，逻辑回归模型显示，无论是总体上的购房意愿还是区分了大城市和其他地区的购房意愿，阶层的影响都是稳健的。在控制了年龄、婚姻状态、居住地区、住房产权情况、是否本地居民、对未来生活的预测以及住房条件和房价压力的情况下，中产阶层的购房意愿最强烈，中产和边缘中产阶层在直辖市和省会城市打算三年内购房的意愿也非常强烈。分析结果验证了中产阶层和边缘中产阶层较高的住房需求和较强的购房意愿，也暗示了直辖市及省会城市住房需求不断上涨的未来趋势，因此如果能挤出投机炒作因素，我国城镇住房市场健康持续发展的潜力巨大。

但是，我们也看到，即使中产阶层，其生活质量同发达国家的中产阶层相比仍有距离，而且以低收入和失业大学毕业生为代表的边缘知识群体和以底层白领和技术农民工为代表的边缘白领的生活水平也受到了制约，其中大约 1/4 虽然有购房的想法但买房计划一直在搁置；分析也进一步发现，有购房意愿但"暂时不打算购买"的群体主要是受到购买能力的困扰。如果可以有针对性地增加这些边缘中产阶层的受教育和就业机会以及平等享受城市社会保障的机会，将极大地促进中产阶层的规模壮大和成长，也能够有效地拉动住房需求、提高人民的生活水平。

第八章
"80后"中产的住房拥有状况

　　青年人口的住房问题在世界各国都是关注的焦点。首先，从国家和社会发展的角度，一个初入职场、财富积累并不充裕的年轻人能否负担得起成立自己的"家"，是一国经济是否健康运行、收入分配是否公平的试金石。其中，居住模式（租房、买房还是与父母同住）、住房拥有的途径（父母资助还是自己购买，购买政府保障房还是商品房）集中反映着上述问题。能否妥善解决青年拥有自己的"家"的问题也关系着社会稳定和人民对未来经济社会发展的信心。其次，从生命周期的角度，青年期意味着长大成人、开始独立于父母，有着建立自己的生活空间的需要，而这个时期的经济积累较少，因此青年人口的住房问题也许在所有年龄段的人口中是最突出、最棘手的。最后，青年人口对于居住模式的选择能够反映诸多人口和社会的变迁，如结婚意愿和婚龄、人口流动、居住文化等，这对于国家制定相关政策可以起到信号的作用。所以，各国政府部门和学术界相当关注青年人口的住房拥有率及其影响因素。

　　在我国，出生于20世纪70年代末直至80年代的青年，独生子女占很高的比例，他们见证了巨大的社会变迁，学术界和日常生活中习惯称这一群体为"80后"。经济和社会的发展使得这一代人的生活机会有了显著的增加，但是也面临严峻的挑战。有人为"80后"总结了这样的人生轨迹：上大学，开始扩招；毕业，立刻就失业；要结婚，买不起房；还没长大，父母已经老了。青年的住房问题在当今中国的社会文本中更加特殊。近十年是"80后"一代开始成家立业的高峰期；但是，一方面房价居高不下，另一方面就业市场竞争激烈、经济危机的影响还在持续，单纯依靠个人收入购买房子的希望好像十分渺茫。

本章通过 985 高校的毕业生关注"80后"的中产阶层。毕业于名牌大学，很大程度上意味着稳定的收入和有前途的工作，然后逐渐跻身富裕、有地位、堪称社会中坚力量的中产阶层。另外，作为"80后"中的中产或者"准中产"，他们也是改革开放的受益者，很多工作于国有或者属于新兴经济的部门，拥有稳定丰厚的收入。

但是，无论是学术研究还是日常生活，我们看到，就算都毕业于 985 高校，这部分人群在生活机会上的差异仍然很大，有的过着衣食无忧的生活，有的却不得不精打细算才能度日。生活机会（life chances）指的是社会中的每个人在受教育程度、健康、物质回报以及社会流动上的机会，一些国家（例如英国）经常在官方统计中使用此概念来衡量社会中不同人群的生活状况。在考察消费模式尤其是日常支出和住房问题的时候，工资收入是至关重要的因素，通常情况下对一个人的生活方式和生活质量有重要影响。但是由于所处的特殊的社会文本，影响这群 985 高校毕业生的消费模式的因素可能还包括父母家庭背景以及社会宏观背景和制度因素。20 世纪 80 年代以来的中国社会，不仅很多社会背景和制度发生了变迁，个人的社会流动模式也发生着变化——从一个平均主义的社会到了一个由不同阶层组成的社会、再到阶层划分标准的不断变化。而这群"80后"的 985 高校毕业生的生活机会和消费模式集中体现着这些方面的社会变迁，并对社会发展起着举足轻重的作用。他们是否安居乐业、是否居者有其屋，可以反映我国房价宏观调控和住房保障政策的成效，对于维护社会稳定、缩小贫富差距也有重要的意义。因此，无论从消费研究的角度还是从社会结构研究的角度，这些潜在的或者已经成为中产阶层的人群都值得关注。

本章的数据来源是中国社会科学院社会学研究所青少年与社会问题研究室的"2010 年 6 所 985 高校毕业生抽样追踪调查"。为了提高调查数据的代表性，调查组也根据教育部公布的综合类大学毕业生的性别比例和专业比例对性别和专业分布进行加权。样本中出生于 1990 年及之后和 1979 年之前的毕业生占极少数，因此本章中"985 高校毕业生"作为整体时可以理解为"80后"人群。

本章首先对青年住房拥有率进行国际比较，评估我国青年住房拥有的水平，同时参考现有文献分析影响青年住房拥有率的主要因素。其次，在实证数据的基础上，阐述 985 高校毕业生的住房拥有状况以及住房所体现出来的社会分化程度，并分析 985 高校毕业生拥有住房的影响因素。最后，将说明研究发现的学术意义，政策启示将在第十四章结论中集中讨论。

第一节　青年住房拥有问题的国际比较

　　来自美国人口普查局的数据显示，1982～2011 年间，35 岁以下人口的住房拥有率[①]是一条平稳的曲线，基本在 40% 上下浮动；全部人口的住房拥有率约在 65% 上下浮动（见图 8-1）。随着年龄的增长，住房拥有率也呈增长态势。这 30 年间经历了四次经济萧条，除了 21 世纪初的一次，其余三次经济萧条都对青年人口的住房拥有产生了显著影响。以最近一次经济危机为例，2005 年初，35 岁以下人口的住房拥有率曾达到 43.3%，到 2010 年第四季度和 2011 年第四季度，这个指标分别下降到了 39.2% 和 37.6%[②]。根据房利美基金会的数据[③]，从 1980 年到 2011 年底，35 岁以下人口的住房拥有率跌了 9.6 个百分点。

　　澳大利亚的青年人口住房拥有率从 20 世纪 80 年代至今也呈现了类似的下降趋势。根据澳大利亚国家统计局数据[④]，1981 年拥有和购买房子的 35 岁以下人口占总人口的 22%，而到了 2001 年这一比例下降到了 15%。在所有年龄段中，25～34 岁人口拥有房子的比例下降最显著。户主为 30～34 岁且拥有房子产权的比例从 1981 年的 68% 下降到了 2001 年的 57%，在 25～29 岁的户主中该指标从 1981 年的 53% 下降到了 2001 年的 43%。澳大利亚国家统计局 2009～10 年的调查数据显示[⑤]，35 岁以下人口，不管是独自居

[①]　美国和澳大利亚政府统计中的不同年龄人口的住房拥有率都是按照户主的年龄进行统计。

[②]　Callis Robert R. and Kresin Melissa, 2011, "Residential Vacancies and Homeownership in the Fourth Quarter 2011". U. S. Census Bureau.

[③]　Nevulis, Mary Beth, 2011, "Home Ownership Continues to Drop Among Young People", Professional Builder（http://www.housingzone.com/industry-data-research/home-ownership-continues-drop-among-young-people）［检索日期：2012 年 3 月］。

[④]　Australian Bureau of Statistics, "Australian Social Trends, 2004", http://www.abs.gov.au/AUSSTATS/abs @ . nsf/7d12b0f6763c78caca257061001cc588/58c63d8c5ba7af60ca256e9e0029079a［检索日期：2012 年 3 月］。

[⑤]　Australian Bureau of Statistics, "Housing Occupancy and Costs, 2009-10", http://www.abs.gov.au/AUSSTATS/abs@.nsf/Latestproducts/4130.0Main%20Features22009-10?opendocument&tabname=Summary&prodno=4130.0&issue=2009-10&num=&view=［检索日期：2012 年 3 月］。

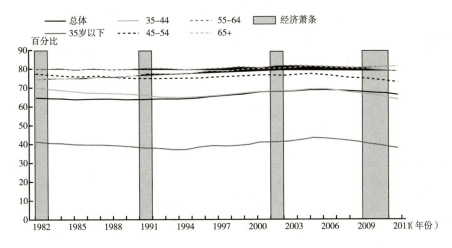

图 8 - 1 美国按照年龄分组的每年住房拥有率：1982 ～ 2011 年*

* 数据来源：美国人口普查局网站，http://www.census.gov/hhes/www/housing/hvs/charts/files/fig07.pdf［检索日期：2012 年 3 月 10 日］。

住还是与配偶居住，都是所有年龄段中租房比例最高的，独自居住人口的租房比例为 56%，与配偶居住人口的租房比例为 48%。

为什么发达国家的青年住房拥有比率总体上呈现下降趋势？这个问题极其复杂，青年住房拥有的比率是宏观经济、人口出生率、社会习俗和文化等多种因素作用的结果。国外学术界认为影响青年是否拥有住房的因素主要集中在三个方面：人口特征、支付能力和人口流动。人口特征因素包括子女数量、婚姻状况、年龄、种族、性别、居住地区；支付能力因素包括工资或收入、政府补助占收入比例、房价 - 租金比率；人口流动因素主要指个人和家庭近几年的迁移情况。Haurin 等（Haurin et al.，1993）分析 1987 年全美青年追踪调查（National Longitudinal Survey of Youth）的数据发现，除单身户主性别的影响不显著之外，年龄、种族、房价 - 租金比、预测工资（predicted wage）和政府补助占收入比例均对青年（22 ～ 29 岁）拥有住房的可能性有显著影响。澳大利亚学者（Bourassa et al.，1994）通过分析 1985 年澳大利亚追踪调查（Australian Longitudinal Survey），发现两个经济变量对于青年（25 ～ 28 岁）是否拥有住房的影响最为关键：房价 - 租金比具有显著的负面效应，预期工资具有显著的正面效应。（预期的）子女数量对于澳大利亚和美国青年的住房购买都是显著正向作用（Bourassa et al.，1994；

Cameron and Tracy，1997），而预期未来三年内不会迁移则显著增加买房的可能性（Cameron and Tracy，1997）。

美国和澳大利亚学者的研究集中在租房还是买房的影响因素，但是在中国和南欧一些国家，不拥有房产的青年不一定租房居住，与父母同住的比例也很高。

如西班牙学者 Moreno（2012）指出，青年的住房拥有还受到一些文化因素的影响，包括"住房拥有"的文化和"家庭主义"的文化，这尤其在意大利、西班牙等南欧国家比较明显——青年通常在买得起房子之后才从父母家搬出。这种居住模式对于中国人来讲也非常熟悉。在英国、美国、澳大利亚和北欧一些国家，青年的选择通常介于租房还是买房之间，与父母同住的成年人较少；而在南欧和中国，如果条件允许的话，青年的选择通常介于与父母同住还是买房之间。不过随着青年的居住迁移和工作流动显著增加，我国城市地区尤其是大城市的青年独自租房或者合租也非常普遍。

针对年龄分组的住房拥有比例，中国没有来自国家统计局的官方数据，主要由学者根据大规模的调查数据进行估计。通过分析中国综合社会调查 CGSS2005，闵学勤（2011）发现 18～35 岁拥有城市户口的青年拥有住房的比例为 52.8%，但本人或配偶拥有产权的仅占青年人口的 27.8%，若将范围缩至 22～35 岁适婚青年或已婚青年，拥有住房产权的比例分别升至 32.1% 和 42%。风笑天（2011）的数据来源是 2007 年对全国 12 个城市 2357 名在职青年（1976 年以后出生）的调查和 2008 年对北京、上海、南京、武汉、成都 5 个大城市 1216 名已婚青年（夫妻双方至少一位在 1975 年及以后出生）的调查。分析发现，2007 年青年自己购房的占 19%，未婚青年自购住房的仅占 5.7%，已婚青年自购住房的占 48.6%。2008 年对大城市已婚青年的调查显示，自购住房比例仅占 37.1%，说明高房价对于住房拥有的负面影响。如果就 35 岁以下青年总体拥有住房的比例进行中国、美国和澳大利亚三国间的对比[①]，可以看出中国青年拥有住房的比例还是偏低。

---

① 闵学勤（2011）使用的 CGSS2005 和风笑天（2011）使用的 2007 年城市在职青年调查是随机抽样，夫妻双方都被抽到的可能性很小；风笑天（2011）使用的 2008 年已婚青年调查的抽样方法保证了夫妻双方只有一人被选择成为样本。所以，虽然这些来自中国的调查数据都是调查本人住房拥有的情况，但可以近似家庭/户的住房拥有情况，因此可以与美国和澳大利亚的普查数据进行比较。

由于社会文本和政策的不同，影响中国青年住房拥有的因素也有一些独特性。对比美国和澳大利亚的研究，中国的很多实证研究更强调家庭背景和父母资助、是否独生子女、是否城镇户口以及是否流动人口的影响。宋健、戚晶晶（2011）使用2009年一个对北京、保定、黄石和西安的20～34岁的青年人口的调查，发现在青年人口中"住房啃老"（与父母同住，或者单独居住、父母为房子主要出资方）的比例占到了40.5%，独生子女、本地青年、城镇户口对"住房啃老"的发生有显著的正面影响，年龄有显著负面影响。闵学勤（2011）分析CGSS2005的数据发现，年龄、文化程度、年收入对于居住在自己或者父母购买的房子中具有显著影响；有趣的是，购房者比租房者的年收入显著更低，但是收入阶层、社会地位和家庭社会地位的自评却显著更高。风笑天（2011）的研究主要关注独生子女对于住房拥有的影响，发现在大城市已婚单独居住的青年中，独生子女的效应主要体现在父母资助上：夫妻双方或者一方为独生子女与夫妻双方都非独生子女自己购房的比例接近，但是就父母为其买房的比例来讲，独生子女夫妻比非独生子女夫妻高出10个百分点（分别为32.9%和23.7%）。

第二节 985高校毕业生住房拥有情况

一 住房拥有率

根据985高校毕业生的调查数据，男性占58%，年龄集中在23～30岁（占86%），独生子女占41%，已婚的占25%，有子女的占13%，毕业时间集中在1～3年（占70%），本科学历占65%，居住在北京、上海、广州的占29%，当前平均月收入为4359元。在这些985高校毕业生中，仅有21%的人拥有自己的私有住房（本人拥有产权），62%的人没有自己的私有住房，17%的为其他情况。未婚毕业生的住房拥有率仅为9%，已婚毕业生的住房拥有率为59%。可以看到，本调查中青年总体、未婚和已婚青年的住房拥有率都高于风笑天（2011）的两次调查结果，可能的原因是本调查的对象为985高校毕业生，职业和收入相对较好也较稳定。但是，985高校毕业生总体的住房拥有率大大低于城镇居民平均水平，这既跟大多数"80后"一代享受不到住房分配有关，也与2003年后飙升的房价以及青年自身经济积累较少和住房需求有关,因此无论从政策、宏观背景还是生命周期的角度来讲,买不起房的问题突出体现在"80后"一代的身上。

数据显示,是否拥有房子和父母提供资助的程度呈显著相关的关系。约68%的被访者称父母(会)给其买房或者(会)替其付部分房款或者提供较少的经济资助。如表8-1所示,在实际拥有房产的样本中,房子完全由父母购置的占约11%,父母付部分房款的占约36%,父母提供很少经济资助的占21%,而父母不可能提供经济资助的仅占32%;而在无房的样本中,父母只可能提供很少经济资助的占33%,父母不可能提供经济资助的占32%。所以,985高校毕业生对房产的拥有很大程度上依赖父母的经济资助,而不仅仅依靠自身的收入。

表8-1 985高校毕业生拥有房产和受父母资助的情况 *

单位:%

父母资助 \ 房子	无房	有房	合计
父母(会)给我买房	4.64	11.1	6.39
父母(会)替我付部分房款	30.63	35.87	32.05
父母(只可能)提供较少的经济资助	33.28	21.29	30.04
父母不(可能)提供经济资助	31.45	31.75	31.53
合计	100.00	100.00	100.00

* 数据使用了性别和学校的加权;总样本为3570,卡方检验显著。

调查也发现,能够全部或者部分资助子女买房的父母大都为独生子女父母和经济地位较高或者来自城市地区的父母。首先,在表示父母(会)给其买房的被访者中,75%的为独生子女毕业生,25%的为非独生子女毕业生;在表示父母(会)付部分房款的被访者中,65%的为独生子女毕业生,而在表示父母(只可能)提供很少资助的被访者中,68%的为非独生子女毕业生,在表示父母不可能提供经济资助的被访者中,高达84%的为非独生子女毕业生。其次,表示"父母(会)给我买房"的毕业生的父母平均月收入为10135元,且内部差异较大,最高收入者达每月30000元;表示"父母(会)替我付部分房款"的毕业生的父母平均月收入为5864元;而表示父母(只可能)提供很少资助或者不(可能)提供资助的毕业生父母平均月收入分别为 2838 元和 2062 元，且内部差异较小。最后，表示"父母（会）给我买房"的毕业生中高达 39% 的来自省会及直辖市，而只有 7% 的来自农村；表示父母不（可能）提供经济资助的毕业生中只有 6% 的来自省会及直辖市，而高达 65% 的来自农村。这些研究发现在某种程度上体现了生活机会的代际复制和可能进一步加剧的阶层间和地区间的贫富分化。

二 住房拥有与社会分化

在当代社会，住房不仅是种消费品、投资品，也成为划分经济社会地位的指向标。如李强（2009）指出，在我国城市地区，住房因其带来的空间资源及其所联系的"可及资源"成为表现社会分化的重要载体；同时，住房模式也塑造生活方式，促进了阶级共同感的形成。李强将这种地位获得／划分模式称为"住房地位群体"。对于 985 高校毕业生的调查也体现了住房划分社会阶层的功能，从前文的分析可以看到，有房毕业生的父母家庭背景较优越。本节将主要从汽车拥有和"房奴"的角度来讨论住房模式如何塑造生活方式和生活质量，以此推断社会分化的程度。

首先，住房拥有与私人轿车的拥有显著相关。在 985 高校毕业生中，只有 10% 的人拥有私人轿车。表 8-2 将 985 高校毕业生分成了四大类：最富裕的"有房有车"族占将近 10%，"有房无车"族占 16%，"无房有车"族占 2%，最贫困的"无房无车"族为绝大多数，占 72%。分析显示，房产和汽车的拥有显著相关，有房子的人更可能有车，而无房的人更可能无车，相反也成立。这说明，985 高校毕业生的总体生活水平并非特别优越，而且内部的分化比较明显。

表 8-2 985 高校毕业生的房产和汽车的拥有情况*

单位：%

汽车＼房产	无房	有房	合计
无 车	72.08	16.07	88.15
有 车	2.29	9.56	11.85
合 计	74.37	25.63	100.00

*数据使用了性别和学校的加权；总样本为 3848，卡方检验显著。

一般认为，"有房贷"的"房奴"生活质量最低，因此被当作弱势群体，但本研究通过分析发现并非如此。因数据中无有关按揭房贷的变量，本研究只能使用每月按揭贷款月供这个变量来估计。按照常识，低于500元的房屋贷款月供基本不可能，因此本研究剔除了贷款月供1至500元之间的样本（占2.11%）来估计毕业生的平均每月房贷负担。有房的样本中，平均按揭房贷月供约为1773元，其中约占65%的人需要还房贷按揭（以按揭月供大于500元估计）；在需要还房贷的样本中，平均月供2824元，约占个人每月日常支出（平均6588元）的43%，个人每月工作收入（平均5247元）的52%。这样看来，985高校毕业生的确处于"房奴"的状态：个人收入除负担房贷外，还有相当的比例用来维持吃穿行等基本消费，那么可以想象娱乐、休闲、放松甚至自我提升等支出就受到了很大的制约。

但是，"房奴"现象也不能如此简单地理解，还必须联系"80后"一代独特的生活背景——来自父母的资助。前文提到，在拥有房产的样本中，父母提供不同程度资助的占68%，能够提供资助的父母的经济收入也较高，因此一定程度上可以帮助改善该人群的生活。

另外，需要还房贷的样本的按揭月供占到个人月收入的52%也不能说明"80后"一代有房族的"房奴"状态——生活质量很低、负担很重，生活毫无乐趣可言。一个原因是985高校毕业生的平均个人工作月收入有可能被低估。被访者很可能没有将奖金、津贴以及其他实物性的工资收入计算其中。另外，有房族当中已婚人群较多，生活费用通常由两个人共同承担，也可以缓解部分生活压力。而且，如果休闲消费能够代表一个人的生活质量的话，本研究也发现985高校毕业生中，"有房无贷族"生活得最安逸舒适，其次是"有房有贷族"，生活质量最低的是"无房族"。根据调查数据，本章将休闲消费定义为"娱乐交往""自身发展上的（如考证、参加培训等）消费""仪容修饰（购买化妆品、理发烫发等）消费""服装费（包括衣服、鞋、帽等）"以及"旅游"。当然，服装费可能也包括一些基本消费，但是对于"80后"一代而言，服装的购买经常体现个性和品味，因此服装的支出和一个人的生活质量也有着紧密的联系。

从表8-3可以看出，985高校毕业生中"有房无贷族"的年平均休闲消费支出最高，为13980元，样本中最高值出现了甚至超过了每年40万元的休闲消费支出。"有房有贷族"的休闲消费支出次之，平均每年12397

元。生活质量最低的则是"无房族",平均每年休闲消费支出只有"有房有贷族"的一半,约6324元。经过分析,本研究也发现"有房无贷族"和"有房有贷族"的月收入很接近(5724元和5152元),并且都远远高于"无房族"的平均月收入(3943元)。这就进一步解释了为什么有房族的生活质量要高于无房族的生活质量。

表8-3 985高校毕业生平均每年休闲消费支出*

单位:元

统计指标 \ 毕业生	无房族	有房有贷族	有房无贷族
平均支出	6324.47	12397.29	13980.22
Linearized Std. Err.	452.31	1664.24	1418.99
最小值	0	0	0
最高值	211000	170000	409000

* 数据使用了性别和学校的加权;总样本为3190。

以上从生活质量的角度分析了住房拥有与社会分化的关系,拥有房产的985高校毕业生,无论有没有房贷,更可能拥有私家车、更可能得到父母资助、休闲消费的支出也较高,一定程度可以说明其生活质量也较高。因此,不能简单地用"房奴"来解释"80后"一代的生存状况,这样可能掩盖了经济资本、社会资本、文化资本的代际传承以及地区差异所导致的社会不平等——真正的"房奴"可能并非是背上了沉重贷款的人,而是那些远远没有希望拥有自己的房子的人。

第三节 影响985高校毕业生住房拥有的因素

根据现有文献,本章以是否拥有房产作为结果变量,将性别、年龄、月收入、是否已婚、是否独生子女、是否住在北上广一线城市、父母资助情况、受教育程度作为解释变量。另外,也考虑到我国的住房政策,国有部门的员工更有可能享受住房保障或者福利,因而更有可能拥有住房,所以本章将工作单位性质也列为解释变量之一。

该逻辑回归模型如表8-4所示。模型包括813个样本,总体上是显著

的。这些解释变量的作用大致与现有研究的结论类似。但是与风笑天
（2011）和宋健、戚晶晶（2011）的研究发现不同的是，独生子女和居住在
一线城市的影响不显著，这可能与 985 高校毕业生的特殊性有关：普遍工作
较稳定、收入较优越，很多人的家庭背景较好（父母可以资助买房），可能
可以克服非独生子女和居住在一线城市带来的购房障碍。

表 8 - 4　985 高校毕业生拥有房产的影响因素

自变量	Coef.	Odds ratio	Linearized Std. Err.
每月收入（对数）	0.853 ***	2.346	0.191
婚姻状态（已婚 = 1）	2.526 ***	12.500	0.241
工作单位性质（国有部门 = 1）	1.073 ***	2.923	0.239
性别（男 = 1）	- 0.412	0.662	0.267
现在是否居住北京上海广州地区（是 = 1）	- 0.372	0.689	0.271
是否独生子女（独生子女 = 1）	- 0.008	0.992	0.299
父母资助情况（以不可能提供资助为参照组）			
父母（只可能）提供很少的经济资助	0.146	1.158	0.305
父母（会）替我付部分房款	1.362 ***	3.902	0.329
父母（会）给我买房	2.525 ***	12.486	0.560
年龄（以 31 岁及以上为参照组）			
16 ~ 22 岁	Dropped	Dropped	Dropped
23 ~ 25 岁	- 2.367 ***	0.094	0.434
26 ~ 30 岁	- 1.813 ***	0.163	0.328
教育程度（以本科为参照组）			
硕士	- 0.592 *	0.553	0.288
博士或博士后	- 1.491 *	0.225	0.622
总样本	813		

注："***"代表 $p < 0.001$；"**"代表 $p < 0.01$；"*"代表 $p < 0.05$；数据进行了学校和性别的加权。

从模型看出，对房产拥有具有显著影响（$p < 0.05$ 的情况下）的是当前
月收入、工作单位类型、父母资助、年龄、受教育程度、婚姻状态；影响最

大的因素是父母资助情况和婚姻状态，其次是年龄，这体现了青年住房问题在中国的独特性。

在控制其他变量的情况下，父母能给买房的985高校毕业生拥有房产的概率是父母不能提供经济资助的毕业生的12倍，而父母（会）替付部分房款的毕业生拥有房产的概率也是父母不能提供经济资助的毕业生的近4倍。模型进一步证实了父母资助对于这群"80后"中产能否拥有房产的重要性，房产拥有并非仅依赖青年个人收入。这个发现也一定程度上反映了买房成家不仅是青年个人的问题，而是整个家庭的责任，体现出中国传统文化中独特的"房子情结"。

其他因素相同的情况下，已婚毕业生拥有房产的可能性是未婚毕业生的近13倍，这说明在当代社会文本中，房子已经成为了年轻人结婚的"必需品"。31岁及以上的985高校毕业生最有可能拥有房产，其可能性是23～25岁毕业生的11倍，是26～30岁毕业生的6倍，从生命周期的角度反映了青年住房问题的重要性，也体现了财富积累对于住房拥有的重要影响。

当前月收入和国有部门工作都对房产拥有具有显著正面影响。控制其他变量的情况下，在国有部门（政府机构、国有企业和科研事业单位）工作比在非国有部门（民营企业、外资/独资企业、个体户、中外合资、非政府和非营利组织及其他）工作更可能拥有房产，是在非国有部门工作的毕业生拥有房产可能性的3倍，而且工作单位的性质比月收入对于房产拥有的影响稍强。因此，定量分析通过年轻中产的样本，印证了定性分析中有关工作单位性质对于中产阶层的住房获得产生影响的发现。有趣的是，数据分析发现，国有部门工作的985高校毕业生比非国有部门工作的毕业生的当前月收入低，而且差异显著。所以可以推断，国有部门工作的985高校毕业生的个人工资收入被低估，或者其拥有房产很可能不是通过个人的工资收入而是通过单位福利或者父母资助等其他途径。数据分析部分地验证了这个假设——工作在国有部门的毕业生的父母更可能会为其买房，但是差异不显著。

受教育程度越高，"无房"的风险越高，这是个令人沮丧的发现，从一个侧面反映了当今社会的"学历贬值"现象。在其他因素相同的情况下，最高学历为本科的毕业生是最高学历为硕士的毕业生拥有房产可能性的1.8倍，是最高学历为博士的毕业生拥有房产可能性的4.44倍，且差异显著。

模型也显示，男性比女性拥有房产的可能性更低，但是这个差异不显著。这个结果可能暗示 985 高校毕业生在职业地位获得和物质回报上性别差异不明显。

第四节　本章结论

通过 985 高校毕业生，我们可以对这群"80 后"中产或"准中产"的住房拥有情况得到以下结论：①总体的住房拥有率与发达国家同龄青年的住房拥有率相比仍较低，但是高于我国城镇青年的平均水平，而且已婚毕业生的住房拥有率高于发达国家同龄已婚青年的水平；②住房拥有的社会分层功能显著，有房青年的父母家庭背景较好、更可能有车、生活质量更高，体现了社会分化；③父母资助情况、婚姻状态和年龄是影响住房拥有的最重要因素。

本章的分析体现了住房不仅仅是个消费品或投资品，而且对于生活水平有着重要的影响。拥有住房的青年更可能来自背景较优越的家庭、享受较高的生活质量，因此青年的住房拥有问题一定程度上可以暗示社会分化和代际流动不平等的程度。特别地，由住房所体现出来的生活水平差异不能简单地被"房奴"现象所解释，这样可能掩盖经济资本、社会资本、文化资本的代际传承以及地区差异所导致的社会不平等，因为"无房族"才是真正的弱势群体。所以，本研究建议将不同年龄组的住房拥有率纳入政府年度统计，作为经济社会健康运行、房价宏观调控成效的重要测量指标之一。

分析得出的启示是，当研究生活在大城市的"80 后"群体的时候，在收入、职业或者受教育程度的指标之外，我们也应当注意消费（尤其是住房的拥有）在评估生活水平、划分社会阶层中所发挥的重要作用。此外，若控制了父母社会经济地位的因素，那么青年中年龄越大的人群和已婚人士更可能拥有房产、安居乐业。这个结果除了反映了生命周期的影响，也反映了在我国这样一个快速转型的社会背景下，不同代际人群在利益获得上的不平等，即第七章提到的年龄代际对于住房获得成本的影响。国家或许可以考虑针对具体人群实施补偿措施。另外研究发现也反映了有关"房子"的传统观念，比如"有恒产者有恒心"和"安家落户"，对于当代青年仍有很大影响。

下篇　中产阶层的品味与物质文化

第九章
消费偏好与休闲消费：现代
生活方式的勾勒

如果说前几章的定量分析侧重从经济的角度评估中产阶层的生活水平和质量的话，本章更侧重从消费偏好和休闲消费的角度考察中产阶层的生活方式。消费偏好主要从日常消费中揭示，包括信息获取的渠道、出行方式以及购买衣服和外出吃饭的地点。除了阶层的维度，城镇居民的生活方式和消费倾向也在年龄、收入和居住地区上有分化，中产阶层的消费倾向将在更大的范围内得到理解。休闲消费的性质和程度既能集中反映中产阶层的品味，也能很大程度上体现所拥有的经济资本，因此本章将使用多元对应分析和回归分析进行做比较细致和深入的讨论。本章也将涉及消费的社会分层作用的探讨——品味和消费行为何以具有社会区分的作用，在当代社会为什么重要，在我国这种区分机制如何发挥作用？

第一节 中产阶层的日常消费偏好

本节主要从信息获取的渠道、出行方式以及购买衣服和外出吃饭的地点四个有关日常生活的维度来考察中产阶层的消费偏好。如图9-1，总体上，看电视对于城镇中产和非中产阶层来说都是最重要的信息获取方式，分别占到各自阶层的87%和93%。中产阶层较独特、较重要的信息获取方式为看报纸和浏览互联网，比例分别为56%和71%。另外，收发手机短信和单位传达也是中产较多使用的信息获取方式，但是比例要大大低于看报纸和浏览互联网。相对来讲，非中产阶层的信息获取渠道则较为传统，有33%的主要通过和亲友同事交谈。该调查结果说明中产阶层更倾向通过现代化的、可靠的途径来获取信息，如较为便利又可以获取多方面信息的互联网和较为严

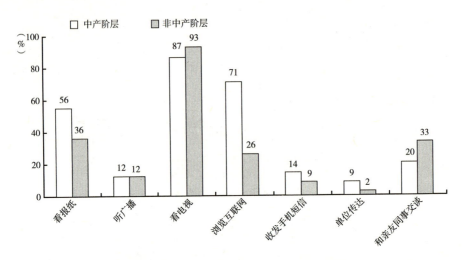

图 9 - 1　中产和非中产阶层的主要信息获取渠道（最多选 3 项）*

*数据来源：CSS2011；样本量：2957。

谨的报纸，而依靠体制和机构的信息传达方式可能逐渐占次要地位。

中产和非中产阶层主要的日常出行方式如图 9 - 2 所示。在城镇居民中，比例最高的出行方式为乘坐公共汽车，有 59% 的中产阶层和 54% 的非中产阶层将其列为主要出行方式之一；其次重要的为步行。中产阶层占较高比例的出行方式为地铁/轻轨、私家车、公务车和出租车，分别占 22%、32%、5% 和 27%。可以理解，中产阶层收入较高且对于效率的要求也较高，因而更愿意使用这些较为个体化和便捷的交通工具。值得注意的是，2008 年只有 15% 的中产阶层和 3% 的非中产阶层选择私家车为主要出行方式之一，而三年之后该比例在中产和非中产阶层中分别翻了两倍和三倍，反映了城镇居民（不论中产还是非中产）对于私家车这种舒适、便捷的交通方式的旺盛需求，但是快速增长的私家车需求对于环境和城市交通都提出了更大的挑战。

城镇居民购买衣服地点的主要分化出现在图 9 - 3 的两端。通常去品牌专卖店和大商场买衣服的人群中，中产比例显著较高，而去街边摊点、批发市场（小商品市场）以及乡村集市买衣服的人群中非中产比例显著较高。中产阶层当中，28% 的人通常去品牌专卖店买衣服，45% 的人通常去大商场买衣服，其中 16% 的人只去专卖店和大商场买衣服，应当是比较富裕的群体。此外，普通服装商店依然是各阶层非常重要的购买衣服场所，有 47%

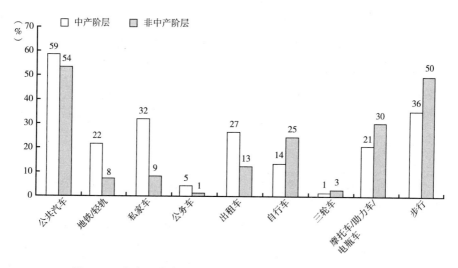

图 9 – 2　中产和非中产阶层的主要出行方式（最多选 3 项）*

* 数据来源：CSS2011；样本量：2957。

的中产和 53% 的非中产将此作为购衣场所之一。这些发现与访谈数据的发现一致，更多不是非常富裕的中产阶层选择的是"混搭"的消费策略，既去大商场和专卖店，也去普通服装商店购物，体现了适度、理性的消费观。数据也显示，在 2008 年，网上购物对于中产和非中产的衣服消费来说不是太普遍。

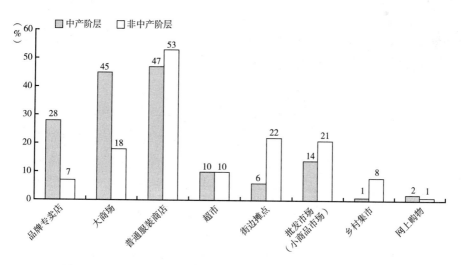

图 9 – 3　中产和非中产阶层购买衣服的主要地点（最多选 2 项）*

* 数据来源：CSS2008；样本量：3065。

不同于在家做饭，外出吃饭是收入弹性较高的消费，通常随着人们收入的增长而增长，而且能够提高人们的生活质量，并能够带动餐饮和服务业的发展。从社会分层的视角，外出吃饭扩展了吃饭作为生存必需消费的含义，而成了"一种娱乐的方式以及一种展示品味、地位和区分的途径"（Warde and Martens，2000：1）。英国的官方和市场研究统计表明，不同的社会经济群体在外出吃饭的频率和地点选择上具有一定的差异；正是基于外出吃饭对于某些群体来说所具有的社会的和符号的显著性，或说所体现出来的消费行为的社会区分功能，瓦德和马顿斯（Warde and Martens，2000）认为对于外出吃饭行为的实证研究具有深刻的社会学含义。

根据 CSS2008 的调查（见图 9-4），在我国城镇居民外出吃饭的消费中，阶层差异最大的是"很少外出吃饭"的选项，只有 20% 的中产选择此项，而高达 50% 的非中产选择此项。在具体地点的选择上，阶层分化则不如购衣场所那么明显。较高比例的中产阶层通常去中档饭店和大众餐馆，分别为 31% 和 26%。但是在中产阶层中，也有 13% 的人通常去大排档吃饭、17% 的人通常去小饭馆吃饭、14% 的人通常去快餐店吃饭，这些都高于或等于非中产的该比例。一个可能的原因是中档甚至大众餐馆的价格在日益增长，普通的中产阶层家庭也难以负担频繁地去这些餐馆用餐，从访谈中可以看到这一点（如在大学做会计的温女士所提到）。另一个原因可能与饮食消费偏好有关，比如有的中产阶级被访者（姜先生，40 岁，跨国公司中国区首席采购官）就比较注重口味而非环境和服务，他们有足够的支付能力但是更倾向去符合口味的小饭馆甚至大排档。而且工作较繁忙的中产阶层在解决一日三餐的时候，如果不想在家做饭，可能更愿意去较便捷的快餐店而不是要坐下来等待服务员的餐馆。

这些发现表明，相对于衣服购买的场所，日常的家庭外出吃饭消费的社会区分作用更为复杂，因为受到价格、品味、时间以及消费观等因素的影响，但是在是否经常外出吃饭方面的阶层差异较显著。瓦德和马顿斯（Warde and Martens，2000：76-77）通过调查也发现了外出吃饭消费模式的复杂性。在一些餐馆类型上，如中餐和意大利餐馆，收入、受教育程度、阶层和居住地区是重要的影响因素，但是在类似麦当劳的快餐店消费中，这些因素又不是那么显著；无论如何，年龄发挥了非常重要的作用，一般来讲年纪越大的人外出吃饭的频率越低。受现有数据的局限，本研究无法做如此细致的分析，以后的研究可收集更多的有关外出吃饭的频率、餐馆类型、外出吃饭目的/原因以及和谁一起外出吃饭等方面的数据，将会对中国人外出吃饭的消费模式有更深入的理解。

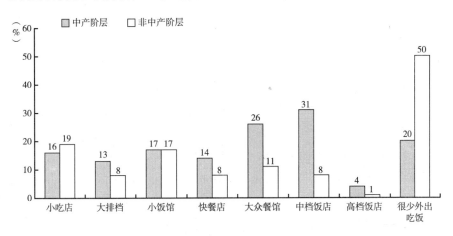

图 9 - 4　中产和非中产阶层外出吃饭的主要地点（最多选 2 项）*

＊数据来源：CSS2008；样本量：3065。

吃饭和买衣服是日常消费中最重要的两个方面，二者的阶层分化将有助于理解当代社会消费行为的阶层分化程度。本研究将上述买衣服和外出吃饭的地点分为高、中、低三个档次。品牌服装专卖店和大商场属于"高档"的购物地点，"普通服装商店"和"超市"一般为大众化的或者工薪阶层的消费场所因而归为"中档"，"街边摊点""批发市场（小商品市场）"和"乡村集市"则属于相对"低档"的购物场所。由于数据中经常去高档饭店的比例很低，所以外出吃饭地点的分类中将"高档饭店"归入了"中高档"。本研究将"大众餐馆""中档饭店"和"高档饭店"归为"中高档"的外出吃饭地点，将"快餐店"、"小吃店"、"大排档"、"小饭馆"归为"低档"的外出吃饭地点。本研究将至少选一个高档购衣地点的消费模式定义为"高档购衣模式"，将至少选一个中档地点（但未选任何高档地点）的归为"中档购衣模式"，将至少选一个低档地点（但未选任何中高档地点）的归为"低档购衣模式"①；也将至少通常去一个中高档地点吃饭的定义为

---

①　网上购物、其他以及自家做衣服的比例很低，在归类之后将只选择了这些选项的样本排除在了分析之外，因此得到购衣模式变量的有效样本为 2983 个。

"中高档外出吃饭模式",将通常去低档地点（但不去中高档地点）吃饭的定义为"低档外出吃饭模式",将选择"很少外出吃饭"的定义为"很少外出吃饭"[1]。

整体上讲,购衣地点选择上的阶层差异显著。58%的中产阶层通常去高档场所购买衣服,只有9%的中产通常去低档场所;而49%的非中产通常去中档场所购衣,其次是28%的通常去低档场所购衣。外出吃饭模式也具有一定阶层差异。51%的中产通常去中高档场所就餐,而有32%的非中产通常去低档场所就餐;21%的中产很少外出吃饭,但一半的非中产很少外出吃饭。

表9-1体现了中产阶层的购买衣服和外出吃饭的消费模式特征。该群体的日常消费的主要特征是买衣服和外出吃饭的地点都在中高档,占总体的49%（39%+10%）。但是,采取中档购衣模式和低档用餐模式的中产阶层也占了15%,联系到无论购衣模式为高档或中档,都有8%的中产很少外出吃饭,再加上10%的中产采取高档购衣模式和低档外出吃饭模式,这部分样本可能代表着在消费中较节约、追求实惠或者收入较低从而有选择消费的一部分中产,比例并不小,约占40%。

表9-1 中产阶层购衣和外出吃饭的消费模式 *

单位：%

	高档购衣模式	中档购衣模式	低档购衣模式	总计
中高档外出吃饭模式	39 (216)	10 (53)	1 (8)	50 (277)
低档外出吃饭模式	10 (56)	15 (81)	4 (22)	29 (159)
很少外出吃饭	8 (43)	8 (46)	4 (22)	20 (111)
总计	58 (315)	33 (180)	10 (52)	100 (547)

* 数据来源：CSS2008；括号中为频数。

---

[1] 在归类之后也将只选择"其他地方"的样本排除在了分析之外,因此得到外出吃饭模式变量的有效样本为3043个。

从我国城镇居民总体来看，比例最高的消费模式为中档购衣模式搭配低档外出用餐模式，占总体的36%，其次是低档购衣模式搭配低档外出用餐模式，占23%。这两种较低廉的日常消费模式占据了我国城镇居民总体的59%，说明城镇居民整体上还不富裕、生活水平并不优越，也有可能同传统的"节衣缩食"的价值观有关。

虽然外出用餐所体现的社会分层较为复杂，但是由买衣服和外出用餐构成的消费行为中还是存在着显著的分化。如表9-2所示，高档购衣模式的消费者更可能采取中高档的外出用餐模式，概率为54%；而低档购衣模式的消费者更可能很少外出吃饭，概率高达71%，并且中档购衣模式的消费者也更可能很少外出吃饭或者去低档地点用餐，概率分别为44%和40%。换句话说，通常去品牌专卖店和大商场买衣服的消费者更可能去中高档饭店和大众餐馆用餐，而经常去街边摊点、批发市场和集市买衣服的消费者更可能在家做饭而不是外出吃饭。

表9-2　城镇居民购衣和外出吃饭消费的分化 *

单位：%

	高档购衣模式	中档购衣模式	低档购衣模式	总计
中高档外出吃饭模式	54 （462）	16 （216）	4 （32）	24 （710）
低档外出吃饭模式	25 （215）	40 （556）	25 （183）	32 （954）
很少外出吃饭	20 （174）	44 （606）	71 （520）	44 （1300）
总计	100 （851）	100 （1378）	100 （735）	100 （2964）

* 数据来源：CSS2008；括号中为频数。

第二节　城镇居民消费倾向的多元对应分析

本节通过考察消费行为的参与来揭示城镇居民的消费模式及分化，并测量其所表现出的主要消费倾向的性质和程度。CGSS2003数据中有一系列关于社会和个人活动的参与的变量，本研究选择六个有关购买和使用物质产品和服务的变量。原始变量为六个有关消费的描述：①除非必要，我和我的家人从不轻易购买生活必需之外的物品；②我和我的家人过生日或遇上重要节日时，总是到餐馆去聚餐；③我总是到较有名气的商店去购物；④我家的耐用消费品大都是名牌、高档；⑤我家用了好些艺术品、艺术画来装饰家庭气氛；⑥我经常去专门的体育场馆或健身房锻炼身体。变量标签是对于这六种描述回答"很符合""较符合""不太符合"或"很不符合"。数据中原始的变量数值标签是同意度量表。但是在解释研究发现时使用这些"符合程度"的标签有些语焉不详，本研究将变量转化为有关消费行为的参与的变量，即①我和我的家人购买"非必需"物品；②我和我的家人过生日或遇上重要节日时去餐馆聚餐；③我到较有名气的商店去购物；④我家拥有名牌耐用消费品；⑤我家使用艺术品装饰家庭；⑥我去专门的体育场馆或健身房锻炼身体。同时，原始的同意度量表也被转化为了相应的频率量表：1 表示频繁，2 表示有时，3 表示偶尔，4 表示从不。可以看出，这些变量大体上测量了一种追求乐趣和舒适的消费倾向，本研究通过消费行为参与的频率来揭示城镇居民在消费倾向上的差异。基本上所有转化后的变量没有改变原有变量的含义，只是第 4 个和第 5 个变量在使用频率标签时有些不准确，所以在解释时会稍有调整。

进入分析的总共有 6 个变量、每个变量包含 4 个定序类别，一共产生 24 种不同的模态（关于如何应用多元对应分析将在第三节详细解释）。分析的结果是在 5659 个样本的基础上产生了 4 个轴。轴 1 可以解释 84.29% 的方差，主要惯量为（principal inertia）0.169；轴 2 可以解释 9.67% 的方差，主要惯量为 0.019。因此，轴 1 和轴 2 是最重要的两个轴，也说明了这 6 个变量构成一个量表。

图 9 - 5 揭示了城镇居民消费模式的分化。四种不同程度的参与模式分别聚集在不同空间内。"频繁地"去餐馆吃饭的人也"频繁地"在较有名的商店购物，拥有的家庭耐用品大多为名牌，使用大量艺术品装饰家庭，也"频繁地"去健身房健身。"有时"参与这些消费行为人也集中在一个区域，"偶尔"和"从不"也是同样的情况①。

---

① "频繁购买非必需品"是个异数，可能的原因是"非必需品"这种表述有点模糊，让被访者感到困惑。

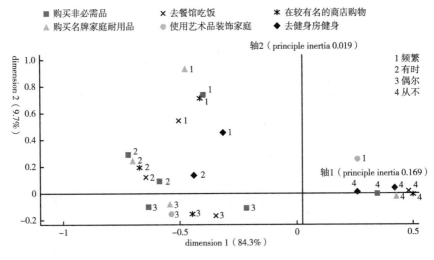

■ 购买非必需品　　　× 去餐馆吃饭　　　✶ 在较有名的商店购物
▲ 购买名牌家庭耐用品　◉ 使用艺术品装饰家庭　◆ 去健身房健身

图 9 - 5　城镇居民消费行为参与的多元对应分析，2003 年 *

* 数据来源：中国综合社会调查 CGSS2003；调查人群：2003 年居住于中国城镇地区住户中的 15～77 岁的男性和女性；样本总数：5659。

　　根据现有文献，消费模式主要同阶层、年龄、收入和居住地区有关。因此，这些因素被当作补充变量加入了 MCA 分析，如图 9 - 6 和图 9 - 7 所示。这里使用职业类型来定义阶层①。白领从业者为企事业单位负责人、专业和技术人员（包括中级和一般干部）、办事人员，（半）体力劳动者为商业服务业人员、个体户、农林牧渔水利业生产人员、生产运输设备操作人员。根据数据中的分布，年龄和收入都分为了五组：16～25 岁、26～35 岁、36～45 岁、46～55 岁和 56 岁以上；低于 5000 元、5000～10000 元、10000～30000 元、30000～60000 元和 60000 元以上。按照居住地区和是否移民，样本被分为了都市移民、都市本地人和其他城市居民。这里的都市地区指的是北京、上海、天津的城市地区。都市移民指出生后迁移到都市地区的居民。都市本地人指出生于并且调查时居住于都市地区的居民（包括在三个直辖市的城市地区内迁移的人群）。这样区分的目的是考察都市对于消费偏好的影响。职业阶层和收入加入 MCA 分析的结果见图 9 - 6，收入和居住地区加入 MCA 分析的结果见图 9 - 7。

―――――――――

①　该分析中使用的职业阶层变量只包括了就业人口。

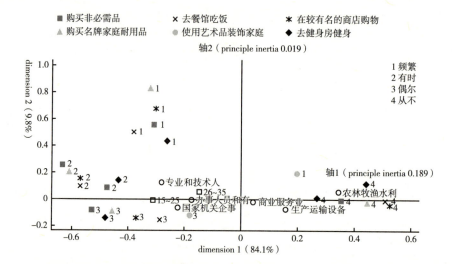

图 9-6　城镇居民消费行为参与的多元对应分析
（职业阶层与年龄为补充变量），2003 年 *

　* 数据来源：中国综合社会调查 CGSS2003；调查人群：2003 年居住于中国城镇地区
住户中的 15～77 岁的男性和女性；样本总数：3277。

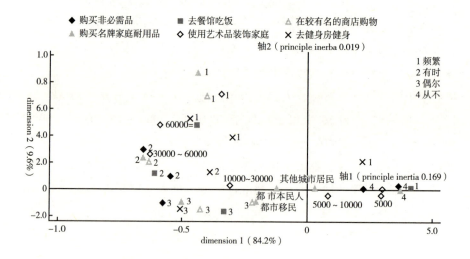

图 9-7　城镇居民消费行为参与的多元对应分析
（收入与居住地区为补充变量），2003 年 *

　* 数据来源：中国综合社会调查 CGSS2003；调查人群：2003 年居住于中国城镇地区住
户中的 15～77 岁的男性和女性；样本总数：5007。

　　很明显，年龄和职业阶层两个变量紧密地沿着轴1分布（见图9-6）。从左向右，这两个变量按照从白领职业到（半）体力职业、从年轻到年长的模式排列。根据分布在轴1左侧和右侧的类别，研究发现区分消费模式的界限大体上可以划在白领从业者和（半）体力劳动者之间、小于36岁的人群和大于36岁的人群之间。另外，如图9-7所示，"都市移民"和"都市本地人"的消费模式较接近白领从业人群和较年轻人群，而"其他城市居民"的消费模式较接近（半）体力劳动人群和较年长人群，这体现了都市对人们消费行为的影响。但是，居住在都市地区的影响不如年龄和社会阶层的影响来得显著。

　　因为年龄和职业阶层两个变量沿着轴1紧密地分布而且较少有沿着轴2的纵向分布，可以说年龄和职业阶层是轴1所代表的消费模式的最重要影响因素；又因为轴1是解释最多变异的主轴，因此可以说年龄和职业阶层是区分城镇人口消费模式的最重要因素。通过考察每一种模态对于两个轴的变异所做的贡献（见表9-3），轴1主要被"偶尔"和"从不"两种模态所解释，二者的贡献分别占35.5%和36.5%，因此轴1大体上可以被描述为一种"节俭-适度型消费模式"，较年长、（半）体力职业阶层的人群和"其他城市居民"较为节俭，而较年轻、白领职业阶层的人群和都市居民则更经常参与多种消费行为（适度消费）。

　　收入是区分轴2所定义的消费模式的最显著因素（见图9-7）。沿着轴2，顶端是年收入60000元及以上，再往下是年收入30000~60000元；其他的收入组集中于轴2的底端，但是年收入5000~10000元和年收入低于5000元两组也沿着轴1分布。高于60000元的收入组尤其接近"频繁地"去餐馆吃饭、"频繁地"在较有名的商店购物、拥有的家庭耐用品大多为名牌、使用大量艺术品装饰家庭、"频繁地"去健身房健身。相应地，30000~60000元的收入组接近"有时"参与这些消费行为，而其他收入分组更接近于"偶尔"或者"从不"参与这些消费行为。"偶尔"和"有时"模态的位置则十分有趣，这些点接近于白领职业，小于36岁、居住于都市地区以及年收入在10000~60000元。这一区域反映了都市年轻中产阶层消费模式的重要特征——有一定的追求乐趣和舒适的欲望，但是受到收入和较高生活成本的限制，物质欲望和购买力之间存在紧张。如表 9 - 3 所示，对于轴 2 来说，主要的贡献来自 "频繁地" 参与这些消费行为的模态，占 53.1%，由于轴 2 同收入有着紧密的关系，这个发现反映了一种在富裕群体中更为显著的追求快乐和舒适的消费倾向。可以推断，轴 2 代表的是一种 "奢侈型消费模式"：较富裕的群体更频繁地选择昂贵的、高质量的物质产品和服务，中等收入群体只是有时或偶尔参与这种消费模式，而较贫困的群体则趋于节俭型消费模式（沿着轴 1 分布）。

通过对消费行为参与的分析，定量发现暗示了在城市人群中存在一定程度的追求乐趣和舒适的消费倾向，从中我们得到以下启示：①年龄和职业阶层是区分城镇居民消费倾向的最重要因素，出生于 20 世纪 70 年代及之后的人群更广泛地参与追求乐趣和舒适的消费活动，可能与其成长的社会文本有关，一定程度反映了我国近 30 多年来巨大的社会变迁；但是，究竟年龄差异是生命周期意义上的还是可以理解为受到社会变迁影响的代际差异，需要来自访谈数据更多的分析。②就消费倾向来讲，白领阶层和（半）体力劳动者之间的区别比白领阶层内部的区别更为显著，尤其是职业中产（企事业单位负责人、专业和技术人员、中级和一般干部）更频繁地参与追求乐趣和舒适的消费行为，体现了这一群体较高的经济资本和文化资本。③居住在都市地区对于消费行为的影响明显：消费倾向主要的区别在于都市居民和其他城市居民之间，而非都市移民和都市本地人之间，可以推断出移民的品味和生活方式在迁入都市地区后受到了一定程度的影响。④相对于年龄和职业阶层，收入对于消费倾向的区分起了次要的作用，因为由收入定义的轴 2 比由年龄和职业定义的轴 1 能够解释的变异要少得多，该发现说明消费/品味不仅仅是种经济行为，也为社会文本和生活方式——或者布尔迪厄所言之 "惯习" 所塑造。

分析也发现，虽然一种追求快乐和舒适的新的消费倾向有所发展，但是节俭 - 适度的消费模式在城镇居民中仍然占主导地位，这反映了我国还并不富裕的经济发展程度以及传统价值观的影响，更重要的是暗示了城镇居民在物质欲望和购买力之间有意识的取舍。

表 9 - 3　24 种模态对每个轴变异的贡献，CGSS2003，多元对应分析

单位：%

消费行为	轴 1					轴 2				
	频繁	有时	偶尔	从不	总计	频繁	有时	偶尔	从不	总计
购买"非必需"物品	5.6	1.5	5.1	0.3	12.5	0.3	4	1.1	2.8	8.2
过生日或遇上重要节日时去餐馆聚餐	1.1	5.3	3.3	8.7	18.4	12.8	1.8	7	0	21.6
到较有名气的商店去购物	0.5	4.8	5.7	9.6	20.6	15.5	4	6.6	0	26.1
我家拥有名牌耐用消费品	0.3	4.1	7.5	8.3	20.2	12.9	4.2	3.1	0	20.2
我家使用艺术品装饰家庭	0.2	2.9	8.5	6	17.6	6.5	4.6	2.5	0	13.6
我去专门的体育场馆或健身房锻炼身体	0.3	1.5	5.4	3.6	10.8	5.1	1.4	3.9	0	10.4
总　计	8.0	20.1	35.5	36.5	100.0	53.1	20.0	24.2	2.8	100.0

第三节　中产阶层的休闲消费

周末或节假日的休闲消费包含了很多的服务消费，比如运动健身、旅游、去卡拉 OK/迪斯科/酒吧等，对于这些消费的考察将会对扩大消费政策产生有益的启示。同时，这些消费活动的参与既需要一定的经济资本，也需要一定的文化资本，因此不同的参与模式既能够反映消费者的生活水平，也能反映消费者的品味和偏好，有助于深入理解中产阶层的消费模式和生活方式。

CSS2011 数据中有 10 个变量[①]测量城镇居民的休闲方式。图 9 - 8 描述了中产和非中产阶层在周末或节假日对于休闲活动的参与，体现出一定程度的阶层差异。中产阶层广泛参与各类休闲活动，只有 7% 的人不参与这些休闲活动；并且花费较高、较现代的休闲活动的参与率基本也是最高的，比如 21% 的人外出看电影/戏剧/表演/听音乐会、20% 的人外出旅游、51% 的人玩电脑游戏/上网，体现了他们较丰裕的经济资源以及充实生活、享受生活的消费欲望。相对来讲，非中产的休闲方式较为"低廉"，体现在较低的外

① 由于"外出观看体育比赛"和"其他"两种休闲活动的参与度较低，故而分析中剔除这两个变量。

出看电影、戏剧和听音乐会的比例（6%左右），较低的外出旅游的比例（5%）；对于一些传统的、消磨时间型的休闲活动的参与度较高，20%的人选择打麻将打牌，高达38%的选择串门聊天；也有较高的比例选择"没有这些休闲活动"，为18%。这些发现反映了非中产阶层非常有限的购买力，业余生活也较为单调。

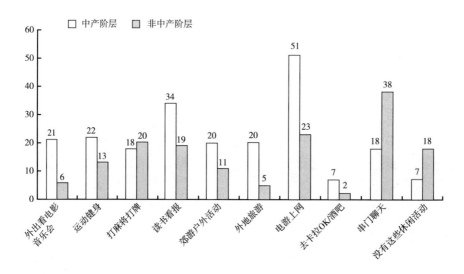

图 9 - 8   中产和非中产阶层在周末或节假日通常的休闲方式（限选 3 项）

* 数据来源：CSS2011；样本量：2955；图中数字表示参与某项活动的人群占该阶层总体的百分比。

在初步了解各阶层的休闲方式之后，本节将对其做更深入的分析。采用多元对应分析（multiple correspondence analysis）对休闲消费模式做直观的描述并分离出几个重要的维度/类型，在此发现基础上，本章再使用回归分析详细解释影响休闲消费模式的因素并讨论研究发现的社会学含义。

如 Blasius and Greenacre（2006：27）解释，主要有三种方法进行多元对应分析。一种是 Burt 矩阵（Burt matrix），是 N 个变量中每两个变量做列联表分析，最后形成一个 N × N 的矩阵。第二种方法是指标矩阵（indicator matrix），是一个样本和变量类别组成的矩阵，行数为样本总数、列数为变量类别数。可以看出，指标矩阵可以转化为 Burt 矩阵。第三种方法为调整的多元对应分析（adjusted MCA）（Greenacre，2006：70 - 71），它能够统一并纠正各种量表的问题，不管使用哪种矩阵都产生一种解决方法，所能解释的惯量

（explained inertia）也能够提高。本研究使用的是 STATA 默认的 Burt 矩阵。

Burt 方法与主成分分析很类似，但是适用对象为定类变量。这种方法是对 Burt 矩阵进行对应分析。在 Burt 矩阵中，所有变量既出现在行中也出现在列中。表 9 - 4 以本研究中的两个变量为例做出了一个 Burt 矩阵。

表 9 - 4　以 CSS2011 中两个休闲活动参与的变量为例的 Burt 矩阵*

		外出看电影/戏剧/表演/听音乐会		读书/看报	
		否	是	否	是
外出看电影/戏剧/表演/听音乐会	否	2656	0	2037	619
	是	0	300	224	76
读书/看报	否	2037	224	2261	0
	是	619	76	0	695

*数据来源：CSS2011；样本总数：2956。

在得到了所使用的 20 个类别（10 个变量×2 个类别）的双标图之后，本研究还往图中加入了社会经济特征的变量，考察休闲方式如何与社会经济指标相关联。据 Greenacre（2006：31）所解释，补充变量对于轴的几何定向没有影响；相反，它们支持并补充对于活跃变量类别的结构的解释。这些点可以被视为横轴或者竖轴所定义的空间内的补充点；它们除了解释自己的位置之外对于分析没有任何影响。

一　城镇居民的休闲消费模式

本节对如图 9 - 8 所示的 10 个有关休闲活动参与的二分变量进行多元对应分析，目的是考察城镇居民休闲消费的趋势与分化。分析在 2955 个样本的基础上获得了两个主要的轴。轴 1 可以解释 44% 的方差，主要惯量为 0.0056；轴 2 可以解释 14% 的方差，主要惯量为 0.0018。因此，轴 1 揭示的是比较重要的维度。

图 9 - 9 揭示了城镇居民休闲消费模式的分化。我们看到图上有两个较密集的区域。一个是在轴 1 的左侧、轴 2 的下方，分布着"去迪斯科/卡拉 OK/酒吧""外出看电影/戏剧/表演/听音乐会""外地旅游""玩电脑游戏/上网""运动健身""郊游/钓鱼/户外活动""读书看报"这些花费较高、较现代的休闲活动的"参与"模式。这些模态的密集分布表示，一个人如果

"外出看电影/戏剧/表演/听音乐会"，也更可能去"外地旅游"，一个人如果"运动健身"，也更可能"郊游/钓鱼/户外活动""玩电脑游戏/上网"和"读书看报"。另一处在轴 1 的右侧、靠近中间的区域，密集分布着以上这些休闲消费的"不参与"模式。而且，这种"不参与"模式与上述较现代、花费较高的休闲方式有一定的距离；换句话说，一个人如果参与一种较现代的休闲活动则更可能参与其他较现代的休闲活动，而如果对于一种较现代的休闲活动是"不参与"模式则更可能远离其他较现代的休闲活动。但是，不参与以上各种休闲活动的模式也不太突出，孤立地分布在图 9-9 的右下角。以上发现说明了城镇居民休闲消费模式的分化。下文将具体分析影响这种分化的社会经济因素。

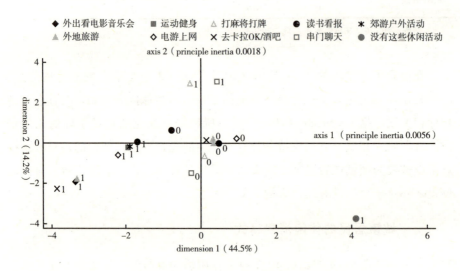

图 9-9　城镇居民休闲消费模式的多元对应分析，2011 年＊

＊数据来源：CSS2011；样本量：2955；"1"表示参与，"0"表示不参与。

沿着轴 1 的左侧，除了分布着那些较现代、花费较高的休闲活动的参与模式之外，也分布着"参与这些休闲活动"。我们也还记得，轴 1 的右侧密集分布着那些较现代的休闲活动的"不参与"模式。在各模态对于轴 1 的贡献中，"不参与这些休闲活动"的贡献比例是最高的，为 25%，其次是参与"电脑游戏/上网""外出看电影/戏剧/表演/听音乐会""外地旅游"等较现代的休闲活动，分别为 15%、11% 和 9%。因此可以说，轴 1 区分的主要是现代休闲消费的参与程度，越往右，现代休闲消费的参与程度越低——

不参与任何休闲消费或者更多参与传统休闲消费，而越往左，现代休闲消费的参与程度越高。

　　而在轴2的上半部分，分布着"打麻将/打牌""串门聊天"，下半部分则分布着"不打麻将/打牌""不串门聊天"以及左侧的那些较现代、花费较高的休闲方式。在各模态对于轴2的贡献中，"打麻将/打牌""没有这些休闲活动"和"串门聊天"的贡献最高，分别为30%、21%和17%。可以说，轴2区分的大体上是传统休闲消费的参与程度，越往上传统休闲消费的参与程度越高，越往下传统休闲消费的参与程度越低——不参与任何休闲消费或者更多参与现代休闲消费。由于轴1是解释休闲消费变异的主轴，我们可以得出结论：总体上，区分中国城镇居民休闲消费的主要维度是现代休闲消费参与的程度。

　　本研究将阶层、受教育程度、收入、年龄和居住地区作为补充变量加入了多元对应分析，如图9-10所示。可以发现，与较现代、花费较高的休闲消费模式（分布于轴1左下侧）接近的为中产阶层，年龄在16~25岁和26~35岁，年收入在平均水平（21000元）以上，受教育程度为大专、本科和研究生，居住于一线城市。因此，总体上，参与较现代的休闲消费的人群多为居住于一线城市的35岁以及下的年轻中产阶层。其中，"外出看电影/戏剧/表演/听音乐会""外地旅游""去迪斯科/卡拉OK/酒吧"同中产阶层，大专学历，年龄16~25岁，年收入在30000~40000元和40000~60000元以及居住于一线城市非常接近；可以推断，这三类花费较高、需要一定时间和审美品味以及城市配套文化设施和服务的休闲方式的主要参与人群为居住在大城市的较年轻中产或说年轻中高收入群体。此外，"玩电脑游戏/上网""运动健身""郊游/钓鱼/户外活动""读书看报"同年收入在21000~30000元、年龄在26~35岁非常接近，暗示着这些休闲活动的参与群体主要为收入在平均水平的、有一定生活阅历的城市年轻人。

　　另外，与不参与这些较现代的休闲方式的模态（分布于轴1右侧）接近的为非中产，年龄在36岁及以上，年收入在平均水平（21000元）及以下，受教育程度为高中、中专和职高和初中，居住于其他城市（非一线城市）。同时，"打麻将/打牌""串门聊天"也较接近这些社会经济特征。可见，休闲方式较单调、低廉的人群主要为居住在中小城市的35

岁以上、高中及以下受教育程度的非中产或说低收入的人群。因此，城镇居民的休闲消费行为在阶层、年龄、收入、受教育程度和是否居住一线城市的维度上都有分化，这些社会经济因素的影响程度具体怎样将在下一节中分析。

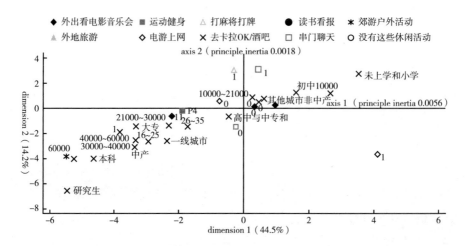

图 9－10　城镇居民休闲消费模式的多元对应分析（阶层、受教育
程度、收入、年龄和居住地区作为补充变量），2011 年 *

* 数据来源：CSS2011；样本量：2955；"1"表示参与，"0"表示不参与；收入分组中不包括下限值，如 21000～30000 元表示 21000 元以上至 30000 元。

　　人们一般认为，有钱、有地位的人通常参与高级的、现代的、昂贵的休闲活动，而老百姓、工薪阶层通常参与廉价的、知识含量不高的休闲活动。所以，如果以休闲消费模式进行社会区分的话，休闲活动的类型应当是主要维度，这也是通常认为的发达资本主义国家的主要社会区分维度。但是，当代更新的研究发现，在欧美发达国家，消费活动参与的程度和种类的多少而非类型越来越成为社会区分的主要维度。如第二章所述，上层阶级和高社会地位的群体拥有最广泛的品味并常常用消费种类的多少来进行社会区分，学术界称之为"杂食的"（omnivorous）或者"兼容的"（eclectic）消费倾向（Peterson and Kern, 1996；Ollivier, 2008；Coulangeon and Lemel, 2007）。

　　根据这种理论，当代中国社会好像也出现了这种"兼容的"消费倾向——"去迪斯科/卡拉 OK/酒吧""外出看电影/戏剧/表演/听音乐会""外地旅游""玩电脑游戏/上网""运动健身""郊游/钓鱼/户外活动""读书看报”等休闲方式的确需要一定的经济资本或文化资本，但也并非典型意义上的昂贵的或布尔迪厄所谓“高雅文化”的休闲方式，这些休闲模态的密集暗示着中产阶层品味的广泛性。然而，这种“兼容的”消费倾向并没有扩展到“打牌/打麻将”或者“串门聊天”这种低廉的、传统的休闲活动，中产阶层广泛参与的仍然是有一定知识含量、需要一定经济资本的休闲方式。在访谈中有关品味的讨论也暗示了这种“兼容的”消费倾向，我们将在第十一章有更多的解释。下节的分析可以帮助进一步理解中产阶层的休闲消费模式。

二　城镇居民休闲消费模式的影响因素

在对城镇居民的休闲消费模式做了一些探索性的分析之后，本研究还很关心这些社会经济因素在多大程度上有影响，哪些因素较为重要？本节主要通过两个逻辑回归模型来回答这些问题。分析所涉及的变量的描述统计请见表 9 - 5。首先我们关心阶层对于居民是否参与休闲活动是否有重要影响，因此需要建立一个二分变量模型，见表 9 - 8。解释变量为阶层，控制变量包括家庭人均年收入（对数）、是否居住一线城市、年龄（分组）和主观社会经济地位评估。为了避免多重共线性，受教育程度和职业都没有放入模型。

表 9 - 5　分析所涉及变量的描述统计*

自变量	均值	标准差
中产阶层（参照组:非中产阶层）	0.272	0.445
收入（对数）	9.532	0.937
收入	22949.68	54270.87
居住北上广深一线城市（参照组:居住其他城市）	0.162	0.369
年龄（参照组:56 ~ 60 岁）		
16 ~ 25 岁	0.0898	0.286
26 ~ 35 岁	0.225	0.417
36 ~ 45 岁	0.292	0.455
46 ~ 55 岁	0.260	0.439
主观社会经济地位评价中、中上或上（参照组:主观评价中下或下）	0.499	0.500
样本数	2907	

　　* 数据来源：CSS2011。

由表 9 - 8 中第一个模型可以看出，总体上，在控制了收入、年龄、居住地区、主观社会经济地位评估之后，阶层对于城镇居民是否参与休闲消费的影响是显著的，中产阶层更可能参与休闲活动，其可能性是非中产的 1.6 倍。控制变量中收入、年龄在 16 ～ 25 岁、主观社会经济地位评估都对休闲消费的参与具有显著正面的影响。

多元对应分析还初步探索到了社会经济地位对于城镇居民休闲消费模式的影响。为了通过多项回归模型来进行验证性的分析，本研究根据 CSS2011 数据中的休闲活动变量将样本分为了四类：不参与这些休闲活动、只参与现代休闲活动、只参与传统休闲活动、现代传统休闲活动都参与。其中，不参与这些休闲活动为 "没有这些休闲活动" 变量值为 1 的样本，只参与现代休闲活动为只选择 "外出看电影/戏剧/表演/听音乐会" "运动健身" "读书看报" "郊游/钓鱼/户外活动" "外地旅游" "玩电脑游戏/上网" "去迪斯科/卡拉 OK/酒吧" 中任意项的样本，只参与传统休闲活动为只选择 "打麻将/打牌" "串门聊天" "其他"① 中任意项的样本。表 9 - 6 描述了该分类的具体比例。比例最高的为 "只参与现代休闲活动" 的模式，占城镇居民的 34%，其次为 "都参与" 模式，占 28%，"只参与传统休闲活动" 的模式也较高，占 24%，而 "不参与" 模式在城镇居民中所占比例最低，为 15%。由此可见我国城市居民对于休闲消费总体上还是比较热衷的。

表 9 - 6　城镇居民休闲消费的不同模式 *

	频数	百分比（%）
不参与这些休闲活动	440	15
只参与现代休闲活动	995	34
只参与传统休闲活动	696	24
现代传统休闲活动都参与	826	28
总　　体	2957	100.00

＊数据来源：CSS2011。

---

① 经过分析 "其他" 中的详细内容，发现大都为类似织毛衣、看电视、参加合唱团、逛公园、做家务等活动，因此将选中 "其他" 变量的样本也归为较传统、低廉的休闲活动类型。

表 9-7 显示了中产和非中产阶层参与休闲消费的差异。中产"只参与现代休闲活动"的比例大大高于非中产阶层，分别为 53% 和 26%，相反非中产在"只参与传统休闲活动"的比例大大高于中产阶层，分别为 30% 和 7%。中产倾向于"现代传统休闲活动都参与"，但人口比例仅比非中产高出了 7 个百分点。总体上两个阶层都倾向于参加休闲活动，但是中产阶层的参与率更高。由此可见，城镇居民总体上休闲消费的参与度较高，但是中产倾向于"只参与现代休闲活动"或者"都参与"的模式。

表 9-7　休闲消费模式的阶层差异 *

单位：%

	中产阶层	非中产阶层	总体
不参与这些休闲活动	7	18	15
只参与现代休闲活动	53	26	34
只参与传统休闲活动	7	30	24
现代传统休闲活动都参与	33	26	28
总　体	100	100	100

* 数据来源：CSS2011。

在多项回归模型中，因变量为休闲消费模式的不同类型，解释变量依然为阶层，控制变量也同前一个回归模型。结果请见表 9-8 中的模型 2，该模型整体上显著。在控制了收入、年龄、居住地区、主观社会经济地位评估后，阶层在所有类型的休闲消费中的作用都是显著的，只不过方向不太一致。相对于不参与休闲活动来讲，中产更可能只参与现代休闲活动或者现代传统的休闲活动都参与，但是参与传统休闲活动的可能性较低。如果认同数据中的各类休闲活动可以大体分为传统型和现代型，那么，当代中国的中产阶层好像体现出了类似当代发达国家那种"兼容性"的消费倾向——"都参与"的可能性较高而且"不参与"模式的可能性很低，但仍然更倾向彰显现代生活方式的一些休闲消费。因为控制其他变量的情况下，相对于"不参与"模式，中产阶层只参与现代休闲活动的可能性（1.859）要稍大于"都参与"的可能性（1.579）。这是中国中产阶层在消费模式上区别于欧美发达国家中产阶层的特征之一。从休闲消费的社会分层作用来看，或许可以认为在当代中国社会，是否参与休闲消费与休闲消费的类型同时起着社会区分的作用，这既不同于布尔迪厄笔下的通过"合法性文化"进行的社会区分，也不同于近年来欧美社会学家所发现的通过文化品味是否广泛进行的社会区分。

就模型 2 中控制变量的影响来看，较显著的有主观社会经济地位评价，认为本人的社会经济地位在本地属于中、中上或者上层的城镇居民更可能参与各类休闲消费，可见主观经济地位评价这种社会分层指标更体现的是城镇居民休闲消费参与的程度差异，而非消费的类型差异。此外，收入、年龄也起着重要的作用。收入越高的人更可能只参与现代休闲活动，更可能现代传统休闲消费都参与，但是在传统休闲模式上与收入较低的人的差异不显著。16～25 岁人群在现代休闲消费模式和"都参与"模式上最为活跃。相对于不参与这些休闲活动，他们只参与现代休闲活动的可能性是年龄在 56～60 岁人群的 5 倍，他们既参与传统的也参与现代的休闲活动的可能性也是 56～60 岁人群的 3 倍。16～25 岁和 26～35 岁人群的休闲消费模式同中产的休闲消费模式非常接近，同时年龄对于休闲方式的区分作用更显著。前文的分析同样强调了年龄和阶层在区分消费倾向中的重要作用，回归模型通过休闲消费模式印证了在较年轻人群和中产阶层群体中追求快乐的消费倾向更加显著。

表 9-8　城镇居民休闲消费的影响因素分析，2011 年　[Exp（B）：odds ratio] *

自变量	模型 1(对比组:不参与这些休闲活动)	模型 2:(对比组:不参与这些休闲活动)		
		只参与现代休闲活动	只参与传统休闲活动	现代传统都参与
中产阶层(参照组:非中产阶层)	1.617 ***	1.859 ***	0.604 **	1.579 **
	(0.279)	(0.340)	(0.133)	(0.293)
收入(对数)	1.435 ***	2.394 ***	0.901	1.813 ***
	(0.102)	(0.219)	(0.075)	(0.162)
居住北上广深一线城市(参照组:居住其他城市)	1.198	1.567 **	0.816	0.931
	(0.213)	(0.299)	(0.179)	(0.186)
年龄(参照组:56～60 岁)				
16～25 岁	2.457 ***	4.859 ***	0.756	3.084 ***
	(0.695)	(1.491)	(0.266)	(0.956)
26～35 岁	1.291	1.774 ***	0.796	1.522 *
	(0.244)	(0.383)	(0.177)	(0.328)
36～45 岁	0.971	0.967	0.986	1.022
	(0.162)	(0.193)	(0.187)	(0.201)

续表

自变量	模型1(对比组:不参与这些休闲活动)	模型2:(对比组:不参与这些休闲活动)		
		只参与现代休闲活动	只参与传统休闲活动	现代传统都参与
46～55岁	0.974	0.923	1.109	0.937
	(0.165)	(0.187)	(0.212)	(0.187)
主观社会经济地位评价中、中上或上(参照组:主观评价中下或下)	1.559***	1.513***	1.600***	1.527***
	(0.178)	(0.197)	(0.210)	(0.198)
Constant	0.132***	0.000***	3.753*	0.005***
	(0.086)	(0.000)	(2.833)	(0.004)
样本数	2,907	2,907	2,907	2,907

* 数据来源：CSS2011 括号中为标准误；*** p<0.01，** p<0.05，* p<0.1。

Chan and Goldthorpe（2007a，2007b）发表的几篇研究英格兰的音乐和视觉艺术消费的文章也是循着类似的思路。在研究音乐消费的文章中，Chan and Goldthorpe（2007a）使用英国国家统计局于2001年收集的调查数据"英格兰的艺术调查"，关注被访者过去12个月中是否听过古典音乐会、歌剧、爵士音乐会或者流行或摇滚音乐会，以及被访者在过去的4周里是否听过这四类音乐——前者是现场参与，后者是通过媒介参与。文章使用了潜在类别分析（latent class analysis）的方法，关注的是前文提到的有关品味的兼容性或说广泛性的学术讨论。研究对英国格兰居民的音乐消费大体上分离出三种类型：①"单一型"（univores）：主要对流行和摇滚音乐感兴趣；②"兼容型听众"（omnivore-listeners）：主要通过媒介欣赏多种类型的音乐；③"真正的兼容型"（true omnivores）：通过现场和媒介欣赏多种类型的音乐。分析也使用了多项回归分析，主要关注社会分层变量对音乐消费的影响。结果发现，地位（status）比阶级（class）的作用更重要，一个人的地位越高，更可能是"真正的兼容型"而不是"单一型"的音乐消费者或者"兼容型听众"。此外，收入的作用不显著，而受教育程度的作用很显著。

本研究通过类似的视角揭示了社会分层变量在中国社会对于休闲消费的作用。在休闲消费的广泛参与以及现代休闲活动的参与行为中，由职业、收入和受教育程度定义的阶层变量的作用显著，主观社会经济地位评价也是显著的，而控制了阶层、主观地位评价及人口特征之后，收入的作用也显著。但是由于数据的限制，"现代"与"传统"的休闲方式的区分并不是特别严格。比如，如果是去健身房，运动健身可以算做"现代"的休闲方式，但如果是去公园晨练，又好像并非"现代"的生活方式——不是将运动健身作为一种专门的休闲消费；"读书看报"也有着类似的模糊理解。所以，模型所反映的休闲消费的参与模式在阶层和收入上的差别并没有想象中那么大，可能同此有关。

不过，如果大体上认同数据中的休闲活动可以划分为现代与传统两种类型，套用西方学术理论中的话语，可以总结，我国中产和收入较高的群体更可能为"兼容型"（既参与现代也参与传统的休闲活动）或者"现代兼容型"（只广泛参与现代休闲活动）的消费者，而不太可能为"不活跃"（不参与这些休闲活动）或者"单一型"（只参与传统休闲活动）的消费者。本研究同 Chan and Goldthorpe（2007a）有关收入作用的不同发现可能由于数据中的一些休闲消费之间的支出差异较大，但也可能暗示收入在当代中国社会的休闲文化消费中的作用非常重要，如果收入不高，即使中产阶层也可能无法广泛参与一些现代的休闲活动，如外出旅游、听音乐会、去酒吧/卡拉OK 等。

由本节的分析可见，中产阶层有着广泛的参与现代休闲活动和享受生活的欲望，因此促进中产阶层的文化休闲消费能够有效地拉动服务消费，中产阶层作为主流价值观的代言人也能够影响全社会的审美品味的提高。

第四节　消费的社会分层作用

关于消费社会的一个主要观点就是，消费——购买和使用物质产品或服务——进行社会区分的作用变得强大起来，某些情况下可能比职业和收入的社会区分作用更显著。这种理论最早出现在凡勃伦的《有闲阶级论》[Veblen, 2001（1899）]中，当时资本家阶层蓬勃兴起，快速的、偶然的社会互动逐渐增加，过去那种依靠身世和头衔来判断一个人的社会阶层的模式显然变得低效甚至不可能了，因此人们努力在初次或者偶然的见面中通过自己所使用的物质产品和服务（如着装、汽车、住房等）来给对方留下深刻印象，实现这一目的最有效的途径就是奢侈和炫耀性的消费。这一社会分层的机制在当代社会仍然非常重要，但人们越来越有意识避免这种势力、虚荣的互动方式，赤裸裸的炫耀性消费也逐渐被受过教育以及社会地位较高的人群所抛弃。布尔迪厄认为，由经济资本和文化资本共同决定的"惯习"是社会区分的主要机制，也就是说一个人的着装选择、谈吐举止、生活习惯乃至见识和思想都起着社会区分的作用，整个社会被区分为"合法性的、占统治地位的文化/惯习/品味"和"大众的、占被统治地位的文化/惯习/品味"。因此，在当代社会，消费的社会分层作用更隐蔽、更丰富。

但是受到后现代思潮的影响，人们逐渐认同品味是个体的、自我的东西，好像跟职业、收入、家庭背景的关系不大；"合法性品味"和"大众品味"在当代发达资本主义国家中并不是社会区分的主要机制，如上文所提到的"兼容性品味"的理论。在纷繁复杂、争锋对立的学术争论中，瓦德（Warde，2008）致力于建构品味在当代社会如何进行社会区分的机制或说理论。他延续并发展了布尔迪厄的思路，但是并没有纠结于"合法性文化"是否仍为社会分层的依据，而是强调一个人在自己品味的基础上对他人品味所做出的判断可能是社会区分的主要机制，这种品味的判断同一个人所拥有的经济资本、文化资本有关，更是和同二者紧密联系的权力纠缠在一起。第十二章将通过访谈数据对此做出论述。

现实生活中一个极端的例子是，我们看到一些名人或有钱人很喜欢西装配球鞋，或者在一个正式场合穿汗衫、盘腿坐在椅子上，在传统意义上这都是"不入流"的文化，但是由于他/她们的社会地位和权力、影响力，人们不得不容忍这种文化，有时甚至不得不赞同这种品味，久而久之，这种文化品味有可能成为布尔迪厄笔下的"合法性文化"——比如，苹果电脑创始人乔布斯和Facebook创始人扎克伯格经常在正式场合穿T恤和牛仔裤，现在已经被人们普遍接受并成为这两位名人的特殊风格，甚至在一定范围内被效仿。瓦德所发展的理论恰恰是布尔迪厄所忽略的，即品味的流动性：在权力的魔咒下，任何"大众的""流行的"品味都有可能上升为"合法性"品味，"合法性文化"和"大众文化"只是相对的而不是绝对的。

近些年，线上和线下都涌现出很多俱乐部、社团等，参与者在某一方面拥有类似的兴趣和品味，这是品味进行社会区分的最明显的形式；某些情况下，参与者也需要一定的经济资本和社会资本，这样的品味和消费所起到的社会分层作用就更加接近职业和收入主导的社会分层机制，对划分人们的社会经济地位的影响更大。

而且日常生活和大众媒体常常用品味或生活方式描述和定义社会阶层，使得阶层的概念更直观易懂。比如 2013 年 3 月 7 日《时代》（*Times*）副刊这样描述中国的中产阶层①：

> 她，爱 GUCCI 包，去乐购买有机食品，厨房用的宜家，从香港偷带奶粉，用手机 APP 关注北京空气质量，喜欢看 BBC 的福尔摩斯系列片；
>
> 他，开现代途胜 SUV，希望有辆宝马 SUV，抽红塔山香烟，有一部佳能 60D 和 iPad2，想在国外置业，着迷于研究英国私立学校。

这样的描述同第四章大众媒体对于中产阶层品味的解读非常类似，使用的元素包括典型的品牌、购物地点以及日常消费和文化中的品味等。但是，大众媒体这样简单地通过品味定义中产阶层常塑造一种刻板印象，而且传递了鲍德里亚"被动的消费者"的暗示，因此常引起大众对于中产阶层的误读。

上述理论的梳理告诉我们消费何以能够进行社会区分以及区分机制的演变。虽然本研究之前的分析发现，在当代中国社会，收入、职业和受教育程度在区分人们的生活机会和生活水平的时候依然起着重要的作用，但是上述理论提醒研究者不能再拘泥于传统的社会分层理论，而需要探索消费的社会分层作用甚至创新社会分层的方法论。

基于这样的理论关注，本节通过实证分析，将研究在当代中国社会，消费是否具有区分社会经济地位的作用以及什么样的物质产品或服务具有这样的功能。由于数据的局限，本研究不可能系统地分析，只能初步尝试从消费和品味的角度理解社会分层。之前的分析已经让我们看到很多物质产品和服务的阶层差异非常显著，本节将进一步分析这些消费品或服务在职业和收入方面的分层功能。

由于家庭支出大小可能不光同社会经济因素相关，也同物价、生命周期等因素有关，所以家庭支出不是一个合适的衡量消费的社会分层作用的维度。本研究从两个方面来考察消费的社会分层作用，一是从主要体现经济资

---

① http：//weibo.com/1834620064/zm3RJ6PD4？type＝repost［检索日期：2013 年 3 月］。

本的消费水平，主要指私家车拥有、住房拥有；二是从既体现经济资本也体现一定程度文化资本的品味（消费偏好），根据数据主要包括买衣服地点、外出吃饭地点和休闲方式。

本研究将职业大体分为三层，职业上层为管理精英（国家机关、党群组织、企事业单位负责人）和专业精英（各类专业技术人员），职业中层为从事半体力和脑力劳动的白领（办事人员、商业和服务业工作人员以及警察和军人），职业下层为体力劳动者（农林牧渔水利业生产人员和生产、运输工人）。家庭人均年收入被划分为四层，根据 CSS2011 数据，25% 的收入上层为 24000 元及以上，25% 的收入中上层为 13600 元及以上、24000 元以下，25% 的收入中下层为 7680 元及以上、13600 元以下，25% 的收入下层为 7680 元以下。前文提到，CSS2008 的年收入数据可能被低估，仿效平均收入线的做法，这里也将家庭人均收入乘以 1.5 的系数，从而得到收入上层为 20000 元及以上，收入中上层为 11250 元及以上、20000 元以下，收入中下层为 6000 元及以上、11250 元以下，收入下层为 6000 元以下。

一　消费水平的社会分层作用

从职业和收入的分层来看，私家车的拥有具有一定社会分层的作用。如表 9 - 9 所示，39% 的职业上层家庭拥有私家车，20% 的职业中层家庭拥有私家车，而只有 14% 的体力劳动者家庭拥有私家车。另外，表 9 - 10 显示，也有 43% 的收入上层家庭拥有私家车，分别有 20% 和 11% 的收入中上和中下层家庭拥有私家车，而只有 7% 的收入下层家庭拥有私家车。这说明，私家车的拥有受到社会经济地位的显著影响；从方法论上来讲，私家车拥有也可以作为有效的社会分层指标。

表 9 - 9　不同职业阶层的私家车拥有情况 *

	职业精英	白领	体力劳动者
拥有私家车(%)	39	20	14
不拥有私家车(%)	61	80	86
总体(%)	100	100	100
样本数	485	1027	1444

* 数据来源：CSS2011；有效样本：2956。

表 9 – 10 不同收入阶层的私家车拥有情况 *

	收入上层	收入中上层	收入中下层	收入下层
拥有私家车(%)	43	20	11	7
不拥有私家车(%)	57	80	89	93
总体(%)	100	100	100	100
样本数	763	716	738	739

＊收入上层为 24000 元及以上，25% 的收入中上层为 13600 元及以上、24000 元以下，25% 的收入中下层为 7680 元及以上、13600 元以下，25% 的收入下层为 7680 元以下；数据来源：CSS2011；有效样本：2956。

卡内基国际和平基金会的两位经济学家 Shimelse Ali 和 Uri Dadush 的研究中特别提到了这一点①。他们认为流通中的私家车数量可以作为测定一个国家中产阶层数量的可靠指标，并将 2010 年中国的私家车车主数量同收入标准②测定的中产阶层数量相比较，发现二者非常接近。该研究同样强调了私家车拥有在社会分层中所起的重要作用。

住房拥有并不是有效的社会分层指标。因为超过 80% 的家庭以各种形式拥有住房，所以家庭是否拥有住房本身不具有社会分层作用。因此本研究重点关注的是本人或配偶（共同）拥有产权。然而，分析发现，体力劳动者本人或配偶（共同）拥有产权的比例甚至高于白领并接近精英的该比例，本人或配偶（共同）拥有产权的比例在各收入层中的区别度也不高。这与通常认为的有房产的人较富裕、社会地位较高并不一致，可能因为不同住房产权、不同居住地点以及年龄的影响较大，因此从城镇整体来看，本人或配偶（共同）拥有住房并不一定指向较高的社会经济地位。

李春玲（2007）使用 2001 年的全国调查数据也分析了消费的社会分层作用。她根据 14 种家庭耐用品的拥有量计算出了耐用品指数，从而区分出消费的上层、中上层、中层、中下层和下层。从十大职业阶层在消费分层中的比例分布看，优势地位阶层的成员更可能进入消费的中、上层，而地位较

---

① 中文翻译稿请见思想库，http：//think. sifl. org/？ p＝3864 ［检索日期：2012 年 12 月］。

② 将经购买力平价调整后的日收入介于 10 至 50 美元的人定位中产阶层，此方法由 Branko Milanovic 和 Shlomo Yitzhaki 于 2002 年提出。该方法所使用的收入标准与本研究的收入标准基本一致，但是由于 Shimelse Ali 和 Uri Dadush 统计的是全国城乡的私家车车主数量，而本研究针对的是城市中产，所以具体结果无法与本研究相比较。

低的社会阶层成员更可能落入消费的下层。但是由于耐用品拥有主要体现的是经济资本，并且在 21 世纪初中产阶层发育较不成熟的时候，公务员、专业技术人员和经理人员的收入还相对较低，因此私营企业主进入消费上层的比例最高，高于经理人员、国家与社会管理者、专业技术人员和办事人员。该文通过实证分析证实了耐用品拥有具有一定社会分层的作用，但主要区分的是经济资本的规模。接下来，本研究将讨论品味如何在经济资本和文化资本两个方面起到社会分层作用。

二　品味的社会分层作用

本节将从买衣服地点、外出吃饭地点以及休闲活动的参与来考察品味的社会分层作用。总体来说，购衣场所具有一定的阶层区分作用。如表 9 – 11 所示，职业精英通常为高档购衣模式（占 54%），而白领和体力劳动者通常为中低档购衣模式（分别占白领的 68% 和 79%）。在各种档次的购衣模式中，职业分层作用较显著的为高档和低档购衣模式，专业和管理精英通常更可能去品牌专卖店或大商场购物，而不太可能去街边摊、批发市场或集市购物。相比之下，中档购物模式的社会区分作用较弱，各职业阶层都有超过 1/3 的人选择该模式，可见一部分职业精英和白领在服装消费上不光注重品牌，也注重实惠，性价比很重要。由于购衣场所同收入的相关性很高，所以购衣模式对于收入阶层的区分作用更显著。如表 9 – 12 所示，更高比例（59%）的收入上层为高档购衣模式，而不太可能为低档购衣模式（概率为 9%）。而收入中下层和下层高达 90% 左右的人为中低档购衣模式。

表 9 – 11　不同职业阶层的购买衣服地点 *

	职业精英	白领	体力劳动者
高档购衣模式(%)	54	32	21
中档购衣模式(%)	37	45	50
低档购衣模式(%)	10	23	29
总体(%)	100	100	100
样本数	355	979	1649

　　*"高档购衣模式"指至少选一个高档地点（品牌服装专卖店或大商场）；"中档购衣模式"指至少选一个中档地点（普通服装商店或超市）但未选任何高档地点；"低档购衣模式"至少选一个低档地点（街边摊点、批发市场（小商品市场）或乡村集市）但未选任何中高档地点；数据来源：CSS2008；有效样本：2983。

表 9 – 12　不同收入阶层的购买衣服地点*

	收入上层	收入中上层	收入中下层	收入下层
高档购衣模式(%)	59	32	14	6
中档购衣模式(%)	32	48	55	51
低档购衣模式(%)	9	20	31	43
总体(%)	100	100	100	100
样本数	771	772	796	644

　　*收入上层为20000元及以上，收入中上层为11250元及以上、20000元以下，收入中下层为6000元及以上、11250元以下，收入下层为6000元以下；数据来源：CSS2008；有效样本：2983。

　　表 9 – 13 和表 9 – 14 描述了外出吃饭消费的社会分层作用。外出用餐的地点以及是否经常外出吃饭都具有一定的职业分层作用。有意思的是，如果一个人通常去低档地点吃饭——小吃店、大排档、小饭馆或快餐店，很难据此推测出他/她的职业阶层，因为职业精英、白领和体力劳动者都有30%左右的可能性去这些场所用餐。外出吃饭地点的收入分层作用也呈现类似的趋势。收入上层和中上层更可能为中高档外出吃饭模式，而收入下层更可能很少外出吃饭。低档外出吃饭模式的分层作用也不明显，只是收入上层的可能性略低。低档外出吃饭模式的社会分层作用不显著跟上文提到的饮食偏好、时间等都有关系，精英和白领可能因为工作忙更倾向于去快餐店吃饭。相比之下，中高档外出吃饭模式和是否经常外出吃饭在区分是否精英或者富裕群体上有较明显的作用，分别有

表 9 – 13　不同职业阶层的外出吃饭地点*

	职业精英	白领	体力劳动者
中高档外出吃饭模式(%)	48	27	16
低档外出吃饭模式(%)	30	32	32
很少外出吃饭(%)	23	41	52
总体(%)	100	100	100
样本数	357	990	1696

　　*"中高档外出吃饭模式"指至少选一个中高档地点（中高档饭店或大众餐馆），"低档外出吃饭模式"指至少选一个低档地点（小吃店、大排档、小饭馆或快餐店）但未选任何高档地点；数据来源：CSS2008；有效样本：3043。

表 9 – 14　不同收入阶层的外出吃饭地点 *

	收入上层	收入中上层	收入中下层	收入下层
中高档外出吃饭模式(%)	49	27	11	5
低档外出吃饭模式(%)	28	34	35	28
很少外出吃饭(%)	23	39	53	67
总体(%)	100	100	100	100
样本数	777	783	807	676

　*收入上层为 20000 元及以上，收入中上层为 11250 元及以上、20000 元以下，收入中下层为 6000 元及以上、11250 元以下，收入下层为 6000 元以下；数据来源：CSS2008；有效样本：3043。

48% 的职业精英和 49% 的收入上层通常去中高档餐馆用餐，而有 52% 的体力劳动者、53% 的收入中下层和 67% 的收入下层很少外出吃饭。但是这两种消费偏好在普通白领和体力劳动者、收入中下层和下层群体之间的分层作用不太显著，可能暗示部分中等收入群体出于实惠以及食品安全的考虑，也更倾向于在家做饭。

　　由前文的分析得知，休闲消费具有显著的社会分层作用，区别主要体现在对于现代休闲活动的参与模式、现代和传统休闲活动都参与的模式同"不参与模式"和"只参与传统休闲活动的模式"之间。图 9 – 10 告诉我们，前者这种现代的或者广泛的休闲模式更可能为中产、平均收入或以上、大专及以上学历，而后者这种低廉的、单一的休闲模式更可能为非中产、平均收入以下、高中及以下学历，但是"不参与模式"在城镇居民中的比例很低。因此，从休闲消费是否彰显现代的生活方式上能够一定程度判断一个人所处的社会地位和阶层。

　　以上实证分析我们可以看出，相对来讲具有显著的社会分层作用的消费主要为私家车的拥有、购买衣服场所、中高档外出用餐模式和是否经常外出吃饭以及现代休闲消费的参与程度。这些消费领域/行为所区分的社会经济群体同经典的由生产因素所区分的阶层可能会有区别，比如年龄、收入、受教育程度的分布以及每个阶层的比例分布；但是由这些消费领域/行为，研究者可以较为有效地推测消费者的社会经济地位的相对差异，而且对于消费社会学研究者来说，这些变量本身既可以当作自变量也可以当作因变量，因此可以辅助社会分层的研究或者提供一种理解社会分层的有效视角。

第五节　本章结论

　　本章通过日常消费偏好、消费倾向和休闲消费对于中产阶层的消费模式做出了进一步的定量分析，追求快乐和舒适的消费倾向从更多的维度得到了阐释，也在城镇居民的范围得到了理解。虽然这种新的消费倾向有所发展，但是节俭 – 适度的消费模式在城镇居民中仍然占主导地位，35 岁及以下的年轻一代和职业中产更频繁地参与追求乐趣和舒适的消费行为。日常生活中，中产阶层更倾向通过现代化的、可靠的途径来获取信息，更愿意使用地铁/轻轨、私家车和出租车这些较为个体化和便捷的交通工具，更多去品牌专卖店、大商场或者普通商店购买衣服（部分富裕人群只去专卖店或者大商场购衣）；外出吃饭的阶层差异则有些复杂，中产阶层更经常外出吃饭、更高比例去中高档餐馆吃饭，但也有相当比例去大排档、快餐店吃饭，应该同价格、消费偏好、时间和消费观念有关。总体上，城镇居民对于各类休闲消费的参与度较高，中产阶层广泛参与的仍然是有一定知识含量、需要一定经济资本的现代休闲方式，而不太可能为"不活跃"（不参与这些休闲活动）或者"单一型"（只参与传统休闲活动）的消费者。

　　在当代中国社会，消费水平和品味也起着一定的社会分层作用，尤其体现在私家车的拥有、购买衣服场所、中高档外出用餐模式和是否经常外出吃饭以及现代休闲消费的参与程度，这对于理解和测量我国的社会分层状况有一定启示意义。

第十章
消费和社会习俗

本章将联系社会习俗和社会文本讨论中产阶层的消费模式。根据访谈数据，家庭责任和赠送礼物的习俗以及社会互动对于物质产品和服务的购买与使用具有显著的影响。另外，代际差异不仅反映了社会变迁，也解释了消费行为如何被不同的社会文本塑造，因此也就进一步说明了定量数据显示的消费参与上的年龄差异更多是受到成长时代背景制约的代际差异，而非单纯的年轻人和中老年人的差异。本章旨在展现追求个人乐趣和舒适的倾向如何被传统价值观调节，这对于理解中产阶层的消费模式非常重要。

第一节　履行家庭责任的消费

一　子女的培养

除了满足个人的物质欲望之外，购买、使用物质产品也能够用来履行家庭责任。访谈发现，培养子女和孝敬父母是被访者两个最重要的家庭责任。在住房和汽车之外，培养子女是中产阶层家庭开支的又一个重要组成部分。就为子女奉献的程度来说，中产阶层被访者同其父母之间没有太大区别；二者的区别在于购买力、动机以及投资的重点。

根据访谈数据，为子女的支出主要集中于教育、医疗保健、保险、娱乐和结婚。被访者不仅尽力为子女提供优越的物质生活，还关心他们未来的生活。较年轻的被访者——尤其收入较高的——通常为子女的花费更高。欧女士（38 岁，上市企业公关总监）在访谈的时候正在怀孕，却已经为孩子买好了进口奶粉、高级进口浴盆（每个 300 元）以及日本制造的指甲刀（每个 80 元）。虽然她表示不想宠坏儿子，但是只要买得起就无法控制自己不为他买东西，"……但是你还是想要为他买最好的"。

被访者大都密切关注子女的教育。他们从孩子非常小的时候就开始投资教育，也为他们的未来教育做好了打算——通常包括出国留学，并且也储蓄了一部分的"教育基金"。唐先生（36 岁，上市企业下属公司首席商业计划官）每年要花 3 万元在孩子的幼儿园学费上，但是他觉得价格很合理，因为他同事孩子的幼儿园学费高达每月 5000 元。另外，送子女出国留学的计划也在被访者中很普遍，反映了中产阶层父母较高的经济水平。

追求乐趣和舒适的消费倾向也在培养子女的兴趣爱好和能力上体现了出来。麦先生就是个典型的例子。他 40 岁刚出头，是一家外企的研究设计经理，月薪 4 万元，太太在通用汽车工作，所以他们的家庭算是比较优裕的。他有两个儿子，一个 6 岁，一个 8 岁。麦先生喜欢在"玩"的领域为儿子投资，因为"现在是他们 set up 的时候（停顿），要增加些社交技巧，这些（课程）对身体也有好处"。麦先生送儿子读的是私立学校，还为他们报名了跆拳道、钢琴、网球、滑雪、骑马和游泳的课程。每年一个儿子的学费是 1 万元，再加上这些课程的费用，麦先生估计了一下每年两个孩子要花 5 万元左右。但是麦先生觉得并不是负担，"跟收入相比不算什么，虽然比读公立学校要贵"。麦先生培养孩子的方式同他在加拿大的留学经验有关：他所见到的很多中国学生都过着枯燥的生活，每天穿梭于学校和家之间；而西方国家的学生则懂得如何享受生活，比如玩各种运动和游戏。这就是为什么麦先生特别注重培养孩子的社交技巧和广泛的兴趣，希望他们将来出国读书的时候可以享受生活。在麦先生为子女消费的行为中，追求乐趣的倾向十分明显，并且在他看来追求乐趣是具有合法性的，因为开心的生活和工作的成就同等重要。

在为子女消费的问题上也存在代际差异，显著体现在投资的重点。50 岁及以上的被访者大体上比较保守，强调为子女的物质投资，从对子女的学习、生活甚至结婚买房的不遗余力的支持上可以看出。相反，年轻父母或者即将为人父母的被访者强调对子女的"精神"投资。郎女士是一位 27 岁的五星级酒店的销售经理，认为像自己的父母那样为了支持孩子而牺牲自己的物质欲望是不合适的，无论是对于父母还是对于孩子来讲。反之，她会与孩子建立较为平等的关系，给予更多的鼓励和指导。

　　"我的父母是这样的，节衣缩食让你过得更好、供你读书……我觉
得这是不正常的：你将自己的牺牲强加于别人身上。对于我的孩子，我
觉得他们可以选择他们的生活，*go ahead*，告诉他/她 *which is better*，
which is wrong，*but I'll never tell him what to do*，*that's stupid*。"（郎女士，
27 岁，移民，五星级酒店销售经理，私人控股企业）

　　这种对于精神投资的强调其实体现了一种消费者的主权（consumer
sovereignty）：不依赖物质，太优越的物质生活可能宠坏孩子。这种"主权
意识"在年轻父母中相当普遍。比如朱先生（33 岁，中型国有企业总经理）
提到"不能给孩子太多的东西"，也有被访者担心过于商业化的玩具和游戏
对于孩子的童年会有负面影响，下一节将详述。无论如何，这种在培养子女
上的代际差异应当是社会变迁的一种反映，将会在下文详细解释。

　　基于以上分析，本研究丰富和更新了现有文献中有关中产阶层父母的研
究。如上文和第六章关于诸多消费领域的分析揭示，被访者在为培养子女大
量支出的同时也强调自身的生活质量，因此证实并深化了戴维斯和森森布莱
纳（Davis and Sensenbrenner, 2000）的研究发现——当代中国父母既宠爱
子女也宠爱自己。而且，本研究还探讨了这种消费模式内在的辩护理由。被
访者（尤其是年轻父母）普遍接受一种观念，即为子女的物质投资并不优
先于自我需要的满足，对子女的精神指导和照顾比物质投资更为重要。这种
辩护理由暗含着追求个人的舒适和乐趣与为子女的物质投资同等重要的观
念，并且年轻父母在与子女的互动中也鼓励子女接受这种追求个人舒适和乐
趣的观念。这套辩护理由及其暗含着的消费倾向对于理解中产阶层的消费模
式十分重要，第十一章将更为系统地阐述。

二　为父母及其他家庭成员履行的义务

　　宪法规定，成年子女有义务赡养父母，并且在《中华人民共和国老年
人权益保障法》中有详细规定。但是，孝敬父母，作为中国文化中的传统
美德，对大多数人来说并不是靠法律来规训的，而是靠道德或者亲情来维
系。这是为什么在谈论对父母的责任的时候没有被访者提到过法律，而是义
务感非常明显。被访者大都认为照顾父母，包括物质上和精神上，都是他们
的义务。在这种文本下，购买和使用物质产品可以被理解为履行家庭义务的

行为的联结（nexus）。

根据访谈，如果父母既没有收入来源也没有退休金或者其他社会福利，为父母的支出就更加是必需的了。来自东北农村的宋先生就是个典型的例子。他的父母没有退休金和社会保险，于是他把父母接到了北京同住。作为家中的顶梁柱（太太没有工作），他负担整个家庭的支出，还为了父母的健康，在秦皇岛海边给父母买了房子。

即使父母有自己的收入，被访者也出于经济和感情的原因对父母给予财力支持，但是考虑到父母一代非常节省，儿女给的生活费都会存起来，因此被访者大都倾向于为父母购买各种物质产品和服务，包括耐用品、食品、衣物以及送他们去度假，使得父母的生活更加舒适和愉快。朱先生（33 岁，中型国企总经理）的父母习惯于压抑自己的物质欲望，于是朱先生就努力分辨哪些物质产品是父母需要而舍不得买的，比如一个新的电脑。另外，25岁至 35 岁之间的年轻被访者，比如朱先生、方女士和冯先生，尤其喜欢为父母购买那些带来乐趣的物质产品和服务，比如数码产品以及送他们去度假。冯先生为父母买过很多数码产品，包括一个液晶显示屏以及一套 Wii 游戏机，他相信这些物质产品可以为父母的生活带来乐趣。他也建议父母度假旅游，并负担了所有的费用。另外，一些被访者也已经为父母或者打算为父母买房，但是只有少数富裕的被访者能够负担这种经济上的支持。

也有几位被访者直接送钱给父母用作履行家庭责任的方式。如果父母有自己的收入的话，送钱给父母尤其被当作是表示感谢的一种仪式。朱先生通常在春节给父母 5000 元钱，"父母是在精神上需要这笔钱，不是物质上的"。

在这些履行家庭义务的行为中也有性别的差异。同女性被访者相比，男性被访者照顾父母的义务感更明显，尤其是那些父母家庭不是很富裕的男性被访者，因为传统价值观认为儿子是家庭的顶梁柱。在这种背景下，宋先生和唐先生在大学期间以及刚开始工作的阶段曾感到焦虑，因为有限的收入不能够照顾父母和兄弟姐妹。随着收入的增长，两位都尽自己的最大努力来履行家庭义务。唐先生这样解释：

"……像我们这样的年纪，（父母）家庭并没有很强的背景，还有兄弟姐妹，你只能依靠自己建立事业，也必须尽一些家庭义务。不是有

人要求你这样，而是你无意识地就这样做了。"（唐先生，36 岁，移民，上市企业下属公司首席商业计划官，媒体行业）

　　性别差异之外，为父母履行义务的行为也存在代际差异。30 岁以上的被访者通常比较有规律地送给父母钱或者物质产品。这一群体中，年纪较大的被访者往往每个月都给父母钱或者物质产品，较年轻的被访者通常过节或者父母生日的时候送礼物。相反，20～30 岁的被访者送钱或者物质产品给父母比较随机。薛女士（26 岁，律师）的收入在被访者中属于较低的，只在有结余的时候才给父母钱。虽然潘先生（27 岁，主要跨国 IT 企业项目主管）的收入高得多，他也不是每个月都给父母钱，部分的原因是父母有自己的收入，同时潘先生还要为买房子存钱。

　　这种代际差异的表面原因是 30 岁及以下的人群大都为独生子女，比上几代人在家中的"特权"更多一些。然而更为深层次的原因是由于改革开放以及之后经济的繁荣，这一代人的父母通常都有自己的收入，也享受较好的社会福利，因此他们能够在经济上独立。事实上，当这一代人有了独立的收入之后，父母只要有能力依然会在经济上支持他们，可以通过一些年轻的被访者受到父母资助结婚和买房推断出来，第八章集中显示了父母资助"80 后"中产买房的程度和差异以及对于他们能否拥有住房的重要影响。代际差异的另一个原因是"80 后"一代比前几代人高得多的生活成本。从第六章的分析可以看出，出生于 70 年代晚期以及"80 后"的被访者的住房获得成本要高出很多，不管收入高低，他们的可支配收入都在某种程度上受到了限制。因此，如果父母有自己的收入，这群年轻被访者通常会先负担自己的各种花费，比如住房或者抚养孩子，而不是有规律地在经济上支援父母。

　　在对父母的义务上，移民和本地人之间没有明显的差异。一些移民被访者也将父母接来同住，另外一些也来自较为富裕的家庭。因此，送给父母物质产品或钱的频率以及花费的金额在移民和本地人群体中没有明显的差异。相反，由上所述，代际和性别在家庭义务中的差异更显著。因此，一个暗含其中的结论就是，中产阶层大都竭尽全力地履行对父母的义务，以至于尽义务的方式和程度可以超越空间距离带来的困难。

　　因此，为父母的消费在北京中产阶层的日常消费中占有重要的地位。如被访者所强调，子女在有独立收入之后照顾父母既是义务也是美德。几位被访者甚至提到，家庭义务的履行带来一种成就感。虽然年龄在 30 岁以下，郎女士却每个月都送钱给父母，她认为这是种责任和"骄傲"。对于唐先生来讲，成就感较少地来自个人物质欲望的满足，更多地来自照顾好父母。这也是为什么以前没有能力照顾父母的时候他曾感到焦虑。

> "对我来说（有钱之后）最大的好处就是消除顾虑。……我不关心他们（父母）是不是有保险什么的……我不需要关注这些事情。即使没有（保险），我也能够应对。"（唐先生，36 岁，移民，上市企业下属公司首席商业计划官，媒体行业）

根据瓦德和马顿斯（Warde and Martens，2000），由履行家庭责任得到的成就感和乐趣属于"功能的乐趣"——同"自我的成功呈现"有关，也属于"社会的乐趣"，强调互助关系和分享。有关满足感的类型将会在第十一章进一步说明。

除了对父母之外，一些被访者也提到了兄弟姐妹作为家庭责任的目标，但是这种责任的形式大多仅限于经济支援。齐女士、宋先生、庞先生、唐先生和郑女士都以这种形式帮助兄弟姐妹，并且从来不要求偿还。但是，同履行照顾父母的责任的强烈义务感比起来，支援兄弟姐妹的义务感并不那么强烈，有时候还会产生一些矛盾情绪。郑女士是在兄弟姐妹中事业比较成功的，以各种方式资助过哥哥和姐姐，但是这种帮助在她的父母看来仍然不够。这种反馈让郑女士十分沮丧，感觉为别人牺牲自己有点不公平。

> "在我们家有一种'不健康'的氛围——我弟弟和我经济上比较好，所以我们应该帮助其他的兄弟姐妹。我们也是靠自己奋斗的，既然你也是很健康的，为什么总是让别人帮你而不是你来帮别人？"（郑女士，40 岁，移民，国有研究机构学者、作家）

相比之下，对亲戚的家庭责任则更为脆弱。庞先生（40 岁，艺术家、私营企业主）对父母的照顾十分周到，甚至在北京为父母买了房子，但是他很少资助亲戚，因为"没有义务"。常先生（57 岁，省级事业单位公务员）持同样的看法。由于父母早逝，常先生一直将姑姑视为家人，他经常给姑姑钱、买各种物质产品，但是不太愿意给姑姑的子女以经济支援。这种家庭责任的模式，义务感从对父母到对扩大家庭逐渐变弱，可以很好地用费孝通（Fei，1992）的"差序格局"理论来解释。根据本研究的访谈，在被访者的同心社会网络中，子女和父母通常处于最靠近圆心（自我）的位置。这种社会关系的模式在中国人中较为普遍。因此可以解释为什么被访者大都对子女和父母在物质上和感情上的投入更多。

同西方社会的中产阶层比起来，中国的中产阶层较少地关心慈善和捐款。被访者中只有齐女士（29 岁，中央国家机关公务员）提到她资助三名贫困农村的孩子，每年的资助额为 1000 元，对她来说"不算什么"。差序格局的模型也可以帮助理解对慈善的较为淡漠，因为这个以"己"为中心的网络体现的是强调推己及人的"自我主义"，而非西方社会中权利和义务明晰的"个人主义"（费孝通，1998：28－29）。访谈显示，被访者的社会网络中血缘关系大都比陌生人的位置更靠近圆心，因此，北京的中产阶层大都愿意优先帮助跟他们有关系的人群而非捐款给陌生人。

因此，数据揭示了大体上被访者热衷于家庭责任，在对于子女和父母的付出上义务感尤其明显。被访者在为子女提供优越生活的欲望上没有太大区别，除了富裕的被访者可以负担更为昂贵的物质产品和服务。这个发现同戴维斯和森森布莱纳（Davis and Sensebrenner，2000）以及王建平（2007）的研究发现一致——各个阶层的父母都尽可能地满足子女的各种需要。本研究进一步深化了为子女消费的行为的理解，发现当代中国较为年轻的中产阶层父母往往强调精神指导和爱护，而不是过剩的物质产品。一个与现有文献不同的发现是为子女投资的动机。例如在 Fan（2000）的研究中指出，为子女购买物质产品是为了显示家庭的社会地位。但是，本研究的实证证据显示，为子女的付出更多地是为了子女的生活福祉以及作为彰显爱的一种仪式。

本节联系家庭责任来考察消费文化，这一角度较少地在现有研究中使用。被访者大都通过付出金钱或物质产品或者二者兼具从物质上和精神上来照顾父母。性别和年龄在为父母尽义务的行为上差异显著。但是，家庭责任中的义务感和责任感一般逐渐从父母到兄弟姐妹再到其他亲戚逐渐减弱。对家庭责任的讨论可以得到有关消费倾向的一些启示。追求乐趣和舒适的倾向较为明显的年轻人也想要与家人分享乐趣和舒适，并鼓励自己的子女（一定程度上也鼓励父母）追求乐趣和舒适。因此，这种消费倾向在当代中国体现出了一些独有的特征，其实践方式也不同于起源于西方的强调个人主义的"消费主义"倾向。该观点并不认为西方消费者对子女和父母的福利较冷漠；重点是，不能简单认为中国新出现的追求乐趣和舒适的消费倾向由西方引进或者受到西方文化的浸染，这种消费倾向有着复杂的内在机制。

从以上研究发现可看出，中国社会中对于成年家庭成员（adult kin）的责任履行与英国社会中的家庭责任履行非常不同。最显著的区别在于内在的规则。Finch and Mason（1993）利用实证材料得出结论，英国人通常随着时间来"培养责任"（developing commitments），在这个过程中可能是部分清晰地认识到，但是通常并非有意识地规划。父母—子女关系——尤其是从子女到父母的代际关系——通常符合这个"培养责任"的框架，而不是通过确定义务的规则（Finch and Mason，1993：168）。并且，对于父母的亲情责任同对于兄弟姐妹和其他亲戚的责任没有太大的区别。然而在中国社会，对于父母的责任同对于兄弟姐妹和亲戚的责任的操作规则有明显的区别。对于父母的责任遵循的是义务的规则，部分是因为法律规定。但是，被访者的义务感比由法律规定的义务的规则更加显著，因此这种责任的表现形式也是无意识地规划的。反之，对于兄弟姐妹和亲戚的责任则遵循类似这种"培养的责任"的规则，即随着时间培养一种互惠互助的关系。中国和英国社会中对于成年家庭成员责任的性质和机制不同，可能的原因是不同的历史发展轨迹和社会文本。在以前收入来源有限、社会保障体系没有完善的中国社会，父母在晚年主要由子女赡养，尤其是被儿子赡养，这也是为什么中国有"养儿防老"的传统观念。另外，中国社会的关系遵循一种"差序格局"的模式（Fei，1992），因此中国人普遍认为对父母和核心家庭的责任比对其他社会关系的责任更加重要，并在日常生活中也如此实践。相反，英国更早并且很久以前就发展到了工业社会和市场经济时代，收入来源比较丰富，社会保障体系也比较完善，所以父母不是那么依赖子女，法律制度和道德习俗对于子女赡养和孝敬父母也没有严格的规定。

第二节　消费模式的代际差异

新中国成立后，中国社会60多年中尤其改革开放以来巨大的经济和社会变迁带来了消费模式上的代际差异。本章节将比较被访者和父母之间以及被访者和子女之间的消费行为，来进一步考察消费模式在代际上的差异，由此看出消费行为如何被社会文本所塑造。

一　被访者和父母之间

提到父母的消费行为，被访者使用了这样的描述"本质上的区别"（冯先生），"非常不同"（康女士），"很大的区别"（宋先生）。根据被访者的讲述，父母的消费模式可以大致描绘为以下形象：节省，通常尽可能地存钱，从来不购买超过基本需要的消费品，在物质上和精神上为子女付出，即使生活变好了也难以改变节省的生活方式。

被访者和父母之间一个显著的区别在于对"需要"的判断。被访者从多种维度认识自己的"需要"，包括乐趣、舒适、放松、身份认同以及地位显示；而他们的父母主要从效用的角度来认识自己的"需要"，并且将"需要"严格限制在生存的范围内，比如吃饭、住房以及穿着。庞先生是位 40 岁左右的企业家，能够为父母提供比较优裕的生活，但是父母仍然跟以前一样节省。另一个例子是康女士的父母。当他们在世的时候，康女士的父母都是政府部门的主要领导，但是他们也只在家庭和子女身上花钱。由此可以看出，被访者父母一代的消费模式很难用收入或者阶层来区分，他们在节俭的价值观上比较一致，这种观念也根深蒂固，不轻易随着物质环境的好转而改变。相反，与父母相比，被访者大都偏好"好东西"或者"最贵的东西"。

与父母的价值观不同，被访者并不认为节俭是美德。龚先生的母亲是另一个严格地将欲望和支出限制在基本需要之内的案例。龚先生的父亲十年前就过世了，他的母亲还在使用父亲在世时买的冰箱。龚先生和太太送给母亲的衣服和食物通常都被搁置起来，食品常常搁到腐烂，因为他的母亲坚持认为自己"不需要"这些东西。相反的是，只要自己"需要"的东西，龚先生通常会"不惜任何代价"，并认为自己的这种倾向更加"进步"。

> "我这一代相对更进步，就消费观念来讲。也是因为这个，社会才繁荣。否则，没有需要，没有生产。"（龚先生，35 岁，本地人，高级经理、设计总监，主要民营上市企业，电子产品和汽车）

龚先生较少从微观方面理解节俭，而是从宏观的方面认为节俭的价值观阻碍了经济和社会的进步。他也提到了工作的公司，是一个民营汽车制造领域的领头羊企业。但是，他的公司只购买便宜的设备，因为便宜货也有类似的功能；作为一个设计领域的专业人士，龚先生对公司不关心产品的精致很失望。因此，对于高质量、精致的物质产品的偏好暗含在他的解释中。对于自己品味的辩护也暗含在他有关代际差异的理解中——对于高质量、精致物品的偏好不仅能够带来舒适的生活，更能够促进社会进步。

与节俭一致，被访者的父母通常还有存钱的习惯。但是，大多数的被访者并不将存钱作为主要的理财策略，第六章已经分析过。主要的原因还是成长和工作时的不同社会文本。如朱先生所解释，父母养成了存钱的习惯是因为在他们工作的时候收入较低，也不太稳定。但是，朱先生（33 岁，中型国企总经理）对于未来非常乐观，因此不觉得有必要储蓄一大笔钱。宋先生（31 岁，大型房地产上市企业部门经理）和姜先生（40 岁，跨国公司中国区首席采购官）更倾向于投资或者在享受生活方面花钱，同时也表现出了类似的对自己和市场的信心。这种差异是巨大的社会变迁的反映。在当代社会，中国人——尤其是都市中产阶层——的文化和经济资本的积累不断增加，从而变得越来越有自主性，对于自己的生活也更加有主权。

被访者大都讲述了一个类似的事实：虽然父母在自己的生活中很节约，他们的储蓄却大都花在了子女的教育和生活上。物质付出是父母这一代履行家庭责任的主要形式，也是当代社会较年长的一代人培养子女的主要特征。但是，上文也提到过，较年轻的被访者在给子女提供较优越的物质生活和受教育条件的同时，更强调对子女的"精神投资"，比如爱和指导。从对子女无微不至的家庭责任可以看出，对于孩子奉献的这一传统价值观并没有被当代中产阶层遗弃，但是其表现形式在当代社会有所改变。

这种新的培养子女的方式的直接原因是当代中产阶层较为富裕的生活状况。如几位被访者认为，自己和父母之间在培养子女方式上的差异同生活的不同社会文本有关。在以前市场的功能较为落后的时候，积累财富的唯一手段就是储蓄和节俭，能让子女顺利成家立业已经十分不易。而当今社会，对于中产阶层父母来说从经济上支持子女不是特别困难，反而是对于孩子的指导和与孩子的交流对父母提出了更高的要求，也更能体现阶层差异。这就进一步反映了培养子女方面的代际差异更深层次的原因——文化资本的力量。跟以往的中产阶层相比，当代中产阶层的文化资本显著增长，使得这群父母能够为孩子提供知识、生活态度、技能以及价值观等方面的指导，而这些是在当代社会的体系中能够带来权力和地位的资本，这可能是强调"精神"投资更为根本和重要的原因。

除了节俭、储蓄和对子女的责任，被访者和父母之间在消费上的差异还体现在对于符号价值的追求。父母辈大都不太关心地位的彰显或者身份的认同，但是一些被访者表达了对此的热情。一个例子就是潘先生（27 岁，主要跨国 IT 企业项目主管）和他的父母。与潘先生花很多钱在奢侈品上不同，潘先生的父母更愿意花钱在保健和养生上。潘先生的解释是父母们没有使用符号产品的压力，这是由他们的生活环境所决定的——在他们工作的年代，不可能赚很多钱也没有太多的商品选择，所以"他们（父母）习惯了节省的生活"；但是，当今的物质产品供应变得多样化和丰富了起来，他这一代因此能够自由选择商品，但是物质欲望也更加膨胀。这是潘先生给予的解释。就"真正需要"的满足来说，潘先生更认可父母的生活方式，但是也并不谴责自己的生活方式。因此对于这种消费观上的代际差异，被访者不像上文中在为追求乐趣和舒适作出辩护时那样有自信，这种矛盾情绪主要体现在以地位认同作为主要消费动机的一些被访者中，将在第十一章详述。

在消费中对于便利的偏好是另外一个代际差异所在，在这方面被访者也表现出了一些矛盾情绪。出于节省的习惯，被访者的父母们往往节约水和电，但是被访者宁愿多付些钱而享受方便和舒适。以庞先生的父母为例，洗碗后的水还会留着用来浇花和拖地。一些被访者也反思了这种差异：是否父母的消费模式更环保，并且真正地"舒适"？例如，龚先生习惯使用空调，但是他也承认母亲喜欢的风扇更加绿色和健康。但是，根据访谈，由于时间和其他条件的限制，这种绿色、"舒适的"但是比较费时的生活方式很难成为中产阶层的首选。

为了应对这些差异，被访者大体上采取了两种策略。一种是"反社会化"，用新的知识来教育父母让他们认可自己的消费价值观。另一种是"顺其自然"，只要父母过得愉快，尊重他们的价值观。冯先生、姜先生和宋先生一直试图改变自己的父母，因为他们相信如果父母接受了他们的建议会过得更好。但是，庞先生认为很难改变母亲的消费模式，索性采取了一种更加"尊重"的姿态，"每个人在自己的 *philosophy* 里活得很愉快就好了……各种各样的原生态放到一起也蛮有意思的"。

二　被访者和子女之间

由于成长在不同社会文本之中，被访者及其子女在消费上也有差异。被访者大都尊重子女的消费行为和价值观。主要的原因，如被访者强调，在于巨大的社会变迁。因此，这种消费上的差异大体上在被访者看来是正常的、可以接受的，虽然有时候他们也会矛盾。

被访者的子女追求舒适和乐趣的倾向更加明显，因此他们也表现得在支出上更加慷慨。虽然常先生自认为对于购物很有激情，但是他的儿子，一位30岁左右的运动员，在消费上更加冲动，并且很少在乎价格高低。正如麦先生认为，他的儿子们将来长大了可能认为他很节约，虽然他现在的支出不是个小数目。中国消费者将来是否可能花钱更加"大方"的问题还需要进一步的研究。但是，访谈中有关代际差异的解释在某种程度上暗示着被访者认为经济会持续增长，社会将更加市场化、商业化。

被访者的子女们显然生活在一个更加商业化和市场化的环境中，因而有的被访者也很困惑新的科技和物质产品是否真的对孩子有益。庞先生是一位40岁的企业家，他表达了这种担忧。他的儿子还在上小学，对电子游戏非常感兴趣，庞先生也觉得很有趣；但是跟自己小时候所处的物质产品较贫乏但是充满创意的环境相比，现代工业生产的玩具和游戏都太"具体"，他担心可能会损害孩子的创造力。所以他试着带孩子回到大自然，但是儿子并不感兴趣。作为父亲，庞先生不知道该怎么办，因为"想影响他太不容易了"。因此，虽然大多数被访者声称对自己的消费生活满意，但是仍然有类似这样的焦虑和矛盾的存在。消费者对于品味的辩护和消费的满意应当联系伴随着的焦虑和矛盾来理解，第十一章将详细说明。

通过代际差异的分析，我们可以很清楚地看到消费行为和倾向如何被不同的社会文本所塑造，这是本研究主要关心的问题之一。随着社会和经济条件的变化，个人的消费模式也经历了巨大的变迁，但又并非完全同步——已有的消费模式可能不会在较短时间内被轻易改变。结合本节的发现，定量分析所揭示的年龄对于消费模式和消费倾向的区分作用显著，应当可以理解为受到社会变迁影响的代际差异，而不仅仅是生命周期作用下的年龄差异。从对这些差异的讨论中，被访者也反思了自己的消费行为。他们对于乐趣、舒适、身份认同以及地位显示的追求以及自己的理财策略都大致可以得到辩护，虽然也伴随着焦虑和矛盾。他们主观的解释尤其体现了经济资本和文化资本的力量。

第三节 礼物的赠送

从人和人之间的关系来讲，学术界一般认为赠送和接受礼物可以增进社会融合和社区互助感（Belk 1979，Cheal 1987，Mauss 1925，引自 Belk，2001）。在中国社会，礼尚往来也是传统文化；但是，很多情况下赠送礼物的意义不只限于联络感情，"送礼"行为可能比西方社会更隐蔽、意义更丰富。"送礼"和社会关系紧密相连，很多社会习俗嵌入在礼物赠送的行为中，礼物的选择取决于赠送的对象和动机，赠送者的品味也起着重要的作用。"送礼"行为的理解需要联系中国特殊的社会文本（social context），既显著地体现了物质的意义（meanings of goods），也反映双方对于互动关系的性质和距离的判断。本节将使用定量和访谈数据分析礼物赠送行为。

首先根据 CSS2011 数据，从支出、动机和压力三个方面来解析"送礼"行为。在自家红白喜事和人情往来上，中产家庭的支出都高于非中产家庭。中产家庭的这两项支出在 2010 年平均为 4669 元和 4496 元，非中产家庭平均为 1943 元和 2417 元，都高于这两类家庭的文化、娱乐、旅游的支出和赡养不在一起生活的亲属的支出。如果去掉支出为 0 的样本，中产家庭在自家红白喜事和人情往来上的平均支出显著增加，分别为 15409 元和 5353 元，占家庭总支出的 10% 和 7%；非中产家庭的这两类支出平均为 7161 元和 3203 元，占家庭总支出的 11% 和 8%。可见人情支出和礼钱在中产和非中产家庭中的实际支出并非小数字，在家庭总支出占相当的比重。

从单纯以"办事"为动机的送礼行为来看，看病就医、孩子入园（入学、升学）、求职找工作是城市居民托人说情或请客送礼的三个最主要动机。过去的一年里，城市居民遇到过看病就医、孩子入园（入学、升学）、求职找工作的事情并且托人说情或请客送礼的比例分别为 12%、15% 和 20%。这个比例可能低估了中国社会的"送礼"文化，因为在很多情境中，"办事"与增进感情这两种动机的界限很模糊，再加上"办事送礼"属于"潜规则"，所以被访者可能不愿意承认。中产阶层在过去的一年遇到过并且在看病就医、孩子教育和求职方面托人说情或请客送礼的比例都高于非中产阶层。中产阶层选择此三项的比例分别占 17%、23% 和 25%，而非中产阶层选择此三项的比例分别占 10%、12% 和 18%。这个发现值得思考。可能反映了拥有更多经济、文化和社会资本的中产阶层更加"老谋深算"，他们深谙这个社会的运行规则也懂得如何利用资源；而非中产阶层可能也懂得"送礼"之道，却缺乏渠道和相应的经济、文化和社会资本来支持。这样的推论让人对社会流动和相关改革的前景不免有些悲观。

基于人情礼钱所占日常支出的比重及日常办事需要"送礼"的比例，可以理解，中产家庭和非中产家庭都感受到了"家庭人情支出大，难以承受"，选择此项的中产家庭和非中产家庭分别占 15% 和 20%。由于所拥有的资源更少、人情礼钱所占日常支出比重更高，因而非中产家庭感受到此压力的比例更高。

在为各种社会关系的礼物选择上，五位被访者（大都为女性）尤其提到"关系越近，礼物越贵重"的原则。贵重和花费更多心思的礼物通常送给家庭成员，比如子女、父母和伴侣，以及亲密的朋友。这种礼物赠送的模式再次验证了"差序格局"的理论。上文已经显示被访者大体上在节日或者生日的时候送给父母耐用品、食物和衣物，或者出钱送他们去度假。另外，被访者也使用较昂贵的物品和服务等增进伴侣之间的感情。董女士（28 岁，外资证券公司行政经理）曾经在男朋友生日的时候送给他一块价值 2000 元的手表，也在自己生日的时候收到了类似价格的礼物。但是受到购买力的限制，他们只在特殊的日子才送给对方这样昂贵的礼物。对于更加富裕的被访者，则更为频繁地送给伴侣昂贵的礼物。唐先生和妻子之间经常互相赠送奢侈品作为礼物。他曾经在结婚纪念日的时候送给太太一块卡地亚的手表，妻子也曾经在他生日的时候送给他一个路易威登的手提包，价值 1 万元左右。虽然他的家庭很久以前就能够负担这样的奢侈品，唐先生却直到最近才开始使用，并且表示除非收到这样的礼物，自己不会主动去买。

家庭成员之间昂贵礼物的赠送也可以从物和人之间的关系来理解，这个角度常常被现有的中国消费者研究所忽略。从物质文化的角度，常规的礼物赠送常常可以作为获得奢侈品（作为礼物）的一种途径，却不用受到如果买同样商品给自己而带来的愧疚感的折磨（Belk，1993）。这个理论可以在一些情况下解释奢侈礼物交换的行为，补充了"社会融合"的理论范式。

可以看出，物质产品的价值以及承载的感情在家庭成员和亲密朋友之间的礼物互惠非常重要。但是，就更为广泛意义上的礼物赠送来讲，礼物赠送者和赠送对象的品味也是个主要的因素。廖女士（30岁，记者、国有媒体部门主管）通常根据赠送对象的特征决定礼物。比如，她曾经送过护肤品给女性，也送过衣服给小孩子。杭先生（40岁，国有媒体副总编）的礼物选择体现了他的品味：他喜欢书籍，所以通常他赠送的礼物都是书，当然这些礼物也常常给予同样喜欢书的朋友或者小孩子。

同赠送礼物给家人和朋友比起来，赠送礼物给工作伙伴则比较复杂。根据被访者的经验，礼物的选择应当同赠送对象的社会地位和品味一致。另一方面，礼物的价格可能会暗示这种行为的动机。常先生，这位在机关事业单位工作了一辈子的中层干部，这样理解工作伙伴间的礼物赠送。

> 常先生：……（但是）比如，高层领导……很难送给他们东西。他们见识过世界上那么多的（停顿）（东西）（停顿）柜子里摆的东西……天哪，比我的高级多了。（他）只欣赏高档的东西，如果是普通的根本看都不会看一眼。
>
> 访谈者：那你该怎么办呢？
>
> 常先生：你只能给他一些家乡的特产。
>
> 访谈者：是高档、昂贵的吗？
>
> 常先生：是……我没给过他很贵的东西。我又不求别人办事，干吗要送贵重的东西？但是如果你喜欢（停顿），我会给一些好的、有价值的东西给朋友。"有价值"我指的是欣赏价值和意义。（常先生，57岁，移民，省级事业单位中层干部）

工作场所的礼物互惠中的紧张可以这样理解。一方面，社会地位较高的客户或者同事很难被普通的礼物吸引。另一方面，由于礼物赠送行为可能体现的暗示和动机，赠送者在选择礼物的时候必须谨慎。方女士是一位27岁的跨国公司咨询师，说道，"（同事之间的礼物）不能太便宜也不能太贵，更不能是奢侈品……一两百块钱左右的东西吧"。大多数被访者表示从未赠送过昂贵的礼物给工作伙伴，这是否是事实并不重要，重要的是我们可以看到礼物赠送有时候暗示请他人帮忙，体现了物质的意义在中国的特殊文本中的发展和演变。

定量分析揭示了送礼支出、"办事送礼"的比例以及感受到压力的比例，定性分析则丰富了对礼物赠送行为的理解，昂贵和奢侈的礼物通常赠送家庭成员和亲密朋友，稍远社会关系之间的礼物互惠应当注意体现赠送对象的社会地位和品味。由定性分析可见，礼物的含义更多地在传递感情和问候或者请求帮忙，后者尤其在"办事送礼"的比例分析中得到了解释，这些"额外的"支出既同我国的文化背景有关，这也同医疗、教育和劳动力市场的制度不完善和资源分配不合理有关，这也是困扰中产家庭的压力来源之一。

因此，与现有文献一致（Belk，2001；Wong and Ahuvia，1998），中国社会的礼物赠送也旨在加强社会联系和建立起社区互助感。但是，本研究发现，北京中产阶层的礼物互惠行为通常较少地和炫耀消费相联系，这就挑战了现有文献认为生活在儒家文化中的人群通常赠送奢侈的礼物来炫耀社会地位的观点（Wong and Ahuvia，1998：13）。在有关物质文化的发现之外，礼物的选择也显示出追求乐趣和舒适的倾向如何在中国的文本中实践——北京的中产阶层通过赠送礼物也鼓励家人和朋友追求乐趣和舒适。

第四节　消费和社会互动

社会互动——和谁讨论消费、和谁一起购物以及他人的看法——是在行为和自我解释之外的另一个理解人们日常生活的重要组成部分。本节将考察与家庭成员、朋友和同事之间的社会互动如何塑造消费选择和品味。

访谈发现家庭成员、曾经的同学、朋友以及同事是被访者讨论购物和消费的主要对象。这些人大都和他们在性别、年龄、品味以及购买力上有一些共同的特征。除了面对面的互动之外，网上社区也是年轻人分享购物经验的一个新的空间。冯先生（31岁）是一位互联网企业的产品总监，经常就购买和使用数码产品的问题咨询网友。虽然大多数的"网上咨询师"都是陌生人，冯先生信任他们的建议因为"他们真的很专业"。

由此可以得出消费和社会关系之间的双重关系。一方面，消费被社会关系所塑造，或者用西美尔的话来说就是"互动形成参与者"，因为被访者往往和相似背景的人一起去购物。另一方面，社会关系被消费行为所建构，被访者通常和品味类似的人较为亲密，而和品味不同的人较为疏远。这个过程在品味对于社会阶层的划分中非常明显，将在下一章讨论。这个过程也体现在另外一个研究发现中——因为消费可能会反映一个人的社会地位，在与相比较不是很富裕的人群互动的时候消费就会是个禁忌的话题。常先生与姑姑很亲近，但是姑姑的女儿们经济状况不是很好，每个月只有几百块钱的收入而且更加节省，常先生从来不把自己买了什么东西告诉她们，"我从来不宣传或者炫耀（我的消费），因为毕竟有差距"。但是，常先生常常同朋友和同事讨论消费，他们中的大多数更加年轻、收入更高并且也从事类似的工作。

因此可以看到，富裕的人群试图避免涉及他人的生活状况——如果相比不是同样富裕的话，因为可能会导致富裕人群对于追求乐趣和舒适的愧疚或者矛盾情绪。一些被访者选择了"低调"来减少对于他人的压力，而不是帮助亲戚朋友或者减少自己的支出。这种态度再次验证了上文提到过的对于亲戚和朋友的"有限责任"，有利于理解中产阶层的消费倾向：追求个人的乐趣和舒适本身具有合法性，而不需要通过对于他人的充分的责任来补偿或者辩护。这个发现将在下一章进一步讨论。

根据访谈，被访者最经常与同事讨论消费，但是与家人的互动对于消费决策的影响最大。互动上的不同结果实质上反映了品味的个体性和公共性之间的张力，也暗示了追求乐趣和舒适的消费倾向与传统价值观的交叉。

一　与同事的互动

与同事间频繁的互动在女性被访者中尤其明显。首先，消费是办公室最受欢迎的话题之一，包括商品的选择和购物信息。另外，同事也是被访者经常一起去购物的同伴。方女士解释说，同事之间在消费上有更多的共同语言是因为"我们的收入水平差不多，也有相似的消费观念，去相似的地方购物"。相反，男性被访者大都表示不太愿意在工作场所谈论消费，因为他们认为个人消费只应当在亲密朋友和家庭成员之间分享。冯先生却是个例外，他经常和同事谈论数码产品的消费，因为作为 IT 专业人士的同事们也对数码产品很感兴趣。所以，更恰当地说，应该是同女性被访者相比，男性被访者大都不太愿意谈论较为隐私的个人消费，如购买衣服、吃饭等，类似数码产品或者同职业有关的消费还是愿意谈论的。

虽然很明显被访者通过与同事的互动来组织和理解他们的消费，工作场所的互动塑造消费行为的程度还是有差异。上文提到的性别是一个因素。而更为内在的原因则是对于品味的判断，即如何处理品味的个体性和公共性之间的紧张。一方面，被访者愿意通过消费追求乐趣和舒适；另一方面，他们想要符合社会公认的对于品味的理解来避免焦虑。但是，品味的公共性和个体性的界限应该划在哪里，在被访者中有不同的判断。

访谈显示，在公共场所的互动中，大多数被访者强调品味的个体性。宋先生在一家上市房地产公司工作，经常与同事交换有关房地产投资方面的观点，但是他的投资策略十分大胆，很少得到同事的认同。但是，宋先生很坚持并且享受大胆的投资带来的压力。

> 宋先生：他们不同意我的投资风格，认为我急速扩张固定资产的欲望太过强烈……他们的分析（策略——作者加）比较现实、客观。
> 访谈者：那您怎么处理这种不认同？
> 宋先生：对我来说，我的想法很坚定，我把他们的观点当成某种建议，但是不会影响到我。我想要将它变成一种主动的压力，来推着我向前，而不是被动地向前。（宋先生，31 岁，大型房地产上市企业部门经理）

类似宋先生，被访者的消费行为不太可能被同事之间不同的消费经验而改变，原因是他们认为购买和使用物质产品是"个人的"事情。如前所述，一些男性被访者很少在工作场所谈论消费。例如，麦先生认为"消费①是私人的事情"，所以对于他的消费，朋友或者同事没有太多评论或者建议。虽然方女士的同事之中有不同的品味，但是他们尊重每个人的选择，因为"消费②是我个人的事"。

即使有的被访者经常与朋友一起购物，他们之间仍保持相对的独立性。廖女士（30 岁，记者、国有媒体部门主管）经常与女性同学一起购物，在廖女士眼里，她们在购买衣服上更加冲动，但是廖女士对于衣服不是那么有激情，因此在同学的眼里，廖女士"很像男的"。但是他们并不干涉对方在消费上的品味和习惯。

---

① 购买和使用物质产品和服务。
② 购买和使用物质产品和服务。

更加极端的例子是有的被访者不仅坚持自己的品味，更是在与同事和朋友的互动中的"榜样"。康女士（48 岁，私营企业主）在朋友中是"美食专家"，对北京什么餐馆好吃了如指掌，也是与朋友在餐馆聚会时负责点菜的人。冯先生（31 岁，民营上市企业产品总监）是另外一个典型的例子。作为数码产品专家，他不仅经常被同事和朋友咨询，也能够改变他们的消费决策。比如一个同事想要买数码单反相机，但是冯先生认为他在相机方面的知识不够丰富，单反相机并不适合他，最终这位同事被冯先生说服，购买了一台普通的数码相机。这种"榜样"的影响力反映了中产阶层较高的经济资本和文化资本，使得他们能够拥有更多的专业知识，也有更丰富的使用物质产品和服务的经验。

虽然大多数的被访者强调品味的个体性，但是他们对于品味的公共性也很敏感，并试图保持与社会的统一，尤其对于那些在政府相关部门工作的人来说。齐女士是一位 29 岁的中央国家机关公务员，对于自己的品味很坚持，但是采取了一些策略来维持与同事之间的和谐。她喜欢艺术和读书，但是周围的大多数同事都比她年长并且对于为子女的消费和衣服购物更感兴趣；所以齐女士尽量避免与同事谈论她的文化消费，"我是一个知道怎么装的人（笑），因为你应该根据谈话的对象来选择话题"。

另外，也有案例——虽然只是少数——强调品味的公共性。欧女士，这位 38 岁的食品类上市企业公关总监，是个典型的例子——为了适应新的工作单位而改变自己的品味。她以前在一家电视台工作的时候曾经打扮入时，但是在这个食品公司工作之后变得"土"了，因为这家公司的同事很少打扮或者使用奢侈品、高档商品。如她强调，"我在意别人的看法，因为我不想太突出"。简女士是一位 31 岁的跨国公司人力资源主管，也倾向于品味的公共性，但是在动机上与欧女士不同。简女士很乐意接受同事的建议，并且认为自己是"容易受别人影响的人"。简女士听从同事的建议给家人买了保险，与同事讨论之后才去选购衣服，也在其他同事的影响下频繁地进行网上购物。她觉得别人的建议很有用。

无论如何，在被访者于"公共"领域进行的社会互动中，个体性在品味的判断中所起的作用最为明显。这个发现的重要性在于它对于消费倾向的暗示。如第四章提到，现有关于奢侈品消费和中国消费者的研究开始重视"个人倾向"，即追求乐趣、舒适、自我奖励以及自我认同的倾向（例如，

Tsai，2005；Zhu，2006），而不是片面强调消费只为了让别人羡慕的动机。本研究用实证证据揭示了这种"个人倾向"被北京中产阶层——尤其在公共领域的社会互动中——所拥护，从而证实并深化了现有的研究。强调品味的个体性的原因也可能是中产阶层缺乏一种共同的文化，以及受到市场和媒体的影响而造成的品味的碎片化。因此，本研究也揭示了自我认同和社会认同之间的张力，这种张力如王建平（2006）认为塑造了中产阶层的消费模式。

二 与家庭成员的互动

相比较与同事和朋友之间的互动，与家庭成员的互动对于被访者的支出和品味有更大的影响。特别地，与父母的互动——通常于童年时代——塑造了品味和物质欲望。另外，与伴侣的互动也可能改变消费决策，因为他们通常是分享物质产品和服务的人。

如何女士（50多岁，副教授）解释，她对于高质量物品的偏好来自从小父母的影响，因为她的父母在购买物质产品时偏好质量而非数量。类似地，郭先生，这位35岁的跨国奢侈品公司销售经理将他适度的物质欲望归功于父母在童年时代的教育，"更多的是父母的影响……比后来（社会地位和都市效应。——作者加）的影响更大"。

但是，当被访者成年之后，他们的品味很难被父母所影响；相反地，与他们分担家庭支出、有时也共同购物的生活伴侣经常影响他们的消费决策，甚至能够改变他们的品味和消费模式。潘先生（27岁，跨国IT公司主管）对于设计师产品的兴趣来自于太太经常让他从国外购买这些商品。杭先生，这位媒体领域的专业人士和官员，虽然对于时尚称不上热衷，但是在太太和弟弟的影响下培养了对于时尚的审美品味。

> "很容易看出一个人穿得有品位还是土……我不读时尚杂志……我弟弟在国外做服装生意，也给我带回来很多衣服，我太太喜欢（时尚）。没做过这方面的研究，但我可以感受到（时尚）。"（杭先生，40岁，移民，国有媒体副总编、副局级干部）

而且，如果是有关整个家庭的消费，被访者有时不得不与家人妥协，这就可能改变他们的消费决策。家庭度假是个典型的例子。当朱先生、郭先生和麦先生与太太和子女一起度假的时候，他们需要在旅游计划上达成一致，有时候不得不牺牲自己的兴趣。另外，因为被访者及其伴侣往往对他们的收入有共同支配权，如第六章所述，所以大笔的开销通常需要协商。林先生和冯先生都很喜欢数码产品，但是购买之前需要寻求太太的同意。接受访谈的时候林先生正在筹划结婚，坦言有了女朋友之后在数码产品领域的支出大大减少了。

因此，访谈显示在同家庭成员的互动中，被访者强调的是品味的公共性。这个过程中体现了传统的家庭责任的价值观，被访者为了达到家庭的和睦宁愿妥协个人的品味。在家庭生活中对于品味的公共性的强调，连同在"公共"生活中对于品味的个体性的强调，勾勒出了北京中产阶层消费者更完整的形象。在他们的消费模式中，对于乐趣、舒适或者自我认同的追求受到了传统价值观的调节。

本节讨论了与他人的互动如何塑造被访者的品味和日常消费，"公共"和"私人"领域的互动对他们的消费的影响程度不同。虽然被访者频繁地与同事讨论消费，但是这种互动带来的影响是很有限的，主要是因为总体上被访者在这种情境下更加强调品味的个体性。相反，他们的品味和消费决策更多地被家庭成员所塑造，比如父母和伴侣，主要是因为他们更加在意家庭的和睦。从社会互动的分析中可以看出，个人的或者说自我导向的消费倾向与更加传统的家庭责任的价值观如何交叉。

第五节　本章结论

本章展现了物质产品的购买和使用如何被社会习俗、社会关系和社会文本所塑造，集中讨论了新出现的消费倾向如何在中国的文本中实践以及一些内在机制。一方面，物质的意义和追求乐趣和舒适的倾向暗含在消费模式中。虽然少数被访者的案例体现了地位显示的目的，但是个人倾向——追求乐趣、舒适和自我认同的倾向——更加显著，尤其体现在与同事和朋友的"公共领域"的互动中。在与父母的消费行为的比较中，被访者对于自身品味的辩护尤其表现了出来。另一方面，追求乐趣和舒适的倾向也被传统价值观所缓和。被访者在子女身上投资巨大，在对于父母的责任中表现出了强烈的义务感。虽然被访者强调品味的个体性，但是在与家庭成员的互动中更可能妥协自己的品味。因此可以说，被访者也关心家人和亲密朋友的乐趣和舒适。本章再次显示传统的价值观——尤其有关家庭责任的——在中产阶层的消费模式中发挥了重要的作用。因此访谈揭示了这种新的消费倾向在中国特殊文本中的实践。这个结论将在下一章有关中产阶层的品味和物质欲望的讨论中进一步阐述。

　　本章也通过礼物赠送的行为分析了在中国特殊社会文本中的物质文化。被访者使用物质产品来履行家庭责任、加强社会关系，昂贵的礼物大体上会赠送给亲密的朋友和家庭成员来表达感情或者分享乐趣和舒适。礼物赠送有时也暗示请人帮忙办事。在中产家庭中，人情礼节占有相当的支出比重，并且在相当比例的就医、教育和求职的过程中需要托人说情或请客送礼，这些公共领域中的送礼行为同医疗、教育和劳动力市场的制度不完善和资源分配不合理有关，给中产家庭带来了一定的困扰。

第十一章
品味和物质欲望：一种自我导向的
消费倾向

在考察了日常消费以及社会习俗如何塑造消费行为之后，本书将使用访谈数据继续讨论消费社会学中另外两个主要课题：品味的塑造以及物质欲望的性质和程度。这两个课题关心的是物质产品的欣赏和使用，由此可以进一步阐释消费倾向。本章旨在结合审美的和道德的辩护来讨论追求个人乐趣和舒适的倾向如何在中国实践。

第一节　品味的塑造

如第二章介绍，品味的三个维度理论（Warde，2008）将作为论述中产阶层品味的框架。从品味的分布的角度，被访者在消费偏好上的差异将会得到描述。品味的判断是从社会互动的视角来考察品味的塑造，将品味和社会区分联系起来，由此可以理解社会关系如何被消费所建构，这个在第十章已经初步讨论。品味的辩护建立在品味的判断的基础上，可以揭示人们如何对自己的品味感到自信。这是本研究最重要的维度，因为它对于消费倾向有着重要的暗示。

一　品味的分布

被访者偏爱的消费包括各类物质产品和服务，他们常常偏爱两种甚至更多的消费行为。但是，三种类型的消费最为显著并为大多数被访者偏爱，它们是文化产品和活动、精致的或者高质量的但是低调的产品，以及旨在休闲放松的活动。

同非中产阶层比起来，北京的中产阶层的消费模式的一个特征就是在文化产品和活动上的大量投资。首先，文化产品和活动的偏好，尤其是读书，可以得到辩护，这也是阅读支出较多的部分原因。喜欢读书的被访者常常买书不考虑价格，他们的家庭也通常对于阅读花费的时间和金钱没有异议。其次，被访者使用各种各样的文化产品和服务，包括书籍、碟片、杂志、报纸以及去看画展、去电影院、听音乐会以及观看各种各样的表演。对于文化消费广泛的兴趣也可以解释这方面较高的支出。最后，在文化产业工作的被访者对于文化消费更加热情。杭先生和廖女士都在新闻媒体工作，十分热衷阅读并且将书籍作为消费的偏好。杭先生是一位 40 岁的副总编，每月在图书上花费几千元，虽然工作很忙但是频繁地去逛书店。廖女士是一位 30 岁的部门主管，在图书上开销比杭先生小但是也经常逛书店。根据杭先生和廖女士所讲，最珍贵的物质产品是图书，他们也经常将图书作为礼物赠送。这种对于合法性文化的热情在被访者中比较明显，体现了他们总体上较高的文化资本。

但是，文化领域的等级高低却在他们的品味中不显著。在他们之中，教育程度大都为大学（或者相当学历）或以上。虽然一些人经常参与"高雅文化"，比如看戏剧、听歌剧和看画展，但是没有迹象表明被访者——甚至那些较为频繁地参观画展和博物馆的被访者——拒绝"流行文化"，例如电视节目、好莱坞电影以及流行音乐。两位较富裕的男性被访者甚至提到了打牌作为经常的休闲活动。在这个意义上，可以说被访者的消费倾向在某种程度上与西方中产阶层的"杂食品味"（omnivore taste）（Peterson and Kern，1996）一致，广泛参与各类文化休闲活动，包括"高雅文化"和"流行文化"。综合定量分析的发现，本研究至此揭示，是否广泛参与休闲文化消费一定程度上成为了当代中国社会区分的主要维度，不太参与休闲文化消费的大都为收入较低、社会地位较低的人群。然而，上文之所以强调"某种程度"上与"杂食品味"一致，仍在于这种广泛的品味的形成和作用机制可能不同于当代西方社会。好莱坞电影在英美国家和肥皂剧一样是流行文化，但是某些电影的欣赏仍需要观众了解英语和西方文化，因此这些电影传播到中国以后已经不能作为纯粹的缺乏知识含量的"流行文化"。而且也需要进一步探明，这种广泛的品味的形成究竟是由于中国社会还未发展到不同阶层有自己典型的、独特的文化品味的阶段——所谓成熟、稳定的社会结构，还是可能已经超越了这个阶段、同欧美发达国家基本同步进入了类似"后现代"的阶段？

如第十章所述，一个显著的代际差异是，父母经常选择便宜和基本的消费品，而被访者偏好高质量、更为昂贵的产品。就品味来说，很多被访者表达了对于精致的、品牌的、高质量的甚至"设计师"品牌的物质产品和服务的偏好。

一方面，收入在区分购物频率和支出上发挥了重要作用。另一方面，尽管购买力上有差异，被访者的品味指向了相似的模式。康女士是一位48岁的私营企业主，常常在奢侈品商场或者海外购买大部分的鞋、衣着等穿戴用品和香水。虽然同康女士比起来收入较低，方女士（27岁，咨询师）和简女士（31岁，人力资源主管）也强调商品的质量并根据他们的购买力有选择地进行购物，如第六章提到的"混搭的策略"。潘先生以前只喜欢研究电脑，但是在获得了一份收入丰厚的工作后，将品味拓展到了奢侈品，因为奢侈品带给了他愉悦和舒适，也可以体现他的社会地位。

虽然被访者欣赏精致和高质量的商品，但他们大都避免炫耀。欧女士，这位富裕的公关总监，强调对于"低调的"品牌的偏好，虽然这些牌子也并不便宜。她日常上班拎的包值7000元，但是品牌的标志很小，设计师也并不著名。据欧女士讲，这样做是为了和同事保持良好的关系。郎女士是一位27岁的五星级酒店销售经理，和欧女士有类似的品味，但是暗示了一种不同的动机——对舒适的追求，"……我喜欢低调的东西……我喜欢那些不突出、没有牌子但是用起来很舒服、在我的购买能力之内的"。

从这种偏好精致的、高质量商品的品味，可以看出大部分被访者的消费动机在于乐趣和舒适，而不是在于传递信息给他人，虽然少数的被访者也很关心后者。

被访者业余时间偏好的休闲放松活动包括旅游、登山、去健身房、去按摩、去茶馆、去夜店和打扑克，在一些案例中，购物本身也是一种休闲活动。

在假期中，去国内外度假大体上是被访者最喜欢的消费，他们大都偏爱自助游。较年轻的被访者偏爱登山、野营以及"背包族"——自己计划和组织旅行而不是跟随旅行社，以获得更多的刺激。相反，年龄较大的被访者常常与家人一起出游，偏爱休闲的假期和旨在放松的自驾游。

度假和休闲旅行通常开销较大，所以收入再次在旅行模式的区分中扮演

了重要的角色，但是对于旅行的热情在被访者中很类似。更加富裕的被访者经常去国外度假，开销较高，比如姜先生，

"最近一次去夏威夷是 2005 年，花了几万块钱。我们（太太和我）待了 8 天，去了两个岛，租了辆车，住得也很好。"（姜先生，40 岁，移民，化学行业跨国公司中国区首席采购官）

齐女士是一位 29 岁的公务员，收入较低，但是在年假的时候也选择去旅行。年假约一个月，她强调旅行"非常节约"。她每年在旅行上的花费约为 1 万元。

以上的分析体现了品味在被访者中的分布。虽然在消费的频率和支出上有差异，被访者大都对于文化消费、高质量的商品以及旅行有热情。另外，性别和年龄在品味的区分中也发挥了重要的作用。橱窗购物或者购物作为一种休闲活动常常被女性所钟爱。对于高科技产品和服务的偏爱，比如数码产品和网上购物，更多地和年轻人联系在一起；而养生保健上的偏好，例如食疗和按摩，在年龄较大的人中较为普遍。尽管有这些不同，一种追求个人乐趣和舒适的倾向暗含在被访者的品味中。

二　品味的判断

在前一章有关社会互动的章节中提到过品味的判断，即被访者如何在品味的公共性和个体性之间划分界限，探索了社会互动如何塑造消费模式。本节对于品味的判断的讨论则从消费如何建构社会关系的角度。第九章使用定量数据初步揭示了消费水平和品味如何进行社会分层，总结出一些在当代社会具有显著社会区分功能的物质产品和服务。本节侧重探讨这种社会分层的机制和过程，关注被访者如何在自己品味的基础上对他人的品味作出判断，这种判断也暗示着权力、张力和辩护，由此可见品味的判断如何服务于社会区分。

首先，被访者大都将自己的品味与流行趋势和庸俗的品味区分开来。年龄较大（年龄大都在 40 岁或者以上）的被访者，例如康女士、何女士和郑女士，往往拒绝时尚，并且坚持自己的审美和品味。何女士对于高质量产品的偏好被一些同事所欣赏，但是却不被家乡的亲戚所认同，"他们认为我

（对外表）不太讲究"。和何女士不同，她的亲戚们宁愿买昂贵的毛皮大衣和品牌的衣服而不愿意买高质量的衣服和食物，显然亲戚们更在意的是一些能被别人识别的符号，而何女士更在意物质产品带来的舒适。何女士并不同意这种来自亲戚的判断，而是对自己的品味很有信心。

郑女士也通过告诉我别人如何认同她的品味，来表示对自己的审美判断很自信。

"我没有品牌意识……人家看见我穿的衣服，他们会（停顿），首先，我的衣服非常高档，其次是品牌的衣服，但实际上我的衣服一般只有几十块钱。"（郑女士，40岁，移民，国有研究机构学者和作家）

相对而言，年轻的被访者不抵抗时尚，但是也不认为自己追随时尚潮流。方女士是一位27岁的外企咨询师，喜欢读时尚杂志，但是并不被"有名的牌子"所吸引。例如，在手表品牌上，她不喜欢经常被媒体推荐的天梭和百达翡丽，而是喜欢不是那么有名的摩凡陀。另一个典型的例子是同龄的董女士的关于"小资品味"的判断，可能体现了北京的中产阶层在品味上越来越具有反思性，不喜欢盲目追随流行趋势。"小资品味"的概念演化到今天已经同小资产阶级的关系不大，而是同西方中产阶层的生活方式有关，强调通过物质产品的使用而达到的一种审美和举止方式。它曾经受到国内中产阶层的追捧，但是近年来也被认为虚伪、庸俗。在这种背景下，董女士这样判断她的一位同事的品味：

"我们有一个同事他就老觉得自己很有品位……让我先理理思路。他就是吃东西的时候会经常挑一些'小资'的那种地方，然后可能会挖掘很多特别奇怪的那种餐厅，他就认为这个很有品位，他也很享受这个过程。但我们认为这个有点太附庸风雅了，因为你是为了追求一种感觉而去追求一种感觉。"（董女士，28岁，本地人，外资证券公司商业及行政经理）

相反，董女士强调审美的体验而不是物质产品本身，

"点滴之中吧，是一种心态的东西……我认为品味更加是一种内在的"，"你的内在、你的心里可能能把这些比较简陋的环境都散发出光芒来"。

这种判断进一步阐释了被访者对于精致的、高品质的但不是那么炫耀的产品的偏好。另外，在对于他人的品味的判断中，很多被访者将炫耀消费定义为庸俗的品味。建立在自身品味的基础上，欧女士对几个负面的案例做出了判断。

"（我）不会用那种上面带个有名的、巨大的 logo 的包包，那样太炫耀了。但是我看见其他公关公司的女孩儿经常拎着个大 logo 的包。"（欧女士，38 岁，移民，大型上市企业公关总监，食品行业）

一些不是那么富裕的被访者如果负担不起设计师产品，宁愿使用普通的物质产品，只要舒服、漂亮，而不是使用假货。这种判断在简女士谈论一位同事的时候非常显著。和她不同，同事偏爱假的"设计师"产品：

"……我宁愿拎一个布包而不是一个假的 LV。现在拎一个布包也……称得上种时尚。至少我没买假货。没有必要为了炫耀而买个假的。"（31 岁，本地人，跨国公司人力资源主管，物业管理行业）

因此，被访者大都同意好的品味既依赖经济资本也依赖文化资本。尤其是，他们强调审美和举止谈吐在好的品味的培养中发挥的重要作用。事实上，大众媒体经常有对于文化程度不高、不太懂审美的富裕人群的批评。齐女士提到了这种判断，

"……要看谁用它们（奢侈品）。如果你真的喜欢它们但是你的气质不配，一个 5000 块的包也就看起来像 100 块的。"

"他们（暴发户）想要炫耀，完全没有意义。它（奢侈品）不能显示你的地位，至少在我眼里是这样。"（齐女士，29 岁，移民，中央国家机关公务员）

相反，齐女士对于自己在文化产品和活动上的品味很自信。简女士也同意个人的财富并不一定带来好的品味，并进一步强调一个人的品味依赖文化资本，"从家庭中来，是个内在的东西"。

以上的分析暗示社会区分——社会经济群体之间的边界——和社会关系——一个人同另一个人的亲疏远近，如何通过品味的判断被建构起来。被访者大都将自己与热衷炫耀消费的人、与盲目追随流行的人区分开来。另外，中产阶层内部的分层也被揭示，被访者通过将自己的消费支出同更加富裕的人群相比较，来将自己同他们区分开来。虽然一些被访者（八位）提到他们的某项支出或者他们总体的消费模式被其他人认为"大手大脚"，但他们认为自己同更加富裕的人比起来没有那么挥霍。一些女性被访者提到，相比那些靠自己的奋斗积累财富的人，父母或者伴侣家庭富裕的人更加奢侈。

以上对于品味的判断的分析暗示着被访者往往对自己的品味很自信。根据这些解释，被访者抗拒盲目追随流行也不容易被其他人影响。虽然有人更加富裕、更有权力，但是被访者并不憎恨他们而是对自己的品味很自信。这个发现解释了为什么在与同事和朋友的互动中被访者更强调品味的个体性。品味的自信将会通过他们对于品味的辩护进一步阐释。

三　品味的辩护

如第二章所述，辩护曾经在中国的文本中"缺席"，被按照社会角色规定的、渗透着道德色彩的准则所代替，但是本研究强调在全球化的文本中，由于社会变迁，人们不得不向自己以及其他人为他们在消费中的选择和偏好进行辩护。关于辩护理由的数据主要来自被访者对于自己品味的解释。当提供关于品味的解释的时候，被访者主要涉及两个维度：自我的维度——例如个人兴趣和自我提升，和社会的维度——例如对他人的责任以及节省、适度的传统价值。这两个维度暗示了一个人的个体性和社会性两个方面。借助伍德沃德和艾米森（Woodward and Emmison，2001）对于品味的审美判断和道德判断的区分（详见第二章），本研究也将自我维度的辩护理由称为"审美的辩护"，将社会维度的辩护理由称为"道德的辩护"。在此理论框架之下，本节将分析中国中产阶层如何对品味进行辩护以及这两类辩护依据之间的联系，由此揭示其中暗含的消费倾向。

1. 审美辩护

被访者在解释他们的品味的时候，强调乐趣、舒适、放松、自我奖励、地位显示以及认同的维度。人们普遍地在消费中追求两个或者两个以上的维度。在他们之中，乐趣审美和舒适审美（如果放松可以被理解为一种舒适的形式）最为显著。三十位被访者中，八位清楚地使用了"乐趣""好玩"或者"开心"等语词来解释为什么偏爱某种活动或者物质产品。例如，"它们给你的生活带来乐趣""它（钢琴）让我的孩子很开心"。另外十位被访者在品味的解释中暗含着对乐趣的追求，例如董女士和齐女士从物质产品和看画展中获得审美的乐趣，以及郭先生、白先生和齐女士从旅游中获得体验的乐趣。同时，没有被访者谴责消费中对于乐趣的追求。在十八位体现出追求乐趣倾向的被访者中，很多人也偏好使用高品质的商品或者借助各种服务，如外出吃饭、网上购物等，来追求一种舒适的生活。比如，"我考虑（买车）是个方便的问题，跟提高生活质量有关"（常先生，57 岁），"它们（数码产品）给生活带来便利"（冯先生，31 岁）。对于其余十位被访者来说，舒适是消费的主要动机。只有两位被访者（潘先生，27 岁和张女士，40 岁左右）提到他们主要关心的是地位显示或者社会认同，这种动机也被其他五位被访者提到，但是作为消费中次要的动机。

至此，访谈数据发现了不同模式的消费行为，对于乐趣和舒适的追求是审美辩护的主要形式。根据被访者的理解，"乐趣和舒适"特指通过满足个体身体和精神需要而获得的满足感，目的是与通过地位炫耀获得的满足感区分开来，这是本研究主要区分的两类消费倾向。接下来，本节将论述这种审美辩护如何在人们对自身消费行为的解释中体现出来。本研究使用一种关于满足感类型的理论，作为分析有关乐趣和舒适的审美辩护的框架。通过研究英国人外出吃饭的行为，瓦德和马顿斯（Warde and Martens，2000：186）认为满足感有四个领域——感官性、功能性、思考性和社会性（见表 11-1）。

表 11-1　满足的类型学

	满足的类型			
	感官性	功能性	思考性	社会性
低密度	乐趣	满足	娱乐	参与
高密度	愉悦	成就	欣赏	互依

资料来源：瓦德和马顿斯（Warde, A. and L. Martens, 2000），p. 187。

关于满足类型学的理论是基于英国社会的实证数据，因此应用于一个不同的社会文本可能会有一些局限性。例如，每一类型满足感之间区别的程度和边界可能会在不同案例和不同社会文本之间有所区别。因此，当应用该理论框架来解释中国数据的时候需要格外谨慎。但是，该框架有助于建构关于品味的审美辩护的比较系统的结论，并且能够某种程度上将中国文本中的辩护理由同西方文本中的辩护理由连接起来进行比较。根据访谈数据，这四种满足感也存在于中国的中产阶层群体；但是，因为习俗和文化上的不同，其社会学意义以及每一类型的重要性有所区别，下文将详细讨论这些满足感的表现形式和含义，也会简要涉及同西方社会的区别。

如瓦德和马顿斯所解释（Warde and Martens，2000：186），感官性乐趣——"乐趣"和"愉悦"——包括那些身体上的乐趣，即坎贝尔（Campell，1987）与传统享乐主义联系在一起的事物。十八位体现出明显的或者暗含的追求个人乐趣倾向的被访者大体上可以在消费中获得感官满足。体验的乐趣可以从旅游中获得，乐趣和刺激也可以通过使用数码产品或者开车兜风中获得，审美的乐趣可以通过使用香水或者穿着漂亮的衣服得到。感官的乐趣在方女士的案例中十分明显，她收集了各种各样的香水也经常使用它们：

> "我喜欢香水因为香水瓶通常很漂亮，香味也让我很开心。每天离家之前喷一点让我的心情很好……就是一种乐趣吧。"（方女士，27 岁，移民，四大会计师事务所咨询师）

姜先生体现出追求感官乐趣和舒适的多种动机。这位 40 来岁的首席采购官喜欢海外度假和远途自驾游：

> "在国内我喜欢自驾游……我去过新疆，来回 12000 公里……如果路上看到好玩的就待几天……我的旅行没有计划。"
> "国外的话，我去过夏威夷、阿拉斯加、欧洲和日本……我太太和我去过夏威夷三次。当我们打算去的时候，我们不需要从其他开销上省钱，想去就去了。度假的时候，我遵循我一贯的目的，必须住最好的，吃最好的。"（姜先生，40 岁，移民，化学行业跨国公司中国区首席采

购官）

根据西托夫斯基（Scitovsky，1976），需要的满足可以消除痛苦，它的最初出现是乐趣的必要条件。这种理论通过姜先生的品味可以得到证实。他在假期中偏好优质的住宿和食物，这些身体需要的满足可以带来舒适。另外，从访谈数据中也可以推断，大多数人——如果金钱和时间允许的话——不会满足于持续的舒适，而是进行休闲和文化消费，甚至更加耗费精力的自助游和各种运动。其原因是，从刺激中以暂时的紧张为代价而产生的乐趣"更可能战胜舒适"，如西托夫斯基解释（Scitovsky，1976：78）。

功能性乐趣进入到了成就的世界，有关消费品的价格符合价值和自我提高："从价值的一端来衡量……保证物质进步……或者成功地呈现了自我。"（Warde and Martens，2000：195–197）根据西托夫斯基的理论，舒适同身体和精神需要的满足、痛苦的消除相联系，因此，十位将舒适作为主要追求的被访者可以落在这个类别中。阅读是种典型的产生功能乐趣的品味。几位从事文化产业和工作的被访者——杭先生、齐女士和廖女士展现出对于阅读的巨大热情，从中他们可以获得知识和自我提升。成就感是高密度的功能性乐趣，在几位男性被访者的消费行为中较明显，他们将消费作为履行家庭责任的途径或作为体现工作的物质回报的途径。如第十章提到，唐先生和宋先生从对父母付出的相当的物质贡献中可以获得成就感。在潘先生的消费行为中，高密度和低密度的功能性满足感都显示了出来。这位 27 岁的 IT 专业人士对于奢侈品有很大的激情，在接受我访谈的时候，他用的是一个价值上万元的 BOTTEGA VENETA 手提包，

"它（拥有奢侈品）对我来讲是种乐趣。当一个人有钱的时候，拥有质量很好的奢侈品让你很开心。比如一个爱马仕或者菲拉格慕的手提包，或者一块宝珀的手表，我认为它们当然值这个价钱，它们通过我的努力工作获得。如果我现在能买得起一个大房子，将会给我带来很大的乐趣。"（潘先生，27 岁，移民，主要跨国 IT 企业项目主管）

潘先生的消费行为体现了地位显示的动机，但是可以发现，更深层次的动机还是使用这些物质产品所带来的乐趣——来自事业成就感的功能性乐趣

以及为自己和家人提供舒适生活所带来的社会性乐趣。而且，潘先生认为白日梦和欲望所产生的乐趣比实际的物质产品所产生的乐趣更大：

> "钱和物质不会给你愉悦的感觉。当你穷的时候，想象着变有钱了是很快乐的，因为愉悦感不是建立在实际的物质上面而是心理的比较上。这是一种……和别人的比较产生的优越感，这种优越感存在于想象中。"

这段话暗示想象建构的乐趣构成了内在的"满足感"，接近坎贝尔所说的"现代享乐主义"（Campbell，1987），或者瓦德和马顿斯（Warde and Martens，2000：186）指出的"思考性满足"。由以上潘先生的消费行为得到的一个重要启示就是，奢侈消费不应简单理解为在意别人评价和自身形象呈现的炫耀性消费或表达性消费，其中可能也交织着"自我导向型"的乐趣。

思考性满足包含类似白日梦和幻想的体验、审美欣赏以及智力上的反思，它们会产生一些回报（Warde and Martens，2000：186）。娱乐，作为低密度的思考性满足，可以被大多数的被访者通过听音乐、橱窗购物以及看电影等活动获得。但是，智力欣赏，这种高密度的思考性满足只能被一些对于某种活动或者物质产品具有格外激情的被访者获得。冯先生、方女士和康女士将他们的爱好发展到了专家的程度。冯先生喜欢数码产品，常常被其他人当作专家咨询。他尤其为自己的"作业"自豪，即在购买数码产品之前收集和分析足够的信息。方女士喜欢搜寻新奇的餐馆，通过思考频繁的外出吃饭体验，已经形成了对于食物、环境和服务的独特的观点。如果光顾一个特殊的餐馆，她不仅之前会收集信息还会之后撰写评论。这些案例也展现了被访者通常不会满足于仅仅拥有物质产品，而是对欣赏和使用这些产品更加感兴趣。这种成为鉴赏家的才能也反映了他们较高的文化和经济资本。

白日梦和幻想在产生思考性满足中发挥了重要的作用，主要是建构乐趣——甚至从日常活动中。这种技巧被坎贝尔（Campbell，1987）认为在现代享乐主义中很重要，现代享乐主义是现代社会消费文化的内在动力。本研究不打算将现代享乐主义的理论推广到所有中国消费者，也不打算将所有的"从想象中寻求乐趣"的行为归结为"现代享乐主义"。但是，有关思考性满足的发现揭示了新的消费模式，指出了被访者中存在的新的辩护模式。在他们对于品味的解释中，一些被访者将乐趣、玩或者刺激作为追求，所以实际的活动是可变的、广泛的，包括喝酒、购物、度假甚至烹饪和驾车等非典型的娱乐活动。当被问及最喜欢的消费，姜先生、薛女士和麦先生都在第一反应中使用了"玩儿"这个词，"我喜欢……玩儿"（姜先生，40 岁）、"我喜欢跟很多人一起玩儿"（薛女士，26 岁），"玩儿、旅游"（麦先生，40 岁以上）。尽管在"玩儿"的上面的品味类似，他们喜欢的活动却是迥异的。姜先生喜欢旅游，麦先生喜欢和家人一起度假，而薛女士喜欢去夜店以及与朋友聚会。另外，橱窗购物和自助游也是有关"思考性乐趣"的证据。一些女性被访者（如董女士、温女士、简女士）可以从橱窗购物中获得乐趣，虽然同物质产品并没有实际的接触。此外，所有提到喜欢旅游的七位被访者基本都偏爱自助游，虽然这种方式更加耗费时间和体力。原因是这些消费行为允许了更大的自由进行乐趣的建构，因此产生了高密度的思考性乐趣——欣赏。特别是他们创造了一些紧张，随后又立即放松，这种方式被认为是更强大的刺激，可以带来更加持久的乐趣（Scitovsky，1976）。

社会性乐趣强调互相依赖、互惠性和分享，"包含参与、同情和信任，其中陪伴是……一个非常重要的例子"（Warde and Martens，2000：186）。该类型的满足感是瓦德和马顿斯的重要贡献，它常常被学者忽略但是在强调家庭责任和义务的中国社会文本中是获得愉悦的非常重要的元素。除了从旅游中获得个人的乐趣，被访者也将之延伸到了家庭领域，将之看作履行家庭责任的方式之一。事实上，旅游被认为是一种理想的家庭活动。郭先生和麦先生的家庭常常去自然风景优美的地方度假，麦先生尤其提到喜欢和家人一起旅游，因为"更好玩儿"。白先生喜欢文化古迹，而太太和儿子喜欢自然风光，为了和家人一起分享旅游的乐趣，白先生甚至妥协了自己的兴趣，家人出游常常选择去自然景区。在旅游之外，社会性乐趣的寻求也体现了麦先生对于子女的各种"玩儿"的课程的投资上，如第十章提到的。他对于两个儿子从中获得乐趣感到很满足，也通过想象孩子将来能过上快乐的生活感到很开心。社会性乐趣的重要性因此得到揭示。如瓦德和马顿斯（Warde and Martens，2000：207）所解释，"满足的一个重要基础就是社会参与，尤其是在一个人的快乐依赖于所有人的快乐的情况下，在这种情况下的感受或心情是一种不可兑换的联合的创造"。

在乐趣的寻求中，性别扮演了重要的角色。在显示出较为明显的追求个人乐趣倾向的被访者中，大部分为男性和年轻女性，他们通常不是家庭购物等日常琐事的主要承担者。而较年长的女性被访者往往强调消费中的舒适、放松或者认同。如前文分析所体现，一个可能的原因是负责家庭购物的女性通常从家庭的长期福利来进行消费决策，而男性和20来岁的年轻女性可以更加专注于寻求乐趣，虽然可能也会考虑其他维度。

由此可见，乐趣的追求——感官性、功能性、思考性和社会性乐趣，交织着舒适的追求——身体的和精神的需要的满足，在被访者的品味中非常明显。综合前几章的分析，由此可以区分"自我导向型"和"他人导向型"的消费倾向，前者强调个人身体和精神上的需要——乐趣和舒适是典型的例子，后者看重的是从他人的赞赏或者评价获得满足——地位炫耀和社会认同是典型的例子。在北京中产阶层的消费行为中，自我导向型消费倾向和他人导向型消费倾向都发挥一定作用，但是追求乐趣和舒适的自我导向型消费倾向占主导地位。同时我们也看到，在与家庭有关的"私领域"中，个人同家人的乐趣和舒适的体验紧密相关，体现了这种新出现的追求乐趣和舒适的消费倾向与集体情感和传统价值观的交叉。这种消费倾向可以解释中产阶层的消费模式。

2. 道德辩护

如第二章所述，中国文化并不鼓励个人的乐趣和舒适，因此被访者在提供有关乐趣和舒适的审美辩护之外，可能需要道德辩护来让他们对自己的品味自信。访谈发现，几乎所有的被访者都提供了道德辩护，主要是有关"量入为出"，即保持消费与储蓄、长期福利相平衡的能力。传统的节省和适度的价值观再次体现了出来。

被访者大都可以负担得起喜欢的物质产品和服务，他们的消费也大都与储蓄、长期的福利保持平衡。宋先生和姜先生的消费（和投资）行为常常被家人和朋友评论为"奢侈的"，但是他们可以为自己的品味辩护，因为"可以负担得起"。宋先生是一位上市房地产公司的部门经理，在房产和金融投资上非常大胆，同时背负着好几个银行的贷款。他这样解释自己的品味：

　　"我认为为了应急存钱是没有意义的，因为我们是在等待幸福而不是等待意外（笑）……"

"我的想法很简单。如果有意外，我可以把钱从投资里取出来，比存在银行好多了。"（宋先生，31 岁，大型房地产上市企业部门经理）

姜先生是一位 40 岁的首席采购官，经常去海外进行"奢侈"度假，也对自己的品味很自信，"我现在做的投资和理财只是为了将来的一些计划，但是你无法控制未来，所以担心又有什么意义呢？"

他们的辩护理由暗示着对于乐趣和舒适的追求，也体现出"量入为出"这种传统价值观在当代新的实践方式——中产阶层用积极的理财策略在满足物质欲望的同时努力保持收支平衡，这不同于传统的强调禁欲的节省伦理。

这种使用负担能力做出的辩护同被访者对于品味的判断是一致的，他们大都同意好的品味并不总是和昂贵的物品相联系。因此，物质欲望的满足并不总是导致过度的开销。物质欲望的性质和程度将会在后文进一步讨论。定性数据揭示的适度的开支也同定量分析的发现一致：适度和节省体现在他们对于乐趣和舒适的追求中。

因为"量入为出"在品味的辩护中发挥着如此重要的作用，被访者主要的焦虑来自于负担不起他们想要的东西。但是，只有两位工资相对较低的被访者表现出了对于经济状况的较为强烈的担忧。这个发现的理解应当结合被访者的理财策略以及对于"可负担的"的判断，后者将在下一节进行讨论。

当然，也有被访者曾经经历或者正在经历品味中的矛盾性：他们不太确定自己的品味是好的还是坏的。但是，这种案例只占样本的很小一部分，主要是那些将地位体现或者社会认同作为主要消费动机的被访者。潘先生和张女士大体上对自己的品味自信，虽然表示有时也疑惑在对于奢侈品的追求中自己是否变得势利或者庸俗了。因此，可以得出结论，虽然少数案例对于自己的品味不太确定，大多数的被访者认为通过消费追求舒适和乐趣是"正当的"（justifiable）。

通过对品味的道德辩护的分析，我们对于当代中产阶层消费倾向和消费伦理的转变有了更深入的认识。首先，节省这一传统道德对于人们的消费行为仍然有相当的影响。但是，如果经济上可以负担，对于乐趣和舒适的追求在被访者看来具有合法性，所以不需要在其他的道德基础上进行辩护，如工作伦理或者家庭责任。虽然被访者可以通过工作的成就和同家人分享获得功能性和社会性乐趣，努力的工作和足够的家庭责任大都不被认为是追求乐趣和舒适的必要条件。

3. 讨论和启发

以上的分析解释了北京的中产阶层的品味被如何塑造。在品味的分布中，收入、性别和年龄对于区分人们的品味发挥了重要作用。对他人和自己的品味的判断建构了社会区分。但是，本地人和外地人之间在品味的判断上的分界并未出现。没有被访者能够清楚地区分本地人和外地人的品味。何女士提到 30 年前在北京曾出现过本地人和外地人在品味上的不同，她觉得本地人看起来更土一些，但是根据访谈，这种分界在逐渐消失，都市对于消费的影响逐渐变得显著。董女士（一位出生于北京的年轻女性）特别提到，很难通过品味和时尚分辨本地人和外地人。而且，访谈数据显示，这两类人群在归属感以及受到北京的影响上的差异也不明显，后文将解释更多的都市效应。反而是收入在生活质量和社会福祉的区分中发挥了重要的作用。可能的原因是，对于中产阶层来讲，北京见证了他们的向上流动，所以职业和收入——而非家乡——是建构内部区分的更主要的因素。

研究也显示，在品味的辩护中对于乐趣和舒适的追求十分明显，被访者大体上对于自己的品味自信。有关乐趣和舒适的审美辩护交织着保持收支平衡的道德辩护。审美辩护也同家庭责任和工作伦理相交叉。品味的辩护以及伴随而来的焦虑可以通过一个机构性模型来理解，这个模型因为鲍曼、贝克、吉登斯和瓦德的著作而有名（Warde，1994）。这个模型认为消费者的焦虑与机构性（institutional）因素的重要性降低有关，"对于文化生活的传统机构性影响的重要性的消融以及与之相关联的个人责任和传记的重要性的增强"（Woodward，2006：268）。前文提到过在中国的文本中也有如何选择审美的或者"有品位的"产品的紧张，同样是由于机构性因素的重要性在降低，或者更准确地总结为"更少的权威可以咨询"（Woodward，2006：268）。当消费者在享受自由选择的权力的时候，他们不需要也不可能再依赖社会规则或者权威，而必须对自己的选择做出辩护。因此，可以看到在当代中国，至少在消费生活领域，社会规则的力量越来越局限，而消费者主权正在被强调。

第二节　物质欲望

关于物质文化，在获得、使用和交换物质产品（赠送礼物、家庭责任和日常购物）中涉及的社会关系和社会互动在前几章都有所论述。物质文化的另一部分——物质的意义也曾在前文有所讨论，也将在本节通过对于物质产品的欲望来进一步分析。

虽然他们对于某种物质产品感兴趣，被访者总体上没有表现出对物质的痴迷。很少有物质产品——甚至是很贵的——为被访者特别地珍藏。当被问及珍藏什么物质产品的时候，简女士、麦先生、郑女士和林先生给出了明确的答案"没有"。虽然潘先生在奢侈品和品牌商品上投资了很多，但是他觉得没有物质上的东西值得特殊的感情。甚至自认为"对于（物质）有强烈的占有欲"、有时也被自己的过度消费所困扰的董女士也没有特别珍藏某个物质产品，因为"它们都是来了就走的"。但是，一些同文化资本和回忆有关的物质产品却被赋予了特殊的感情。例如，书籍，朋友或者家人赠送的礼物，相片以及其他承载着某种回忆的物品。杭先生珍藏每一本他拥有的书，何女士珍藏的是一个盛着她的毕业证书、结婚证书和结婚戒指的首饰盒，这些见证了她人生的不同阶段。这种包含着激情、幸福或者焦虑的人和物之间的关系是物品承载着意义的极端例子。这种关系类似贝尔克（Belk，1995）所研究的"收藏"行为，他这样解释，"收藏是一种获取性的、拥有性的以及物质主义的追求，使得收藏者专注于对于非必需消费品的持续的探寻，这些消费品脱离了曾经可能具有的功能"。

以上对于物质产品两种不同的情感实际上反映了物品的意义的双重性。一方面，被访者想要将自己与拜物主义和庸俗区分开来，以建立某种形象或者维持与他人和谐的关系。另一方面，物品和人之间渗透着情感的关系强调了拥有者的个体性。这种辩证关系被 Csikszentmihalyi 和 Rochberg-Halton（1981：38）描述为"区分和整合的模态"。区分的模态指的是物品被用来将拥有者和社会文本分离的过程，强调"拥有者的独特属性，他或者她的技能以及与他人相比的优越性"。本研究讨论的物质产品承载感情、代表着某个独特的生活轨迹或者拥有者的品味，服务于区分的过程。相反，整合的模态指的是物品象征性地表达了拥有者和社会文本的整合，强调拥有者同其他人的相似性，例如共同的世系、宗教或者生活方式（同上）。被访者对于昂贵的物质产品的使用方式（漠视和淡然）应当从这种整合的模态来理解。

上文初步梳理了被访者对于物质产品的欲望的程度，本节将继续推进这些问题：在他们的生命中物质欲望有何变化？从他们的物质欲望中可以得到怎样的暗示？他们对于物质生活满意吗？在他们的物质欲望中是否有焦虑或者矛盾？

一　物质欲望的变化

在人的一生中，收入在物质欲望的变化中发挥着重要的作用。潘先生对于奢侈品的兴趣始于获得了一份收入丰厚的工作之后。如他解释，"膨胀"的物质欲望主要是来自财富的增长和多重的责任：

> "随着一段稳定关系和家庭的建立，一个人开始变得实际起来，生活的重心变成了工作以及赚更多的钱——为了家人过上好日子、社会地位和虚荣，目标更加明确。"（潘先生，27 岁，移民，主要跨国 IT 企业项目主管）

齐女士以自己的经历解释为什么物质欲望通常会随着收入的增长而扩张。以大学中的早餐为例，她曾经觉得 3 块 5 毛钱的一个汉堡很贵，但偶然买了一次之后，就再也吃不惯以前便宜的早餐了，是这种消费品带来的舒适和满足使得她在收入允许的情况下会期待更加昂贵的物质产品：

> "消费水平一旦提高，很难降下来。如果你经常买高档的、能提高生活质量的东西，你就逐渐知道什么样的食物更可靠，什么牌子的衣服更舒服。"（齐女士，29 岁，中央国家机关公务员）

和齐女士不同，宋先生的案例则体现了物质欲望的轨迹不一定遵循简单的线性机制：当一个人到达某种阶段的时候，物质欲望的性质和程度可能会趋于适度。宋先生来北京之前家庭很穷，但是在童年和少年时期，他也没有太多的需要，所以物质欲望并不强烈。当他上了大学以及刚开始工作的时候，收入很低却又需要负担各种生活费用同时也想履行家庭责任的时候，他渴望各种物质产品。随着职业生涯的发展，他能够负担得起自己和家庭过上舒适的生活，反而觉得物质欲望不那么强烈了：

> "……（物质欲望）那时极端强烈。但是现在，客观地讲，欲望更加实际，量更大，也更清晰。但是现在我不觉得我缺什么。如果我想要房子和车的话，它们更像是投资。"（宋先生，31岁，移民，大型房地产上市企业部门经理）

相反，相当多的被访者认为他们的物质欲望一直保持适度，虽然内在的机制是不同的。如朱先生——家乡是广东的33岁的中型国企总经理——所强调，他通常根据自己的购买能力来购买商品，随着财富的增长，他的物质欲望也没有太大变化，或者用他自己的话说，"物质追求的观念很健康"。因此，他认为对于是否"有钱"的界定更多地依赖个人的物质欲望而不是财富。这种对于富裕的主观判断在被访者中很明显，下文将继续讨论。如朱先生解释，这种一贯适度的物质欲望归功于自己的中产阶层家庭背景，他从未感受到剥夺因此也从未特别想要什么东西。

朱先生关于物质匮乏和欲望之间的关系的理论好像很有道理，也能够解释宋先生的案例。但是郑女士和唐先生的经历则挑战了这种理论。郑女士的父母家庭并不富裕，但是她也认为富裕取决于心理上的知足。另外，唐先生解释他对于昂贵的物质产品没有欲望是因为来自贫穷家庭的背景。唐先生是一家公司的高管，年薪百万元以上，但是唐先生和他的妻子仍然保持着以前的一些习惯。

> "我认为生活挺好的，我没觉得从钱少到现在有了更多钱需求有什么变化。我的意思是，如果你有十万，你去街边小摊吃酸辣粉，在你有一千万的时候仍然很享受，就挺好的（笑）。我喜欢这种感觉。不是为了存钱，和那个没有关系。"（唐先生，36岁，移民，上市企业下属公司首席商业计划官）

另外一个类似的案例是姜先生。他一直都很享受物质产品带来的乐趣，甚至在他年幼物质资源比较缺乏的时候。同这种富裕的主观判断类似，姜先生既不觉得在月薪 1000 元的时候有压力感，也不觉得在美国工作赚更高薪水的时候立刻变得有钱了。因此，从姜先生的经历和解释来看，物质欲望也是独立于财富和家庭背景。

但是，这种关于"富裕"依赖主观判断的理论可能暗含着一种对于社会不平等的辩护，因为从客观上拥有的财富来说，大多数被访者比社会中的很多其他人都更加富裕。此外，被访者所解释的家庭背景的不同影响也应当在这种文本中理解：由已经过了几年（甚至更多年）富裕生活的被访者表达出来，因此可能包含了优越感和某种辩护。

上文提到收入是影响物质欲望的重要因素，另外，物质欲望也可能受到社会变迁和个人生活变迁的影响而发生变化。访谈显示，婚姻通常是个里程碑，人们需要更多的物质资源来履行家庭责任。事实上，婚姻也是一个很好的窗口，来观察社会变迁如何带来物质欲望的变化。根据访谈时刚刚结婚或者将要结婚的访谈者的叙述，房子是成立一个新家庭的必需品。而在 20 世纪 90 年代初，在房子刚刚变成商品的时候，它并不是结婚的必需品。据龚先生（35 岁，本地人，民营上市企业设计总监）回忆，"那时候，我们没太考虑物质上的东西，因为我们两个都不太在意这些"，他们对于住在父母家也很满意。再退回到 70 年代末 80 年代初在何女士结婚的时候，新婚夫妇最想要的仅仅是"三大件"：洗衣机、缝纫机和照相机。

婚姻之外，迁移到北京也带来了消费上的一些变化。访谈发现，人们的日常生活通常被北京独特的文化——包括饮食文化、时尚文化等所塑造；北京的经济发展水平也更加发达，从而营造了一个更繁荣的消费市场，对消费模式产生很大影响；北京作为一个政治文化中心，有着浓厚的政治氛围，对于人们的心态产生一些影响，有的被访者觉得不像上海那样"拜金"——认可财富，但也有被访者认为跟庞大的都市和机构比起来"人太渺小"、不平等的感觉更强烈。基于此，迁移到北京之后，被访者在消费模式上的变化主要包括，消费行为的参与更频繁，物质欲望更强烈，品味和价值观上也发生一些变化。跟年纪较长时迁移到北京的被访者相比，这些变化在较年轻时候迁移到北京的被访者身上更为明显。

可以看出，物质欲望的变化主要同收入、个人生活、社会变迁以及迁移到都市这些因素有关。虽然被收入所调节，但是不断增长的物质欲望尤其暗示了一种追求乐趣和舒适的倾向。

二　物质欲望的辩护

以上对于物质欲望的解释可以揭示，被访者大都拥护物质产品带来的乐趣和舒适。与他们的品味一致，一些被访者打算在将来收入允许的情况下，购买更昂贵、更高档的物质产品。正如齐女士认为，"它们肯定比我现在消费（使用）的更好、更舒服"。

事实上，在郑女士看来，物质欲望不仅带来乐趣和舒适，而且是向上社会流动的正面刺激。她的生活方式与姐姐的截然不同。姐姐想方设法地攒钱，生活也比较节约；相反，郑女士认为从消费中追求乐趣和舒适是种美德。她以自己乘出租车的偏好举了个例子。

> "我一般打车，不坐公交车，每天可以省三到四个小时。……另外再花两小时写篇文章赚些稿费……打车的钱我至少能赚到了吧。所以我带我外甥（姐姐的儿子——作者注）出门的时候——他学习成绩很好——我跟他说成绩好不是本事，你得知道怎么花钱。……你得知道怎么让钱给你带来身体和精神上的快乐。"（郑女士，40岁，移民，国有研究机构学者和作家）

这种对于物质欲望和向上社会流动的关系的解释显示了追求乐趣和舒适的倾向和传统的工作伦理之间的交叉。以更好的事业和更好的生活为依据对乐趣和舒适的追求进行辩护也被其他一些被访者提到。另外，郑女士的辩护理由也反映了中产阶层更高的社会、文化和经济资本，这其实是对于乐趣和舒适的追求有信心的重要因素。同郑女士相比，姐姐如果选择了类似的生活方式将会更加焦虑，因为作为社会中下阶层成员，她的收入来源较少因此不能负担这些开销，文化权力也较小而不能合法化她的品味。因此，拥有较少文化资本的社会中下层人群往往迎合权威和社会习俗来避免惩罚——例如道德谴责或者经济上的代价，而较高社会阶层的人群对自己的品味和价值观更加自信，因为依靠更丰富的资源，他们可以应对伴随而来的焦虑和矛盾。

访谈揭示了大多数被访者认为自己的物质欲望适度并能够为享受物质产品带来的乐趣和舒适进行辩护。但是，适度和过剩的物质欲望之间的边界却并不总是明朗，一些被访者表现出了焦虑和矛盾。虽然张女士和董女士可以通过使用自己赚的钱这个理由来为自己的消费辩护，她们有时也对于自己拥有的过剩的物质产品感到愧疚。董女士，这位 28 岁的外企白领，体现出了对于自己物质欲望的焦虑，"我自己都不能忍受这种大手大脚（笑）。但是我也不能控制自己"。相反，林先生，这位 27 岁的公务员，能够更好地控制自己的物质欲望。他曾经为自己对于数码产品的痴迷感到困扰，但是在太太的建议下打算减少这方面的开支。就在奢侈品上的开支来讲，潘先生，这位类似年纪的 IT 白领认为自己随着收入的增长变得有些虚荣了，但是他不确定这个界限应该摆在哪里，"我一直告诉自己应该降低自己的欲望，但是我不能想象……（当拥有更多财富的时候如何能够做到）"。

如前文所述，被访者对于品味的道德辩护主要由适度的开支以及他们"能够负担"的理由构成。他们对于"负担得起"的定义是什么？他们如何保持物质欲望和购买力之间的平衡？结合物质欲望，他们的辩护可以进一步得到理解。

首先，过度的物质欲望，尤其是那些超出个人支付能力的物质欲望，被认为处于道德劣势或者造成某种程度上的焦虑。即使一个人能够负担，过度的消费也被一些被访者批评。这是欧女士对她的姐姐的品味作出判断的依据，对于姐姐"沉迷于囤积"昂贵的物质产品（奢侈品），她并不认可。

其次，足够的购买力被认为是消费的必要条件。如第六章提到，为了达到收支平衡，被访者通常限制他们的支出和物质欲望而不是增加借贷。因此，就北京的中产阶层来讲，物质上的欲望并不总是带来事实上的购买行为，这说明购买力在其消费模式中起到了重要的缓冲作用。根据访谈，"负担得起"的另一层意思是购买力并非充分条件，即不是所有负担得起的物质产品都会被购买，被访者也会考虑商品在量上的累加对购买力造成的紧张。其他的购买考虑还包括品味，例如不购买大牌的奢侈品是为了避免炫耀。

最后，一些年轻的和更加节省的被访者表示如果收入增加了，将会扩大金融投资而不是进一步满足物质欲望。尤其对于年轻被访者来讲，原因可能在于组建和维持家庭中所需要的巨大开支和各种责任。以上关于"负担得起"的理解以及存在于部分被访者之中的投资优先性从本质上体现的是中产阶层的节约和适度的价值观，这种价值观强调长期福利而非当下的乐趣和舒适。

三 讨论和启发

以上关于物质欲望的分析揭示了审美的和道德的辩护：再次暗示了追求乐趣和舒适的倾向，这种追求也通过促进向上社会流动和更好的生活再次得到了道德上的辩护；另一个主要的道德辩护是关于物质欲望和购买力之间的平衡。被访者认为适度的物质欲望是种美德，"负担得起"是理解他们的消费模式的重要概念。这些辩护的依据是本研究的关键。通过考察品味和物质欲望，本研究发现大多数的被访者对于自己的消费表现出了满意和自信。但是，满意的程度有所差别。年轻的或者有较少家庭责任的且积累了更多财富或者事业前景很好的人群往往在品味上更加自信，对于自己的物质生活也更满意，例如方女士、欧女士、白先生、姜先生和潘先生。另外，适度的物质欲望也是个重要的因素。例如董女士，虽然她的家庭责任很少、收入也相对较高，但是这位 28 岁的白领对于自己的消费很焦虑。相反，齐女士，这位相似年纪的公务员，尽管收入比董女士还低，大体上对于自己的消费很满意。

被访者中显著的满意度同一系列的社会的和个人的，经济的和文化的因素有关。毋庸置疑，受益于改革，中产阶层较高的社会地位是个重要因素。另外还因为被访者有节制地使用借贷，收入来源多样化并且大体上能够保持物质欲望和购买力的平衡。如之前所解释的，他们较高的文化资本能够合法化他们对于乐趣和舒适的追求，较高的经济资本帮助他们保持收支平衡，因此能够实现审美上的和道德上的辩护。

在消费倾向的解释之外，访谈也发现消费模式同居住在都市也有一定关系。一方面，繁荣的消费市场提供了很多便利。另一方面，也存在焦虑和紧张，包括购物上的交通不便、较高的生活成本、紧张的工作压力以及产品质量问题等。在这种文本下，我们能够理解被访者在强调"负担得起"这个必要条件的同时，也想要在闲暇时间去度假，并且偏好更加昂贵、高品质的物质产品。特别地，社会保障体系的不完善以及社会不平等也在某种程度上伤害了消费者，这也是为什么比起西方的中产阶层，北京的中产阶层通常显得更谨慎、多虑。

如前文揭示，被访者也对以下问题存在焦虑：不断升级的消费品、过于物质化的儿童消费、紧张的经济状况和过度的购物等。一些被访者也对于地位追求以及适度的和过度的物质欲望之间的界限感到矛盾。无论如何，对于每位被访者来说，最多上述一种或两种紧张明显存在，大多数被访者表现出了对于自己的消费生活总体上的满意。因此，结合消费中的焦虑和矛盾有助于理解这种由被访者表达出来的"满意"的复杂性和程度。

值得一提的是被访者对于公共领域的忽视。访谈中可以看到，消费中的焦虑和矛盾大都集中在私人领域，如质量问题和购买力，而非公共领域，如自然环境和社会政策（除了社保政策被几位被访者提起）。或许暗示着，北京中产阶层的公民意识并不十分明显，这是理解他们的满意和自信的重要文本。但是，这个结论仍需要进一步研究，因为访谈的主题可能会给被访者留下一种印象，即本研究只关心他们的私人领域，所以他们可能觉得并不合适谈论公共领域的话题。另外，2008 年之后随着微博和更多民间组织的兴起以及空气质量上升为焦点问题，中产阶层对公共领域的关注可能增加，公民意识可能也在增强，但需要更新的数据来进一步探明。

第三节　本章结论

加上前几章论述过的日常消费和物质文化，本研究至此已经从多个维度考察了消费模式。追求乐趣和舒适的倾向在被访者中十分明显。这种新的消费倾向引入了一系列可以得到辩护的行为——当决定自己的生活方式的时候，一个人考虑自身的乐趣和舒适逐渐被认可。访谈揭示，对于乐趣的追求交织着对于舒适的追求构成了被访者的审美辩护，适度的支出和物质欲望组成了主要的道德辩护。收入对于消费的支出和频率发挥了重要作用，年龄和性别是影响品味的分布的重要因素。性别对于追求个人乐趣倾向的区分也很关键。然而，外地人和本地人在品味上的差异并不明显，这暗示着都市对于人们的消费模式产生了相当重要的影响。

追求个人乐趣和舒适的倾向的存在和实践是本研究的主要发现之一。对于乐趣和舒适的追求在北京的中产阶层群体中开始具有合法性，与这一群体对自己的生活更有主导权分不开。或许我们可以得到启发，在当代中国，个人的主权正在被强调，而社会的规训在逐渐放松。

第十二章
网络购物：理性与冲动的交锋[*]

近些年，网络购物越来越受到年轻人和中产阶层的欢迎，在电子商务发展更成熟的大城市，网络购物甚至有超越线下购物的势头。本研究中的年轻被访者也显示出了对网络购物的热情，他们一般通过网络购买护肤品、化妆品、家庭装饰品以及碟片和书籍等，而经验更丰富的被访者也购买耐用品、日用品和食品。

2012 年淘宝"双十一购物节"创造了 191 亿元的销售额，这在商品零售和电子商务历史上堪称神话。那么如此庞大的消费需求的性质如何，在多大程度是理性的、可持续的呢？其对于扩大消费又有怎样的启示和意义？本章尝试使用新浪微博数据，研究"双十一购物节"中的网络购物行为及其所反映的消费需求的性质。本章将首先阐明此次购物节所反映的一些新的消费趋势及其对于电子商务发展和扩大消费的意义，然后从已有文献中借鉴微博数据的收集和分析方法，再介绍本章的数据来源和分析策略；在数据分析部分，首先简要探讨"双十一购物节"的传播情况，接下来将重点考察消费行为的属性和消费者类型，并对如何扩大消费做出政策建议。

第一节 淘宝购物节和消费需求

2012 年 11 月 11 日，原本只是年轻人的"光棍节"，却被淘宝网创造的奇迹改写成了"购物节"。中国的电子商务历史会记住这些数字：支付宝交易 191 亿元，2.13 亿独立用户登录，占中国网络人口的 1/4，3 个商家的销

＊ 本章的数据收集委托上海英莫信息技术有限公司。

售额超过亿元，217 家破千万元。这个交易额是同年上海 395 家商业企业黄金周 8 天营业收入的 3 倍，相当于香港地区 8 月份三周的零售额总和①。同时，根据新浪微博的"微指数"报告，购物节前后的三个月中（10 月 27 日至 12 月 28 日），"双十一""淘宝""天猫"② 在 11 月 11 日的热议度达到顶峰，分别为 2747437 次、1616946 次、1558044 次。这让媒体和公众惊叹大众消费的巨大能量。11 月 26 日出版的《三联生活周刊》以"被抑制的消费"为封面对购物节做了专题报道，讨论我国的内需究竟是被压抑了还是被低估了。

本章关注淘宝"双十一购物节"，主要由于其反映的新的商业和消费趋势，对于我国的扩大消费具有重要意义。电子商务几大巨头如淘宝网、京东商城和亚马逊等很长时间以来就以价格较低、方便快捷等优势让传统零售业备受挑战，这场购物节只不过以淘宝网为代表，电子商务打的又一场胜仗。用阿里巴巴集团董事局主席马云的话来讲，这场购物狂欢节是"新经济、新的营销模式对传统营销模式的大战……就像狮子吃掉森林里的羊，这是生态的规律"③。无论这种观点正确与否，学术界和政策研究者应当把握住这种新趋势——这场电子商务革命不仅在以新的流通和营销模式拉动内需，也在从流通领域扩展到生产领域，影响着我国经济发展的转型。

首先，电子商务提供了一个监督企业行为、提高企业竞争力的有效途径。在电子商务的平台上，商品信息更透明，顾客的评价也更直接，能够促进企业提高产品质量和服务水平。当然我们也看到，虚假成交、虚假评价等现象仍然存在，假名牌和假货充斥网络，网络商户的偷税漏税也难以监管，这又可能对实体经济造成冲击。因此，规范企业商家的生产和营销行为、鼓励合理合法的竞争是电子商务有序、健康发展的关键，也对提高企业竞争力具有积极的意义。

其次，中小企业（品牌）通过电子商务开拓了国内市场需求，可能成为促进内需增长和经济发展转型的新动力。2009 年，淘宝商城创立，与淘宝小商户不同，淘宝商城主要吸引各种档次品牌的旗舰店、直营店入驻，注

① 淘宝网公布的数据，http://bbs.taobao.com/catalog/thread/508895 – 259620363.htm［检索日期：2013 年 1 月］。

② 之前为"淘宝商城"，由各种品牌的旗舰店、直营店构成，后文有详细介绍。

③ 搜狐网，http://it.sohu.com/20121110/n357240337.shtml［检索日期：2013 年 1 月］。

重质量和信誉，淘宝商城后来更名为"天猫"。为了打响淘宝商城（"天猫"）的招牌，淘宝网自 2009 年开始在 11 月 11 日——被年轻人所熟知的"光棍节"这天——开展购物节活动（所以"双十一购物节"其实是"天猫购物节"），"天猫"逐渐被消费者所熟知。入驻"天猫"的除了线下的大品牌之外，也有在一线城市难以见到的国内中小品牌。它们大都有完整的生产线，其中有一些以前专做出口加工（优质的出口生产线依然是这些中小品牌的宣传噱头），由于受到金融危机的影响，它们不得不从依赖出口到依赖国内需求；凭借完整的生产线和淘宝网的支持，它们比淘宝的零售小商户更有信誉、更能保证质量，因而有很强的竞争优势，很多也建立了自己的企业文化，朝着企业化、制度化的方向发展。这些中小品牌的数量非常多，集中于淘宝网的"天猫原创"① 类目。不管是由于海外订单缩减而转向国内市场，还是真正的设计师原创品牌，这些中小品牌在"天猫"这个平台上开拓了国内市场需求，并逐渐赢得了消费者的认可；它们在缔造购物节的销售额神话中也发挥了重要作用②。甚至有业内人士分析，淘宝未来可能会将业务重点从传统的 C2C（从零售商户到消费者）转移到 B2C（从企业到消费者）。

以上两种新出现的趋势都是从生产者角度所做的分析，那么中国的消费者对此做出了怎样的回应？"双十一购物节"的超高销售额是否代表了消费者的"真实"需求——其中有多少是可持续的、理性的需求，有多少是可能被夸大了的、冲动的需求？如果以冲动消费、盲目跟风为主导，那么只是一场虚假的繁荣；但是如果以理性选择、冷静克制为主导或者理性消费占相当高的比例，足以说明大众消费需求是旺盛的、一定条件下可持续的，不仅对于扩大消费有着深刻启示，对于电子商务的发展也有积极的意义。因此，这场购物狂欢节所体现出来的消费需求（或说消费行为）的属性是关键所在，对于理解处于电子商务蓬勃发展和大众消费背景下的消费者非常重要。

---

① "天 猫 原 创" 的 链 接，http：//www. tmall. com/go/chn/mall/taobrands. php？spm = 3. 1000474. 204095. 4. zMKwQ6［检索日期：2013 年 1 月］。

② 来自阿里研究中心的文章显示，2012 年的购物节中，天猫原创品牌裂帛、茵曼销售额分别超过 8500 万元和 6700 万元，与韩都衣舍共同位列女装类目前三甲；除女装外，涉及童装、化妆品洗护、家装家纺以及鞋服行业 13 家天猫原创品牌也分别跻身所在类目的前十位，多家成交额破千万元。http：//www. aliresearch. com/？m－cms－q－view－id－74105. html［检索日期：2013 年 1 月］。

微博营销是"双十一购物节"的一个重要营销手段，"天猫"（天猫在新浪微博的官方账号）的宣传和广告对于销售额功不可没。在 2012 年 11 月 1 日至 30 日期间，"天猫"粉丝数（关注者）约为 2144580（到 12 月底已达 229 万），共有 268 条"天猫"发出的微博（发布日期在 11 月 1 日至 12 日之间）被转发，转发次数为 893504①，评论数为 54071。本章的数据来源是新浪微博。

第二节　微博数据收集和分析方法综述

微博时代，社会运行的机制开始出现变化。从社会结构的角度，在微博上有拥有话语权的人（或者被称为"公知"）并不一定是现实社会中有较高社会声望或者处于较高社会阶层的人，微博世界中"领袖"的形成遵循着另外一套逻辑，与现实社会相互交叉、影响。从社会变革的角度，人们在对"真相""谣言"的辨别中、在"公知"们的知识普及下，或主动或者被迫开始思考这个世界和自己，这种自"微"而上的抗争与"官方"的回应——置若罔闻或者妥协让步——以及二者之间的博弈形成了一套新的推动社会变革的逻辑。虽然集体抗争很可能是盲目的或者暴力的，"官方"的让步、改革也可能是不明智的或者暂时的，但是微博时代所经历的每一步社会变革都更加透明、外显，利益集团无处遁形。从社会参与的角度，微博平台不仅很大程度促进了人们参与线下的群体性事件/活动的范围和规模，也提高了人们对公共话题、突发事件的关注和思考程度；而且公众参与的活动/讨论的内容更加丰富，不仅涉及维权、公益等公共事件，也涉及生活方式、文化品味等日常生活，更有无厘头的幽默、搞笑等讨论，并且微博上的表达也更加激烈、个性化。这种广泛的社会参与模式和个体化的表达方式改变着人们的社会认同和自我认同，可能会对线下的生活方式和日常行为产生一定影响。

面对这些社会变迁，传统的问卷调查或者访谈的研究方法对于某些社会现象的解释就显得无力，为什么淘宝"双十一购物节"可以 24 小时之内创造 191 亿元的交易额？为什么以往很难被大众知晓的内幕、真相乃至丑闻可以一夜之间家喻户晓？这些问题的回答需要更多一手的实时数据或者大样本

---

① 该数字为经过数据清理之后的结果，清理方法详见下文。

数据，深入分析微博时代的传播关系和社会网络，以理解态度倾向和社会互动的形成机制。这样的努力有助于考察和解释社会变迁，深入分析社会运行机制，也有利于政府更好地处理和防范突发事件，引导理性的公民意识，学会在微博时代如何提高执政水平。

微博与传统博客在结构上的区别主要在于四点：文本简短，可以转发，用户之间可以关注，除非设置私密默认都是公开的。基于此，微博数据具有以下几方面的研究优势。首先，数据收集便捷、高效，能够在短时间内获得海量样本，既可以收集实时数据，也可以收集历史数据（受一定条件的限制），拓宽了学术研究的数据来源，尤其是突发事件、危机事件、群体性事件研究的数据来源；这样的数据收集模式特别适用于一些低成本的试调查，此外也可以将微博数据同调查数据、访谈数据相结合，做出丰富、深入的分析。其次，支持文本分析，每条微博虽然简短，却能够给出一定的主观解释，而且微博的表达通常更加直接、个体化，相比调查数据能较深入地理解行为模式。最后，可以分析传播关系和传播情绪：哪些是重点的传播者，传播的是积极肯定还是消极否定的情绪，并能够与社会网络进行交互分析——肯定情绪的关注者多还是否定情绪的关注者多，有助于理解态度和行为的形成机制。

传统的数据收集一般区分为定性或者定量的方法，前者典型的为访谈数据，后者典型的为调查问卷数据。微博数据的收集则有些不同，根据研究内容大体上可以区分为一般性的数据收集和事件性的数据收集。前者多应用于一些针对传播关系、用户特征等的广泛的、综合的研究，不强调时间、背景等因素。这种数据收集一般采用随机抽样的方法。博伊德等（Boyd et al.，2010）关注转发行为的研究，在 2009 年 1 月 26 日至 6 月 13 日期间通过 twitter API 每隔五分钟从公共时间线（public timeline）获取数据，得到一个包含 72 万条推的随机样本；另外一个数据来源是同年 4 月 20 日至 6 月 13 日期间通过 twitter API 在公共时间线随机抓取的包含 203371 条转发推的样本。夏雨禾（2010）在微博互动的结构与机制研究中，采用分层随机抽样的方法，从不同的新浪微博用户类型（"微博达人""人气草根""普通匿名用户""媒体用户"）中随机抽取 1～2 名微博用户，收集这些用户在 2010 年 4 月 5～9 日期间所发布的全部微博。赵文兵（2011）在对和讯财经微博用户特性的研究中使用滚雪球抽样的方法，从一个起始页面开始抓取，然后使用正则表达式匹配算法抽取出所需数据信息存入数据库，再从关注者和被关注者链接抓取下一层页面，循环往复直至遍历网络中所有相连的节点；不考虑时间因素的干扰并忽略孤立节点的情况下，这种方法抽出的样本容量实际上和总体数量几乎接近。显然，这种接近总体的数据收集方法只适用于数据量相对较小或者创立初期的微博平台，而对于积累了大量用户和数据的推特或者新浪微博则不太实际。

后一种事件性的研究则指向具体的时间、背景、事件，如果样本量不算太大的话，倾向获取全体数据。休斯和帕伦（Hughes and Palen，2009）关注紧急和公共事件中推特的使用，收集了在 2008 年 8 月 21 日至 9 月 14 日期间关于四个事件（民主党全国大会、共和党全国大会、Gustav 飓风和 Ike 飓风）的公共推。戴尔可伯罗斯和莎玛（Diakopoulous and Shamma，2010）研究推特上关于 2008 年总统电视辩论的讨论，使用 "#current" "#debate08#" "#tweetdebate" 等词组搜索相关话题，共得到电视辩论期间发布的 1820 条推和之后 53 分钟内的 1418 条推。事件性的微博数据收集由于大多抓取总体数据而避免了抽样带来的数据偏差，但是面临的难题是如何选择合适的搜索词甄别事件相关数据。这两篇文章都使用了较简单的事件关键词，不同的是，休斯和帕伦（Hughes and Palen，2009）搜索的是含有关键词的微博推特，而戴尔可伯罗斯和莎玛（Diakopoulous and Shamma，2010）搜索的是含有关键词话题的微博推特。休斯和帕伦的文章对此做了初步讨论，认为数据中的"噪音"（使用关键词搜索得到的无关推）在不同事件之间是可以比较的，它们是相关的、具有代表性的。可惜的是，文章对此的论述并不充分，但是提出的问题非常重要，即搜索词是否有效直接影响数据分析的误差。

由于微博数据的特点，数据分析主要集中在三部分——传播关系分析、社会网络分析和文本分析。转发是研究微博的传播关系的重要渠道。博伊德等（Boyd et al.，2010）在推特上设立了一个账号收集人们对推特行为的看法，在为什么转发的问题上，分析主要发现这些动机：

（1）向新的受众强化或者传播推；

（2）娱乐或者告知某一受众群体；

（3）通过转发并添加新内容来评论他人的推，往往开启了一个对话；

（4）让别人看到他/她也是倾听者；

（5）公开认同别人；

（6）验证别人的思想；

（7）认同或指向小众群体和隐性内容；

（8）出于自我利益，为了增长关注者（粉丝）或者与名人互惠；

（9）收藏为了方便自己将来看到。

总的来说，博伊德等（Boyd et al., 2010）认为，转发行为注重潜在的或者想象的"他者"，也推动了不同类型的"社会行动"，尤其当微博中有"求转发""求扩散"的字眼时，因此真实的或者潜在的受众以及社会行动塑造了人们转发的内容。

韩国首尔大学的张德镇教授以具体案例对推特上的传播关系做了更为细致的分析（张德镇、金倚勋，2012）。该文收集了 2010 年 9 月 14 ~ 30 日期间有关"理念性消费发言"①的讨论推，共得到 2660 个推，至少写了一个推的账号有 1991 个。在推的构成中，新发布的推占 18.5%，特定人群之间的相互回复占 8.5%，单纯的转发占 63.35%，被转发的推占 9.66%。同"暴雨事件"的推作比较，"理念性消费发言"事件的新推和回复的比例都较低，而转发和被转发推的比例都较高。文章对此的解释是，对于理念性消费，由于需要对经济正义发表意见，是比较复杂的事情，因而新推并不多，意见交换也较少，但是即便不直接阐明自己的意见，一旦看了别人的意见后产生了共鸣便会转发，于是转发的比重上升很多。该文将参与用户区分为"批判""中立""拥护"和"其他"四种类型，在对不同态度的转发关系进行矩阵研究后发现，批判论者和中立者所发布的推在各自群体内都被转发，即这两个群体内部都有相互强化机制出现；同时，批判论者的文字也被传播给了其他态度的人群——拥护论者也转发批判论者和其他立场人的文字，但是拥护论者转发批判论者的文字并不是想传播而是引用并加以批判。这些发现主要有两点启示：第一，批判论和中立论者最可能被转发，而拥护论者不具备这样的倾向；第二，事件的性质不同，转发的目的也不一样，这里拥护论者转发对手的推目的是使自己的立场正当化，即博伊德等（Boyd et al., 2010）总结的"为了社会行动的转发"。

微博数据分析的重要优势是对突发事件和大规模公共事件的研究。休斯

---

① 据文章介绍，新世界副会长郑溶镇就大型超市"易买得"销售快餐比萨一事在推特上做了关于"理念性消费"的发言，详见张德镇、金倚勋（2012）。

和帕伦（Hughes and Palen，2009）一文提供了针对这两类事件的很好的分析思路。文章选取了在 2008 年 8 月 21 日至 9 月 14 日期间发生的两个公共事件和两个突发事件——民主党全国大会、共和党全国大会、Gustav 飓风和 Ike 飓风，首先展示了事件相关推在此期间的趋势图，具有更大范围影响力的飓风的相关推数量远远超过两党大会的相关推数量，暗示了推的数量同事件的规模和影响力相关。但是每人发布的有关这四个事件的推的数量呈现非常类似的趋势，即发布某一数量推的用户比例很接近，可能暗示着较普遍的推特行为特征：随着发布推的数量增加，发布者的数量在下降。文章认为，这说明一部分人作为"信息中枢"（information hubs）收集和使用信息，而大多数人只是以次要的角色"参与"事件。分析也在同时期随机抽样了一个包含 18308 条推的样本，从转发比例、包含 URL 链接的比例以及新用户活跃度的角度，同四个事件相关推的样本作比较。有趣的发现是，事件期间加入推特的新用户中的活跃用户（指 2008 年 9 月 14 日至 2009 年 1 月 8 ~ 9 日期间每周发布 1 ~ 2 条推的用户）比例要高于随机抽样样本中新加入用户的该比例。文章的解释是，在非常规事件中加入推特的用户更可能长期积极地使用推特，因为有需要并且强烈感受到这种新科技非常有用，因而更可能成为坚定的拥护者，这对于新科技的推广具有一定启示意义。数据分析的意义在于证实了推特这种新科技在向大众快速传播信息方面的积极作用，应当在紧急预警、回应和恢复重建中被个人和社会采纳。

张德镇、金倚勋（2012）也对推特上的韩国人于 2010 年 8 月 1 日至 9 月 30 日期间发布的推进行了综合的研究，发现关系网络呈现幂律分布，但事实上并不是极少数的用户被大多数人关注就必然出现意见的垄断，因为有 40% 的用户因其他人的转发而使自己的意见被传播，因此对这种幂律分布的解释需要慎重。此外，对被转发最多的政治社会领域的推进行分析发现，对政府的批判性内容占压倒性优势，这与推特这种媒体的对抗性特征有关，如作者所解释，"传统媒体越是保守和独裁，人们通过新媒体得到不同信息的欲望就越强"。

夏雨禾（2010）对于新浪微博的互动结构的研究方法和发现也非常具有启发意义。研究根据不同类型微博（主帖、帖出、跟帖①和转帖）的转发

---

　① "帖出"和"跟帖"在文中的定义较模糊。

和评论情况，区分了三种微博互动的结构模式：由主帖和帖出响应形成一个中心话题的"链状结构"，由主帖和多个帖出响应形成多个话题的"环状结构"，以及形式上与主帖和帖出处于一个对话结构之中但跟帖与中心话题并不相关的"树状结构"。这些互动结构并存于微博，"环状"和"树状"结构增强了话题空间的成长性，拓宽了群体性互动的空间，文章认为"树状"结构将会成为微博互动的主要形态，由此也可能导致网络言论空间的进一步复杂化。不过文章对于"意见领袖"功能趋于弱化、现实社会处于话语弱势的"草根"成为微博互动再建构的主导力量的结论在今天看来并不准确。微博发展至今，"意见领袖"大量涌现并在公共事件中发挥主导作用，确实有一部分"意见领袖"来自现实社会的"草根"，但很大一部分在现实社会中也是"精英"或者专业人士，而且也并不是所有"草根"都有渠道、有机会成为"意见领袖"，事实上微博平台上的社会分层机制同现实社会既有区别也有交叉。

社会网络分析侧重研究微博平台上的关注关系。胡伯曼等（Huberman et al.，2008）致力于厘清到底哪种关注关系对用户的活跃度有较大影响。数据来自推特上 309740 位用户，平均每人发布 255 条推、有 85 位粉丝并关注 80 位其他用户。文章将关注关系分为三类——"关注我的人"（粉丝）、"我关注的人"以及朋友（数据中有至少两条推使用@符号指向的人）。研究发现，粉丝数量较多的用户发文数量也较多，但是最终趋于饱和；朋友数量较多的用户发文数量也较多，在达到 3201 条推（推特只显示每位用户最多 3201 条推）之后未出现饱和。因此，朋友数量比粉丝数量更能显示用户的活跃度。就朋友数量同粉丝数量的比率来说，大多数推特用户的该比率小于 0.1，比率的平均值为 0.13，中位数为 0.04；因此，虽然一个人可能拥有很多粉丝或者关注很多人，但是最有影响的朋友的网络往往是非常稀疏的。胡伯曼等（Huberman et al.，2008）继续研究了关注人数和朋友数量之间的关系，发现朋友数量最初随着关注人数的增长而增长，但是很快就趋于饱和、维持在几乎不变的状态。可以理解，关注一个人的成本比维持朋友关系的成本要低得多，因此即使一个人的关注数量能够无限增长，但是朋友的数量最终会停止增长。以上发现得到的启示就是，即使在社交网络上两个人有关注关系，但并不代表他们之间会有互动，因此通过社会网络分析来研究信息的传播、社会关系的形成以及营销的时候，需要找出这种隐秘但是十分关键的朋友网络。

对微博的文本分析来讲，很重要的作用是对人们的情绪或态度进行分类。在样本数量不大的情况下，研究者可以逐条微博进行判断，但是在大样本的情况下，就需要引入系统的分析工具。国内有的学术和市场研究使用分词软件，原理是根据研究者对于关键词和词语区分的设定，将一段话分隔成为一个个的词或短语，这样就可以进行系统的定量分析。但是微博语言不是标准的书面语言，甚至比口头语言还难以捕捉规律，非常个性化且经常有新名词诞生，这就给如何设定分词的规则并进一步判断态度/情绪提出了很大的挑战，需要更适合微博的分词工具的开发。

戴尔可伯罗斯和莎玛（Diakopoulous and Shamma，2010）的文本分析使用的是 Amazon Mechanical Turk（AMT）——一个众包（crowd-sourcing）网站，通过这种网站研究者将任务外包给大众，大众获取一定报酬。在该研究中，大众工作者需要将抓取到的 3238 条推划分为四种类型：负面、正面、混合以及其他。研究者将每 10 条推归为一组，大众工作者每提交一组推的分类判断获得 5 美分的报酬。由于他们的认知水平、工作态度不好控制，研究使用了五种复杂的规则来确保分类的有效性。第一种是时间过滤法，以低于平均提交时间的一个标准差时间为标准，如果大众工作者花费的时间低于这个标准则要放弃该分类。第二种是态度过滤法，如果一组的分类答案不完整，比如漏掉了某一条推的分类，则放弃该组。第三种规则是控制推过滤，每组推含有来自控制推的一个样本，这种样本的分类明确且没有争议，如果大众工作者错误归类了这种推则整组的分类都被放弃。第四种规则是偏见过滤，如果每组推的正面与负面分类比率低于某一标准，则视为该大众工作者有偏见，需要放弃该组的判断。第五种规则是工作质量过滤，如果来自某大众工作者的被保留的组数与被放弃的组数之比低于 0.5，则该人的余下分类全部被放弃。

由于所划分的类别相互之间并不独立，研究计算了 inter-annotator agreement（ITA）作为每一组推归类的皮尔逊相关系数，来测量归类的可靠性。结果 ITA 为 0.655，表示归类的一致程度较高。总体上，1187 条推（占 36.7%）在三种相互独立的类别中完全一致，1622 条（占 50.1%）在三种类别中的两种取得了一致，只有 429 条（13.2%）在归类中未达成一致。研究者也随机抽取 200 条推邀请三位专家进行归类，来验证归类的有效性。

结果专家归类的 ITA 为 0.744，可见专家之间更可能获得一致的意见。但是，大众工作者的归类也适合用来分析。戴尔可伯罗斯和莎玛（Diakopoulous and Shamma，2010）的文本分析方法快速、便捷，人工的判断也能够识别一些俚语和新名词，但是由于大众工作者的认知水平、工作态度不好控制，需要严格的筛选规则和验证方法，以确保数据的有效性和可靠性。

第三节　数据收集和分析方法

鉴于在购物节期间转发"天猫"微博的用户应该都是购物节的潜在消费者——至少对此感兴趣或者关注的人群，因此本章将这部分用户作为研究对象。本章以新浪微博的"天猫"账号发出的微博为起点，收集了在 2012 年 11 月 1 日 0 点至 11 月 30 日 23：59 分转发了这些微博的微博作为数据来源。数据清理主要是三部分，一是去除显示"抱歉该条微博已被删除"的样本，二是去除相关变量显示非转发数据的样本——因为所有数据都为转发天猫微博的微博，三是去掉在市场上公开报价的营销账户①。结果共得到 893504 条转发微博，来自 620603 位用户，被转发的"天猫"微博共有 268 条。为了分析消费需求的属性，本章进一步分离出了"消费者"的用户数据，尽量去掉了企业运营账户以及认证为天猫和淘宝领导层或员工的用户②，共获得 846125 条微博，来自 595910 位用户，他们是最有可能为消费者或者关注购物节的个人用户。

在这些近似的个人用户中，女性占 54%，可见购物并非女性的专利，关注购物节的男性也占到了将近一半。这些用户分布于全国 31 个省、自治区和直辖市③以及香港、台湾、澳门及海外地区，来自省会城市或者北京和

---

① 委托的数据收集机构拥有公开报价的营销账户的名单。

② 很难保证去掉全部的运营账户，因为运营账户没有特别一致的特征。经过分析，他们的性别分布应当说不具有特殊性，但是多分布于经济发达地区，所以以下文可能高估了发达地区关注购物节的个人用户的比例。但是这种情况不会影响消费需求属性的分析，因为分析显示，相关微博样本的选择方法能够较有效地剔除各种"水军"和运营账号，详见下文。

③ 具体包括安徽、北京、福建、甘肃、广东、广西、贵州、海南、河北、河南、黑龙江、湖北、湖南、吉林、江苏、江西、辽宁、内蒙古、宁夏、青海、山东、山西、陕西、上海、四川、天津、西藏、新疆、云南、浙江、重庆。

上海的占到了 50%；其中，来自北京的占 18%，来自上海的占 22%，来自广州的占 10%，来自杭州的占 9%①。因此，"双十一购物节"的波及范围非常广泛，虽然经济发达地区占了较高比例，但是中小城市、县城乃至农村的消费热情也被调动了起来。在这些个人用户中，影响力最高（粉丝最多）的是几位名人，在新浪微博俗称"大 V"②，他们是薛蛮子、徐小平、李晨、蔡文胜、陈士渠、杨伟庆和杜子健，这几位的微博也基本上是数据中转发数最高的。他们转发的"天猫"微博全部是关于交易额，表达的大都是对电子商务和交易额的赞叹。

　　购物节的销售额奇迹同微博营销、信息传播的关系很大，消费行为的属性分析主要来自微博文本，因此本章侧重传播关系和文本的分析，并结合定量和定性的分析方法。定量分析主要包括传播关系分析和描述分析等，能够揭示传播机制和消费需求的性质。定性分析主要是针对传播情绪和需求属性进行的文本分析，能够对消费者的主观解释做出较准确的判断，并深入理解消费行为——在当代的社会文本下，消费者所理解的"理性"和"冲动"的具体含义是什么，这尤其对于消费理论的构建具有重要意义。

第四节　传播关系和情绪分析

　　在"天猫"发出的 268 条微博中，转发数量最高的有三大类，一类是转发微博送红包、抢红包，一类是购物节的选购指南和广告，再有一类是关于交易额的通报，其中前两类都属于购物节之前的营销和宣传，对于交易额的攀高有非常重要的作用。转发最多的前四条微博都属于第一类，位于榜首的是一条发布于 11 月 10 日晚上 7 点多的微博："关注@天猫服务站，并转发此微博活动，@三位好友，就有机会获得 4999 元天猫现金红包"，被转发245251 次，评论有 239495 条，如此高转发率大大提高了"双十一购物节"

---

① 作者于 2012 年 12 月 28 日使用新浪微博"微指数"应用搜索近三个月内"双十一"的热议度，结果为：女性占 56.5%，前几位用户地区依次为福建、江苏、广东、浙江、上海和北京。地区分布跟本研究的分析结果稍有不同，主要原因是新浪微博的搜索没有剔除运营账号、营销账号和淘宝员工账号，所以本研究的分析结果更能代表关注购物节的个人用户的特征，除了发达地区的用户比例可能被高估。

② 由于名人在新浪微博多为认证用户，在用户名之后会有"V"的标识，他们一般也拥有大量的粉丝，因而俗称"大 V"。

的知名度、扩大了受众范围，送红包也激发了消费者参与的兴趣。

本章分析了全部 268 条微博的传播路径，将复杂的转发关系简化为多个一对一的转发关系，并提取出转发源头、目标用户和转发次数三个变量。分析发现，这些微博的传播多数以直接转发"天猫"微博为主，但也有除了"天猫"以外的一些关键传播点，大多类似营销账号。这说明，淘宝网确实存在大量的活跃用户（粉丝和消费者），转发送红包的活动也吸引了大量直接转发，但是一些营销账号也起到了推波助澜的作用，利用所拥有的众多粉丝扩大了购物节的宣传。

本研究将以一条有关五折商品目录的微博为例，揭示"天猫"营销微博的传播路径。这条微博发布于 11 月 6 日上午 10 点多，内容是："举家欢庆的购物狂欢节里，担心找不到五折宝贝？还眼红五折宝贝被别人抢走？Don't worry！小猫整理了一套'抢购'独家秘籍，商海茫茫中一眼就认准双 11 五折宝贝，抢先关注轻松逛够双 11！让你抢购宝贝有技巧，再多商品没烦恼！好东西别忘了分享给亲朋好友哦 http：//t. cn/zlFnpmO"。

截至 11 月 30 日，该条微博显示被转发 4034 次，评论有 520 条。经过上文提到过的数据清理之后，我们的数据中转发了该条微博的有 3899 条微博。如图 12 - 1 所示，有一个最大的传播节点、周围布满了密度最高的点，即为"天猫"。数据显示，直接转发"天猫"微博的微博有 2058 条。在以"天猫"为中心的传播圈的外围还分布着大约七八个次重要的节点，由它们也发散出去了很多的传播关系。分析发现，这些关键传播点为"实用小百科""实用心理学""全球热门搜罗""关注我不后悔""全球大百科""最热潮""宅男宅女爱冷笑话""我 Hold 不住了"，转发这些微博的微博从 127 条至 424 条不等。这些微博账号显然属于运营或营销账号，通过发布一些生活百科、时尚新闻或者笑话等来运营微博，粉丝数量众多。以"实用小百科"为例，截至 2013 年 1 月初，粉丝数达到 363 万，而这些传播节点中粉丝数最少的是"关注我不后悔"，也达到了 74 万。借助这些粉丝数较多的账号进行购物节的宣传，显然是更为有效的营销策略。在这条有关五折商品目录的微博的传播过程中，个人用户扮演的多是目标群体的角色，为图12 - 1 中传播线的末端、分布密集的圆点；个人作为起点的传播关系大多只有一至两次而已，依稀分布于这几个传播圈的外围，因数量较少、较分散而很难识别。

图 12 – 1 "天猫"五折商品目录微博传播关系

仍以这条五折商品目录的微博为例，本研究进一步分析了传播的情绪——是以肯定、积极参与、兴奋激动的情绪为主导，还是以否定、冷眼旁观、抱怨失望的情绪为主导。本研究选取了转发数量最多的前1000条微博，转发数从 0～13，然后对这些微博进行文本分析。结果发现，肯定的情绪占到了90%以上，典型的关键词包括"抢购""给力""分享""果断""兴奋""围观"，否定情绪的典型关键词包括"贵一倍""假""涨价""不凑热闹"。有意思的发现是，在肯定和否定情绪的阵营中，都存在一定数量的重复微博，这可能说明双方阵营都存在一定数量的"水军"，即被雇用发布某种类型微博的用户。但是大多数表示打算参加、关注或者无评论地转发肯定情绪微博的还是来自"真正"的用户，并且这种肯定的情绪占据了传播的主导地位，因而可以理解购物节中消费者的热情何以高涨。

第五节　消费行为的属性

为了揭示消费行为的属性，本研究需要分离出发生了购买行为并对其做出讨论的微博数据，这里对于相关微博的检索比休斯和帕伦（Hughes and Palen，2009）的讨论要求更高。在初步了解 846125 条微博构成的近似个人用户数据的基础上，首先发现"买"是个重要的关键词；其次，由于一些关键传播点——比如"生活小智慧""微博搞笑排行榜"——在购物节之后发出内容大致为"191 亿，你贡献了多少?"的微博，以及一个"微话题"号召大家"一起来晒晒看，我们为这个 191 亿，贡献了多少力量"，引发了很多用户的转发并讨论自己的购买经历，因此"贡献"也是一个有效的关键词；为了更准确地获得发生了购买行为的样本，本研究使用"有贡献"和"贡献了"作为筛选的关键词。需要说明的是，本研究保留了微博正文（转发符号"//"之前的内容）中含有这些关键词的数据，以便于更大可能性获得理想的样本，结果共获得 36196 条微博。这样的处理方法使得"水军""大 V"和运营账号都显著消失，当然也不能保证全部都是实际购买的用户，而且也不是每条微博都表达了有关需求和购买动机的言论。

经过分析这个数据，本研究发现以下 21 个词汇在微博用户表达消费需求和购买动机时使用频率较高，它们是：冲动、跟风、凑热闹、理性、疯狂、冷静、克制、后悔、工资、便宜、价格、打折、划算（赚到）、实惠、折扣、优惠、款式、功课、喜欢、品牌、质量。因此，本研究保留了微博正文含有这些关键词的数据，再进一步去掉水军微博、广告和无法判断需求性质的数据，共获得 912 条微博，来自 912 位用户。这个样本是发生了购买行为并讨论了自己的消费需求或购买动机的消费者。由于微博数量等同于用户数量，因此基本可以将微博体现出来的消费行为属性——理性或者冲动——等同于消费者的类型。

这里需要探讨一下本研究对于"理性消费"和"冲动消费"的定义。首先，暂不讨论这两种消费行为的道德合法性问题，区分的目的在于研究购物节体现出来的高涨的消费需求能否持续、良性发展，从而为扩大消费给出政策建议。本研究的策略是将那种相对理性和冷静的、具有反思性的、有意识控制的消费行为同相对冲动和盲目的、无计划无意识的、无法自制的、容易后悔的消费行为区分开来。其次，本研究主要根据消费者主观的判断，辅以研究者的判断。也就是，将消费者做出的理性或者冲动消费的判断作为判断，并将列举的理由作为判断依据。最后，对于一些消费者未作出明确判断但列举了透支金钱或精力的事实的微博，研究者将之判断为"冲动消费"，比如"我贡献了1个月工资（可怜）"；也有一些消费者虽然自认为"凑热闹"但体现出了理性思考或克制，研究者将之归为"理性消费"。

　　基于以上的定义和这912条微博构成的数据，分析首先揭示了总体上购物节中的消费需求属性。数据显示，理性需求或说理性消费占到了52%，这就说明不能一概认为参与"双十一购物节"的人群以冲动、盲目消费为主，反而是冷静、克制的消费行为占了上风——虽然以较微弱的优势。女性消费者中理性消费和冲动消费几乎各占一半，而男性消费者中的理性消费比例稍高，占54%，这个发现也挑战了那种认为进行冲动消费的多为女性的观点。来自大城市（省会城市或北京、上海）的理性消费者占53%，稍高于来自中小城市的理性消费者比例（占49%）。分析也发现，理性消费者的粉丝数更多，理性消费者的粉丝数平均为906名（中位数为262名），而冲动消费者的粉丝数平均为633名（中位数为216名）；较多的粉丝数一定程度上代表了较大的影响力，就可以解释为什么理性消费行为稍占上风。

　　可能由于女性更愿意讨论自己的消费，所以该数据中女性占到了79%。为了大致了解总体的情况，本研究设置了一个加权变量，使得女性占样本比例等同于上文的个人用户数据中的女性比例，约54%。加权之后，理性消费行为的比例依然在52%左右，消费行为属性同性别、所处地区以及粉丝数的关系也几乎不变。

　　通过文本分析，本研究也进一步加深了对于"理性消费"和"冲动消费"的理解。图12-2是对于"理性消费"和"冲动消费"类型分析。如果将消费理解为从挑选、支付到使用的一个过程的话，文本分析发现，冲动消费行为主要在乎挑选和支付的乐趣，即购买的过程，而较少在乎商品的使用本身；理性消费行为则相反，更注重的是商品的欣赏和使用，购买过程体现的是冷静、克制和精明的特征。这种区分冲动消费和理性消费的视角对于消费研究具有一定启发意义。

　　在购买过程中，冲动消费的一个显著特征就是失去控制，比如"说不买不买还是贡献了一半的工资""最后时刻没 hold 住""没抵挡住诱惑""忍不住打折的日子不买点什么"；而理性消费的一个显著特征则为冷静克制和反思，比如一位宁波的女性写道"严格控制消费金额，只买需要的东西"，一位江苏的女性写道"继去年买的面膜拖把到今没用后，今年仅消费 48，够克制吧"，另一位来自北京的女性虽然有些"狂欢"的动机但体现了反思的精神，"熬到现在其实只优惠了一点，值不值也就图个乐呵了就像真的过节似的，呵呵"。

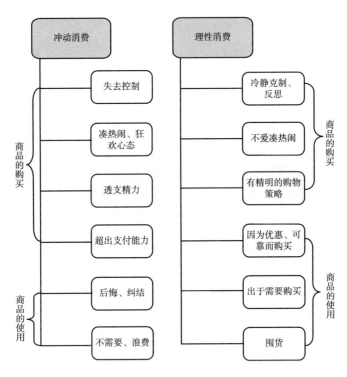

图 12-2 "冲动消费"和"理性消费"的类型分析

此外，是否凑热闹和狂欢的心态也是冲动和理性消费在购买过程中的重要区别。一些消费者借着购物节的理由疯狂购物，寻求开心和刺激。比如，"双十一更像是为花钱找个理由"，"东西不是真的很便宜……今天却给个借口我去扫荡"，"不买点东西对不起自己""淘宝疯狂购物……很开心，很满意""午夜购物太疯狂太刺激了"。相反，理性消费者则明确表示不喜欢疯狂打折，一位来自北海的男性写道"淡定的贡献了 51 元……一到打折就提不起购买的欲望，购物的乐趣在于在列表中仔细寻找打折信息一点点的省钱……这种满目打折，实在没有成就感啊"。

在理性消费的阵营中，还脱颖而出一批"精明"的消费者，他们的策略包括预先选好商品存在购物车中、去熟悉的店铺购买、提前做功课等，目的是买到物美价廉又可靠的商品。一位北京的女性写道：

> "我到目前为止贡献了 1000 块。双十一购物的心得是，一定要买自己熟悉的东西，因为很多所谓折扣都是噱头，并没有真的便宜。还有最好在你熟悉的店铺或者天猫的官网买东西，以免有人浑水摸鱼卖假货。"

还有一位消费者用诙谐的口吻"炫耀"了自己的智慧："作为理智且精明的消费者，我只贡献了 60 元，我用返利优惠券 10 元，天猫红包 50 元加上信用卡 60 元买到了原价 120 的冬季睡衣，这事我会到处说么？"

相比之下，冲动消费者不仅失去控制、被狂欢冲昏了头脑，而且在购买过程中透支精力、超出支付能力。通过数据发现，熬到午夜的冲动消费者为数众多，甚至有的"坚持"到了 12 日早晨，花光了一两个月工资的也大有人在，"我贡献了一个月的工资和一夜的休息"，"我也贡献了 5 位数……搞得我一夜没睡"。

理性消费者的重要特征是能够为自己的消费行为"辩护"（justify），数据中主要体现了三种辩护依据——都是有关商品的使用：商品优惠或可靠、出于需要、提前消费（囤货）。虽然有很多人质疑购物节打折的真实性，但是从数据来看，仍有相当的消费者认为折扣是实在的，"双十一"期间的消费是实惠的。比如有细心的消费者专门同商场做了比较，"同样的小朋友羽绒服，朋友上个月不打折 600 多买的，我是半价买的，我觉得还是很划算的，而且是新款，专门去商场看过了"；也有的消费者坦承"现在这物价高的，便宜一点是一点"。有的消费者还做过"功课"，购买的商品质量可靠，"我买的那家质量好好的，我几个同事都买了""质量不错，我们儿童之家的妈妈买了很好用"。很多消费者的购买也是出于自身需要，或者凑巧赶上了购物节，或者趁着优惠囤积一些用得上的东西。比如"我只是正巧要买东西并且也没享受双 11 的优惠"，"买了 n 多箱喝的、4 双鞋子、洗发水、拖把、储物盒、垃圾桶、垃圾袋。很没创意的一堆。不过很实惠……真心不贵啊"，"买了……够用两年的尿不湿"。

与理性消费者能够为自己的消费行为辩护相反，冲动消费者大都体现出了后悔、纠结的情绪。一位北京的女性消费者的微博最为典型："买的时候过瘾，交钱的时候心酸，发货的时候我就后悔，钱包烧的连灰都看不见了。"

纠结可以理解为程度较轻的后悔，"打折后的价格没有预想的低，让我很是纠结""贡献了一千，好吧我承认有些是不那么需要图便宜的"。而且在冲动之下，买到的东西也并非都是需要的或者喜欢的，一位男性用调侃的语气说道，"哥也贡献了 800 大洋哈，而且是在根本没有需要的情况下，贪图小便宜害死人噢"。

另外，消费需求的属性非常复杂，除了理性和冲动的维度之外，还有后悔没赶上购物节或者后悔买少了的，也有一些抱怨淘宝网络差或者折扣力度不够，这些情绪暂时没有在本研究中进行分析。此外，分析发现有相当一部分消费者代替父母、祖父母购物，或者为家人消费，这说明网络渠道商品的消费者群体还是比较广泛的，并非只有年轻人。

以上关于消费行为的分析发现或许并不能完全代表购物节中消费需求的完整情况，毕竟是根据从数据总体提取出来的部分数据，但是如果认同以上的数据处理方法，那么这些发现很大程度上能够说明购物节中的消费行为特征和消费者类型，对于政府如何在电商时代拉动内需具有重要的启示。

首先，理性消费需求占据了至少一半比例，说明有 95 亿元的交易额是理性的、可持续的消费需求，这已经非常可观；并且根据以往的研究经验，网络更是个抱怨、发牢骚、表达狂欢情绪的场所，所以本研究得到的理性需求比例可能还是保守的估计。再者，如果网络通畅、折扣真实、存货充足，交易额可能还会大幅度上升。这个结论证实了我国大众消费的需求还是非常旺盛的。只要商品价格合理、收入的可支配度较高（扣除基本的吃穿住用仍有相当余额），大众消费有着促进经济增长的巨大潜力。这个结论也暗示，"刺激消费"的话语或许已经过时，政府不应该再简单地鼓励消费者创造需求，当下更需要从商品市场和收入分配着手，促进市场经济尤其是电子商务的发展、规范市场经济秩序、提高人民的可支配收入，这是拉动内需的有效途径。

其次，相当比例的消费者表现出了理智的情绪和消费选择方面的知识，这反映经历了 30 多年的商品社会和全球化的历练，中国的消费者已经迅速成长、成熟起来。当然，也有一些消费者冲动消费，造成了透支、浪费的后果。面对这样特征丰富、复杂的消费者，政府不能再以"引导理性消费"等简单的话语来应对，而应当鼓励消费者认识自己的需求，在追求舒适和享乐的同时端正对物质的态度；同时承担更多公共服务者的责任，如加强市场监管、增强基础设施建设、提高公共服务的水平等。

最后，借助"天猫"等电子商务平台，国产品牌重新塑造形象、凝聚目标客户并拓宽销售渠道，中小品牌也以"原创""低价"的姿态开始崭露头角。数据中提到的国产品牌有歌莉娅、波司登、雪中飞、以纯、特步等，这些品牌一度远远落后于国外品牌，在购物节中以物美价廉的优势重新回到消费者的视野，客户群也拓展到了全国各地。这说明，在合适的条件下，我国的自主品牌和中小企业能够展现较强的竞争力，从而发挥拉动内需、促进经济增长的作用。

第六节　本章结论

电子商务以新的流通和营销模式发挥了重要的拉动内需作用，同时，这场电子商务革命也在从流通领域扩展到生产领域，促进企业竞争力提高并开拓了中小品牌和国产品牌的市场需求。在这样的背景下，本章以创造了191亿元销售额的淘宝"双十一购物节"为例，尝试使用微博数据研究网络购物行为，揭示了购物信息的传播关系和消费需求的属性。

研究主要发现，理性消费行为——冷静、有意识控制的消费行为——占据了至少一半的比例，女性中理性消费者占到了几乎一半，男性中的理性消费者比例稍高，挑战了那种认为进行冲动消费的多为女性的观点；来自大城市（省会城市或北京、上海）的理性消费者比例稍高于来自中小城市的比例，理性消费者的粉丝数也更多——较多的粉丝数一定程度上代表了较大的影响力，可以解释为什么理性消费行为稍占上风。购物节信息的传播多数以直接转发"天猫"微博为主，说明淘宝网确实存在大量活跃的微博粉丝和消费者，并且肯定的、积极参与的情绪占据了传播的主导地位，可以理解购物节中消费者的热情何以高涨。理性消费和冲动消费的类型分析有助于理解消费者的购买动机和行为模式。冲动消费行为主要在乎挑选和支付的乐趣，即购买的过程；理性消费行为则相反，更注重商品的欣赏和使用，购买过程体现的是冷静、克制和精明的特征。

本章的分析揭示了这种高涨的网络购物热情有相当比例是理性的、可持续的，证实了大众消费和电子商务具有拉动内需的巨大能量，同时对扩大消费和消费行为的研究有一定启发意义。

第十三章
结论

近些年，学界和媒体都关注中国经济的增长以及中国这个消费者市场的巨大潜力。通过具体的社会学分析，本书关注当代中国中产阶层的消费模式及其内在的消费倾向。本书的宏观背景是消费文化的全球化和中国的消费革命，政策背景是城市化和扩大消费。中产阶层的发展和消费文化的兴起是本书的重要社会文本。

本书围绕着西方消费文化理论的三个重要主题——日常消费、品味和物质文化，对中产阶层的消费模式进行分析。主要的结论包括两方面：①中产阶层消费模式的主要特征，由此揭示其生活水平和生活方式；②暗含在消费模式中的消费倾向以及这种新出现的消费倾向如何在中国社会实践。本章将从这两方面对研究发现进行总结。

在实证证据的基础上，本书认为一种追求快乐和舒适的消费倾向正在出现、发展。一方面，追求个人快乐和舒适的消费倾向在 1949 年之后、改革开放之前并不存在，现在却暗含在中产阶层的支出模式、购物习惯、消费偏好以及物质产品的使用和欣赏中。另一方面，这种消费倾向也为社会规范、传统价值观以及社会文本所塑造。通过分析被访者如何为自己的品味和物质欲望做出辩护，研究揭示，对于乐趣的追求交织着对于舒适的追求，是审美辩护的一种显著形式。量入为出——保持收支平衡——是主要的道德辩护。

第一节　中产阶层的消费模式

整体上，中产家庭较为富裕，生活水平不仅显著高于非中产家庭，也提高得更明显。中产阶层的家庭资产、房产现值和私家车拥有比例都较高；在

2008～2011 年，中产家庭的"享受型支出"大幅度增长，而非中产家庭只是微弱增长。在收入、受教育程度和职业都处于弱势的社会底层家庭的生活水平最低，中产和边缘中产家庭的人均住房面积和住房拥有数量均高于社会底层家庭。

在住房拥有方面，城镇各阶层和各收入群体的差异并不显著，这跟早年间的住房分配制度有关，也跟不同类型产权、不同地区的购房成本存在差异有关。"买房难""买不起房"突出体现在处于成家立业高峰期的"80 后"一代的身上，本研究特别通过"985"高校毕业生的调查数据关注"80 后"中产的住房拥有情况。他们的住房拥有率与发达国家同龄青年的住房拥有率相比仍较低，但是高于我国城镇青年的平均水平，父母资助情况、婚姻状态和年龄是影响住房拥有的最重要因素。

购房意愿——居民是否有购房的计划或想法——对于考察住房消费特征以及住房消费市场都有重要的意义。实证分析显示，无论是总体上的购房意愿还是区分了大城市和其他地区的购房意愿，阶层的影响都是稳健的。中产阶层的购房意愿最强烈，中产和边缘中产阶层打算在直辖市和省会城市三年内购房的意愿也非常强烈。有购房想法但"暂时不打算购买"的群体主要是受到购买能力的困扰。尤其是，以低收入和失业的大学毕业生为代表的边缘知识群体和以底层白领及技术农民工为代表的边缘白领收入水平较低，针对这些群体的社保体系也不完善、覆盖面不够广泛，很大程度上制约了其购房意愿。

总体来讲，中产阶层是消费文化的核心力量，是扩大消费的主力军。同投资和储蓄比起来，中产阶层更倾向于享受物质带来的乐趣和舒适，消费需求的收入弹性也较高，因此消费意愿比非中产阶层更为强烈。他们在日常的衣食住行方面，倾向较为舒适和个体化的交通工具；更多去品牌专卖店、大商场或者普通商店购买衣服；半数经常去中高档餐馆吃饭，但受到价格、消费偏好、时间和消费观念的影响，也有部分选择大排档、快餐店吃饭。在休闲消费上，中产阶层广泛参与有一定知识含量、需要一定经济资本的现代休闲方式，如去迪斯科/卡拉 OK/酒吧、外出看电影/戏剧/表演/听音乐会、外地旅游、玩电脑游戏/上网、运动健身、郊游/钓鱼/户外活动、读书看报等，相反非中产的休闲方式则较为低廉、单调，比如打麻将/打牌、串门聊天和"没有这些休闲活动"。进一步的分析也表明，阶层对于城镇居民的休闲消费模式的影响是显著的，中产阶层更可能参与现代休闲活动，主观社会经济地位越高参与各类休闲活动的可能性也越大。而且，年龄对于休闲方式的区分作用更显著，16～25 岁和 26～35 岁人群的休闲消费模式同中产的休闲消费模式非常接近。

由消费行为的参与体现出来的消费倾向不仅受到阶层的影响，较年轻人群、收入较高人群以及都市居民都更频繁地参与追求快乐和舒适的消费活动。相对于年龄和职业，收入对于消费倾向的区分起了次要的作用，说明消费/品味不仅仅是种经济行为，也为社会文本和生活方式——或者布尔迪厄所言之"惯习"——所塑造。访谈数据进一步证实，定量分析揭示的消费倾向的年龄差异一定程度上可以理解为代际差异。同父母相比，被访者在消费中大都热衷乐趣、舒适、认同和地位显示等维度，支出也比较高。追求快乐和舒适的倾向在较年轻的中产被访者身上更加显著。而且，在对于代际差异的解释中，对于快乐和舒适的追求也大体上能够被辩护，经济资本和文化资本的力量尤其体现了出来。这些发现暗示着人们的品味、支出和物质欲望如何被不同的社会文本所塑造，也反映出我国 60 多年来巨大的社会变迁。

访谈进一步阐述了消费的性质和过程，以及年龄、性别和收入如何区分中产阶层的日常消费和品味。日常生活中，被访者参与广泛的消费活动，比如外出吃饭、社交以及多种多样的文化活动。访谈发现，年龄代际、工作单位性质和收入对于住房获得的成本有重要作用。受到始于 20 世纪 70 年代晚期的社会变革的影响，出生或者成长于这一时期的人群有着独特的消费模式。总体上讲，这一代被访者在吃饭和住房方面支出更高，更广泛地参与现代消费文化，比如网上购物、使用数码产品以及外出吃饭。此外，在政府部门的被访者大都能以较低的成本获得住房（租房或买房）。但是，由于更高的收入和更多的生活机会，大部分被访者拥有一至两套住房，暗示着北京的中产阶层总体较高的生活水平。定量和定性分析都显示，就消费模式来讲，都市中产阶层群体中本地人和外地人的差异并不明显；可能由于都市中产阶层总体较高的经济、文化和社会资本，这些更加充裕的资源使得中产移民也能够克服很多政策壁垒（比如户籍政策）以及其他的不利因素（比如来自家庭的资助和社会资本积累较少）。

访谈也揭示了消费模式如何受到社会习俗和社会文本的塑造。家庭责任——尤其在子女和父母之间——是中国重要的社会习俗。被访者使用各种各样的物质产品和服务来履行对子女的责任。但是被访者与父母的区别在于，他们的父母力图为子女提供优越的物质生活，而被访者强调精神投资：爱、关心、指导和交流，为子女的消费也暗示一种追求快乐和舒适的倾向。这种为子女的消费模式反映了被访者独特的品味、较高的文化资本以及当代中产阶层较丰富的生活机会。至于对父母的责任，被访者普遍认为子女在经济独立之后赡养父母既是义务也是美德。而且，与70年代后期的社会变迁有关，对父母的责任也存在代际差异。30岁以上[①]的被访者通常定期给父母钱或者购买各种物质产品甚至为父母买房，而较年轻的被访者往往不固定地给父母钱或者礼物。对于扩大家庭的责任感则并不这样强烈。这种对于"亲密"的判断可以通过费老的差序格局的理论来理解。这种独特的社会关系模式也体现在了礼物赠送的行为中。根据访谈，昂贵的礼物往往赠送给家庭成员或者亲密的朋友。此外，在物质产品的意义上，给父母和子女的物质产品更多同履行责任的仪式或者体现关系的亲密有关（Miller，1998a），而较少地如一些东亚文化的研究者所认为的同地位显示有关（e.g. Wong and Ahuvia，1998：13）。

被访者在与同事和朋友的互动中强调品味的个体性，这种对于品味的判断尤其暗示了自我导向型的消费倾向——追求乐趣、舒适、自我认同和自我奖励。但是在与家庭成员的互动中更强调品味的公共性——互惠和分享。这种在公共和私人领域对于品味的不同判断本质上反映了追求个人乐趣和舒适的消费倾向如何受到社会习俗——尤其有关家庭责任——的调节。

中产阶层的品味模式由被访者在消费中的偏好以及对此的主观解释得到揭示。被访者偏好的消费包括文化产品和活动、精致或者高质量但是低调的物质产品以及休闲和放松的活动。在北京的中产阶层中，年龄、性别和收入是塑造不同品味模式的重要因素。品味的辩护更是暗示了一种追求个人乐趣和舒适的消费倾向。虽然一小部分被访者追求地位显示或者社会认同，但是对于乐趣和舒适的追求在被访者之中是最显著的。具体来说，对于乐趣的追求——感官性、功能性、思考性和社会性的乐趣——交织着对于舒适的追求，后者主要指身体需要的满足。可以说，一种追求个人乐趣的消费倾向在北京的中产阶层群体占主导地位，性别和年龄在乐趣寻求的模式中起到重要

---

① 在2008年访谈时候30岁以上的被访者应当出生于1978年之前。

的作用。

与品味一致，物质欲望（即人们想要得到某种物质产品或服务的程度）的变化和辩护也指向了一种类似的模式——被访者普遍热衷物质产品带来的乐趣和舒适。物质欲望的轨迹体现消费在生命周期中的变化，收入在这一过程中起到了重要的作用。随着收入的增长，一些被访者的物质欲望和支出都有所增长。这种上升的物质欲望尤其暗示了追求个人乐趣和舒适的倾向的发展。

消费水平和品味在当代中国社会也起着一定的社会分层作用。实证数据表明，私家车的拥有、购买衣服场所、中高档外出用餐模式和是否经常外出吃饭以及现代休闲消费的参与程度在阶层、收入和职业上的差异较为显著，从这些消费行为的特征可以推断人们在社会中相对地位的高低。对于"80后"一代，住房的拥有在分析生活机会、划分社会阶层中发挥了更为重要的作用。有房的"80后"中产的父母家庭背景较好，更可能拥有私家车，休闲消费支出较高因而生活质量也较高，一定程度体现出李强（2009）所讲的"住房地位群体"的地位获得/划分模式。通过品味的判断——一个人对他人的品味的判断以及对来自他人的判断的感受，社会区分也被建构了起来。被访者大都将自己与庸俗的品味和追随流行趋势区分开来。他们不拒绝设计师品牌和奢侈品，但是大都偏好不那么有名的品牌或者 LOGO 不那么明显的设计来避免炫耀。虽然对于时尚的热情在不同年龄人群中有区别，但是对于流行文化批判、谨慎的态度在被访者之中较普遍。在评估好的还是坏的品味的时候，被访者强调审美、举止素质和文化气质，当然也承认经济资本是将品味转化为现实消费的必要条件。在品味的判断中，中产阶层内部的区分也很显著。一方面，较富裕的群体承认他们在经济资本上的优越性；另一方面，其余的中产阶层成员也接受自己的社会经济地位但是并不憎恨或者嫉妒富人，除了一些对于不劳而获和不正当手段致富的抱怨。这些发现肯定了文化资本在品味的判断中所起的重要作用，也能够解释中产阶层整体上表现出的满意和自信。

网络购物在定量和定性数据中都有所体现。本研究通过对"双十一购物节"中网络购物行为的考察，揭示这种高涨的网络购物热情有相当比例是理性的、可持续的，证实了大众消费和电子商务具有拉动内需的巨大能量。实证发现也初步建构了冲动消费和理性消费的类型理论。冲动消费行为主要在乎挑选和支付的乐趣,即购买的过程;理性消费行为则相反,更注重商品的欣赏和使用,购买过程体现的是冷静、克制和精明的特征。

第二节　追求快乐和舒适的消费倾向

中产阶层的消费倾向及其转变本身并非新的研究发现。本书的贡献在于,强调了自我导向型的消费倾向,并从日常消费、品味和物质文化的维度分析了消费倾向,也展现了这种追求个人快乐和舒适的消费倾向如何与中国独特的社会背景相协调。研究发现挑战了对于中国"新富"群体的刻板印象,对其消费倾向或者趋于炫耀或者趋于节俭的单向度认识需要调整。

访谈显示,塑造消费行为的社会习俗包括性别角色、家庭责任、送礼文化以及节俭和适度的传统价值观。首先,传统的性别角色体现在了家庭购物中,妻子通常为全家人选购吃和穿的商品。这种劳动分工也是被访者中有关"购物"和"消费"的话语的具体化——购物通常与休闲、挥霍以及年轻和女性化相联系。其次,家庭理财中的性别角色却不像家庭购物中的那样保守。妻子和丈夫通常"混合"他们的收入,也共同管理家庭预算和支出。性别角色的解读帮助理解消费模式。家庭购物中较为传统的性别角色可以解释为什么一部分已婚女性被访者强调消费中的舒适,而男性和年轻单身女性被访者呈现出更显著的追求个人乐趣的倾向。最后,妻子和丈夫之间较平等的经济地位使得男性和女性被访者都能够追求想要的东西:乐趣、舒适、地位显示或者社会认同。因此,追求乐趣和舒适这种自我导向型的消费倾向的性别差异并不明显。

物质产品和服务不仅用来满足个人的需要,也用来履行家庭责任。因此,强调互惠、陪伴和分享的社会性乐趣在被访者中非常明显。乐趣的寻求不仅仅通过为自己的消费行为,也能通过为家庭成员购买物质产品和服务而实现;而且,他们也鼓励子女——一定程度上也鼓励父母——培养这种追求乐趣和舒适的消费倾向,体现了这种自我导向型的消费倾向如何在中国的背景中实践。但是,需要强调的是被访者并不主要通过家庭责任来为自己的消费辩护;个人的乐趣和舒适同对于子女和父母的奉献都是很重要的。通过将个人消费行为的辩护同家庭责任联系起来,本研究更新了有关中产父母为子女消费的研究发现(Davis and Sensenbrenner, 2000; Fan, 2000; Wang,

2007），也能够较全面地理解中产阶层的消费倾向。

虽然被访者大体上认同个人乐趣和舒适，但是他们的消费行为保持着一些传统特征——节省和适度。在支出和储蓄、投资和购买力之间保持平衡是中产阶层对消费行为的主要道德辩护。定量分析显示，只有高收入群体频繁地去餐馆聚餐、品牌消费、名店购物以及去健身房健身，而其他的中产阶层成员倾向于"有时"或者"偶尔"进行这些消费。访谈数据也显示，除了一小部分富裕的被访者较频繁地购买昂贵的商品和奢侈品、频繁地外出吃饭，很多被访者在日常消费中采取实用的策略来增强他们的购买力——不仅去百货商场购物，也去小商店购物以及海外购物和网上购物。

被访者对于信贷消费的谨慎态度也暗示了节俭、适度的传统价值观。就家庭理财来讲，被访者否认自己节俭，但是在消费中仍保持着适度。事实上，很少有家庭为日常支出做预算，但是访谈中没有家庭承认入不敷出。与传统的以储蓄作为财富积累的手段不同，一些被访者广泛地参与金融投资、经营投资等来扩大收入来源。中产家庭普遍使用购房按揭贷款，但是年长的被访者较少将信用卡和银行贷款用在日常消费中，只有 50 岁以下的被访者更频繁地使用信用卡。

可以看到，中产阶层由很多自律的消费者构成，他们有意识地保持支出同收入和长期福利的平衡。这种特征进一步体现在了他们的品味和物质欲望中，有关"可负担的"判断对于理解被访者如何能够为自己的消费辩护、如何能够保持收支平衡非常重要。在给出辩护理由的时候，一些被访者将自己的消费行为同拜金和虚荣区别开来：只要能负担得起，就不是挥霍。这种辩护理由也在周晓虹（2005）对于中产阶层消费者的研究中有提及。

本研究的田野调查是在北京；因此在社会习俗之外，都市也在塑造着消费行为。虽然消费品供应在不同地区的市场逐步同质化，但是地区经济发展差异仍然显著并且都市在经济、文化等很多方面都更为发达。因此，被访者得益于消费市场的繁荣，有更多的机会追求乐趣和舒适。然而，都市也带来了很多的焦虑和一些矛盾。首先，很高的生活成本某种程度上减少了物质产品带来的乐趣，因为它加剧了物质欲望和购买力、消费和收入、审美和道德之间的紧张。其次，北京也存在其他大都市都有的问题，包括人口膨胀、交通拥堵费时、工作压力太大等，因此也消磨了购物和消费中的一些乐趣。另外，一些被访者也表达了对于膨胀的物质欲望和过度消费的矛盾情绪。制约生活水平和消费意愿的其他因素还包括不完善的社会保障体系、与收入不成比例的消费品价格尤其是大城市房价、食品安全问题等，消费者的信心和满意度也由于贫富差距和权力寻租等社会不平等和腐败现象而大打折扣。这种较强烈的都市效应也就可以解释为什么都市中本地人和外地人的消费差异相对较小。

因此，本研究揭示了一种新的消费倾向在中国社会的兴起并进一步论述了这种消费倾向的性质和程度以及它如何与传统价值观相交叉。王建平（2007）总结的塑造中产阶层消费模式的张力也在本研究中有所发现。与西方中产阶层不同，被访者显示出较显著的理性和适度的消费特征。从对于乐趣和舒适的追求以及其他的消费决策中可以看到，消费者主权变得更加重要。被访者并不特别拒绝消费文化，反而广泛参与文化消费活动。就阶级认同来讲，一些被访者的确显示出了矛盾和困惑，如第四章所提及。通过考察人们如何组织日常生活以及消费模式中暗含的社会价值，本研究可以肯定，"消费革命"〔Davis，2005；Davis（e. d.），2000；Wang，2005b〕正在当代中国发生。

对于消费倾向的深入和全面的分析也增加了对于中国消费者的理解。大多数被访者在消费中表现出了满意和自信，一个重要的原因是当代中产阶层是改革的获益群体。在较高的社会地位之外，中产阶层总体上拥有较高的经济资本和文化资本，能够合法化他们对于乐趣和舒适的追求。同时，被访者也大都是自律的消费者。因此，大多数被访者能够负担想要的物质产品，对于消费生活也总体满意。但是，不完善的社会保障体系、贫富分化、食品安全、高房价等问题也损害了他们的信心，一些被访者对于自身品味也有矛盾情绪。无论如何，改革的方向应该是坚定地提高民生保障、保护中产阶层的合法财产，这样才能增强这一社会中坚力量的归属感和信心。这些分析体现了被访者总体较高的满意度之下的复杂性和差异。

本研究也挑战了对于中国"新富"的刻板印象。中产阶层并非一个同质性的群体，其消费模式在年龄、收入、性别以及其他维度上都有差异，焦虑和矛盾的程度也有所不同。他们对于消费的满意和自信程度也不同。自我导向型的倾向——对于乐趣和舒适的追求——在访谈中被强调，但是交织着很多"取舍"，例如为了履行家庭责任的妥协以及为了保持量入为出的理性和克制。中产阶层的消费模式必须结合其对于社会行为（social practices）的参与和具体的社会文本才能得到理解。

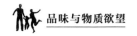

第三节　未来趋势和政策建议

　　首先，同非中产阶层比起来，中产阶层的购买力更高，受教育水平也较高，对于品味和物质文化也更自信，因此其需求更丰富、消费意愿更强——既包括一些刚性需求也包括更高层次的发展和享受的需求。从这个意义上来讲，中产阶层是消费文化的核心力量。随着可支配收入逐步增长，财富积累不断提高，中产阶层将会成为扩大内需、转变经济发展方式的重要驱动力。如果能够有效缩小收入差距、不断完善社会保障体系并促进就业市场的扩大和正规化，更多的边缘中产阶层将实现向上流动，中产阶层和中等收入群体也将持续扩大。

　　其次，城镇的住房需求还有较大增长空间。如果将自有住房定义为本人或配偶（共同）拥有产权，35%的中产家庭以及超过半数的接受过高等教育的边缘中产家庭还没有自有住房。分析也显示，有购房意愿但没有计划的中产和边缘中产家庭主要受到购买能力的限制。因此，如果能有效拓宽这群有需要也想要购房群体的购买渠道，比如增加收入和就业机会、调控房价、完善住房保障制度等，将有效拉动住房消费、繁荣房地产市场，同时也能够提高中产和边缘中产家庭的生活水平。

　　另外，仍存在一些阻碍中产阶层生活水平和生活质量提高的因素。相对于发达国家的中产阶层，我国城镇中产阶层有房有车的比例较低，外出吃饭和购衣等日常生活还需要考虑实惠、节省等因素，娱乐享受类支出占家庭总支出比例很低。压力很大一部分来自社会保障，部分中产家庭在子女教育、医疗和赡养老人等一些带有集体消费性质的领域倍感困扰。物价上涨尤其是飙升的房价给中产家庭带来压力，住房问题更是大大限制了可支配收入，这些问题在边缘中产阶层群体中更为突出。"送礼"行为既同我国的文化背景有关，也同医疗、教育和劳动力市场的制度不完善和资源分配不合理有关，因此15%的中产家庭感受到了"家庭人情支出大，难以承受"。年轻的中产阶层更显著地体现出了追求快乐和舒适的消费倾向，但是生活质量的高低与是否拥有住房密切相关，说明可支配收入受到了较高的住房支出和预算的限制。面对这些不合理的结构和制度，即使是消费欲望强烈的中产阶层都在日常支出以及购买计划上显得非常谨慎。也就可以理解，中产阶层虽然广泛参与休闲消费但是对于时间和金钱成本要求较高的休闲活动的参与度并不高，看电影和音乐会、运动健身、郊游户外和外地旅游等的参与比例只维持在20%左右。这些发现都表明我国城镇中产阶层并未达到总体生活优越、有保障，支付能力低、社保体系不完善、物价上涨乃至食品安全问题都给中产阶层造成了不同程度的困扰。

针对以上未来发展趋势以及存在的症结，为了提高中产阶层的消费意愿从而充分发挥中产阶层扩大消费的作用、提高该群体的生活水平，本书提出以下政策建议。

第一，增加中低收入群体的收入，推进收入分配制度改革。十八大报告提出必须深化收入分配制度改革，并首次提出城乡居民收入倍增计划。国务院于2013年初批转的《关于深化收入分配制度改革的若干意见》明确提出改革的主要目标，"扶贫对象大幅减少，中等收入群体持续扩大，'橄榄型'分配结构逐步形成""力争中低收入者收入增长更快一些，人民生活水平全面提高"；同时指出，深化收入分配制度改革，优化收入分配结构，构建扩大消费需求的长效机制，是加快转变经济发展方式的迫切需要。因此，增加中低收入群体的收入不仅能够壮大中产阶层，也对于扩大消费具有直接的、深远的影响。

第二，在增加收入的基础上，完善社会保障体系，提高民生和社会福利，是促进扩大消费与提高人民生活水平一致性的关键所在。本研究实证数据分析了中产阶层的购房意愿，其实从我们的经验观察得知，同发达国家相比，我国中产阶层其他领域的消费意愿也比较弱，这是扩大消费需要突破的难点之一。如王宁（2012）指出，人民消费能力的结构性抑制的症结所在——国家采取的大部分扩大消费政策的着力点不在于通过建立制度性管道来提高居民的消费能力，而在于建立有助于榨取居民有限消费力的制度（如教育产业化改革、住房改革等）。说到底，消费意愿同收入分配和民生保障等制度政策紧密联系，政策制定的出发点应当是促进扩大消费同提高人民生活水平的统一。政府应当积极完善教育、医疗、养老等方面的社会保障体系，严格、规范社保基金的投资管理体系，并且增强信息的透明度，提高民众对于社会保障体系的信任和信心。社会保障政策也应当惠及技术农民工和外地大学生等边缘中产阶层及其家庭，包括配偶、子女和父母，推动相关社会保障政策的改革以适应现代社会的人口流动。

第三，加强房地产宏观调控，增加保障房建设并完善保障房的租售体系。市场经济体制下，政府不应该对市场的运行进行过多的干涉，因为这样做可能因为权力寻租和垄断等抬高土地价格进而抬高房地产价格。而政府的主要职责在于规范市场秩序、加强宏观调控，包括增加保障房的供应量、规范保障房的流通，增加住房用地供应并有效控制地价，以及推进住房信息联网、严惩投机炒作行为等。同时，降低享受住房保障的制度门槛，使得拥有一定技术和工作经验的农民工以及收入较低的大学生能够突破户籍等制度的限制而切实受益。这样，既能够促进房地产市场健康发展，又能够解决中产阶层尤其是年轻中产阶层的住房困难和住房质量低等问题，对于提高中产阶层的消费意愿和消费能力也具有积极的意义。

第四，改善基础设施和公共服务，增强社会生活的安全性。从大众消费的巨大热情和中产阶层受到制约的消费意愿可以看出，"刺激消费"的话语或许已经过时，政府不应该再简单地鼓励消费者创造需求，而是应当改善基础设施和服务，为不同的消费需求创造条件。政府应当加大对食品安全、交通安全等问题的监管，促进信息的公开透明，减少不确定、不安全因素带来的困扰；同时，积极改善一些基础设施和公共服务，如提高饮用水质量和空气质量、升级公共交通设施尤其是无障碍设施、加大对公立医院的财政投入、提高政府工作效率和服务水平。这样从"被动防范"和"积极改善"两个方面增强社会生活的安全性，使得中产阶层愿意外出吃饭、购物、休闲，真正让民众安居乐业，增强中产阶层的信心和满意度。

第五，关注青年中产阶层和中产阶层内部的"中低收入群体"。实证分析突出了"80后"青年中产阶层以及收入较低的中产阶层的一些困境。"80后"中产阶层事业尚未进入成熟阶段却要承担很多家庭责任，总体住房拥有率较低而且很大程度依赖父母的经济实力。此外，政府的很多政策受到既得利益集团的影响会保护他们的利益，又往往会采取一些政策补偿底层民众的利益，而被忽略的则是中产阶层内部的中低收入群体，他们成为政策制定的一个盲点。这两类群体的收入并不高或者不足以负担过高的生活成本，特别是一些在外资企业、民营企业等"体制外"单位工作，即使有的收入还不错，但是无法负担过高的房价却又不符合保障性住房的相关申请条件（如收入、户籍等），这也是为什么仍有一定比例的中产阶层未拥有自己的房产并且生活质量较低。因此，居民工资制度改革应当关注青年中产阶层以及中产阶层内部的"中低收入群体"，并调整相关个人所得税政策，以提高这部分人群的可支配收入；保障性住房政策也要采取多种形式考虑到这些购房能力不足的"中低收入群体"。

第六，利用价格杠杆并举办大型文化节和艺术节，来推广文化休闲消费。促进文化休闲消费也能够引导全社会形成重视知识、享受知识和追求精神满足的风气，从而改善长期以来刺激消费、扩大消费政策所带来的拜金、虚荣等不良风气盛行的后果。2013 年的两会上，有代表比较中国同美国和俄罗斯的演出票价水平，认为中国的演出票价是全世界最贵的[①]。所以推广文化休闲消费要首先降低价格门槛，其次可以通过大型文化节和艺术节普及相关知识，使得文化审美等活动能够被普通民众所接受。

第四节　思考、局限和未来的研究

就方法论来讲，定量定性相结合的研究方法在社会行为的研究中非常有效。在研究的初期，定量分析依靠有代表性的样本可以探测到年龄、收入和阶层等因素如何区分消费模式，为访谈设计和数据分析提供了框架；通过与非中产阶层的比较，定量分析对中产阶层的消费模式和消费倾向能够做出比较全面和可靠的发现；进一步的定量分析又可以解释和验证一些访谈发现，比如一定程度上决定消费模式的经济资本规模如何，是移民和本地人之间的消费差异大还是都市效应更显著，家庭背景、年龄代际和个人收入如何影响住房的拥有；定量分析还利用多种数据来源丰富住房消费、休闲消费等研究发现。定性分析通过挖掘主观解释和分析潜在问题强化了"追求快乐和舒适的消费倾向"这一结论的建构：中国人在消费中到底是追求"自我导向"的舒适乐趣还是"他人导向"的地位炫耀？"乐趣"和"舒适"的含义是什么？在传统文化强调"奉献""节省"的社会文本中，这种新的消费倾向是否具有合法性？另外，定性分析将研究放在了更广阔的社会生活中，纳入了更多的故事并给故事设置了社会文本，因此能够丰富和解释一些定量发现，比如消费模式的年龄差异多大程度上可以理解为受到社会变迁影响的代

---

① 央视网，http://news.cntv.cn/2013/03/10/ARTI1362857614196475.shtml［检索日期：2013年3月］。

际差异，住房消费的年龄差异有怎样的内在机制，外出吃饭消费受到哪些因素影响。更重要的是，定性分析锁定了中产阶层这一群体，能够深入分析中产阶层在消费模式和消费倾向上的内部差异。因此，由本书的分析可看出，定量和定性的方法可以相结合，能够增强研究发现的可靠性和深度。

本研究也显示，如果恰当地使用，西方的概念机制和理论框架对于研究中国文本中的消费文化非常有用。本研究首次从日常生活社会学、品味社会学和物质文化的视角来揭示中国中产阶层的消费模式，也为西方理论在中国社会情境中的应用贡献了丰富的实证材料。品味的辩护理论帮助解释消费倾向的性质、程度和实践，满足感的类型理论帮助系统化地理解中产阶层的这种追求个人乐趣和舒适的倾向。如研究所阐释，在全球化和社会变迁的文本中，品味的辩护在中国社会同样十分必要，道德辩护在品味的塑造中也发挥了重要的作用。此外，人们通过行为、解释和互动参与日常生活，这种机制也被证明在消费模式的理解中十分有效。

然而，受到作者自身社会网络的局限性，访谈样本的覆盖性可能不十分广泛。比如在父母家庭背景对消费模式的影响方面，未来的研究还需要收集更多来自精英家庭和来自贫困家庭的人群的数据并进行比较。而且田野调查是在北京进行，上海或其他城市的中产阶层可能会在消费的某些方面有不同的特征。因此，并非所有的结论都可以推广到其他都市的中产阶层或者整个中国中产阶层。另外，访谈中一些发现可能有些滞后。自 2008 年以来，经济社会生活的很多方面发生了变化，环境污染和食品安全问题并没有得到控制，甚至愈演愈烈，而且中国社会也经历了 2009 年效应开始释放的经济危机和 2010 年的房价暴涨。如今再访谈中产阶层是否还会体现出总体上较高的满意度，他们的困惑、焦虑和担忧是否增加，需要收集更新的数据。

未来的研究可以延伸到其他国家同中国的中产阶层的经验比较研究：他们的品味和物质欲望有何区别？在何种程度上他们的消费倾向具有差异？也可以进一步研究中产阶层到底是"兼容性"的消费倾向还是"统治型"的消费倾向。如前文所讲，消费倾向的形成机制并非本研究的重点，但是相关的机制研究也是有意义的：这种新的消费倾向的发展到底是内生因素（如资本和市场经济的发展、价值观的变迁等）还是外生因素（全球化与跨国企业、消费文化的传播等）起到主导作用，可以帮助考察我国的经济社会结构及其历史的传承和外部的影响。

　　研究揭示消费者的焦虑和矛盾是挖掘社会文本和社会关系的有效渠道，因此以后的研究也可以针对这个领域收集更多的数据，或者收集时间序列的数据来探索焦虑和矛盾如何随着社会变迁而变化。本研究的理论框架和方法论也可以延伸到对于新生代农民工、大学毕业生等群体的消费模式的研究。

　　由分析可见，微博数据应用于学术研究具有显著的优势，大样本、高效率促进了研究的丰富性，社会网络分析、传播关系分析和文本分析增加了研究的深度。但是微博数据也显示出一些局限性。首先，各种阵营的"水军"很多，这尤其对于消费研究是个挑战，需要花费时间清理数据，但是也难以保证全部清理，可能给研究结论带来一定风险。其次，微博数据非常分散，虽然是大样本，但符合研究需要的样本可能并不大。再次，微博的文本简短，缺乏具体语境的情况下有时候很难判断出真正的或者完整的观点。最后，微博语言不属于正规的书面语言，这使得传统的文本挖掘工具比较无力，这对于大样本的定量研究是个挑战。因此，微博数据究竟能否实现"大数据"的愿景，还需要更多分析工具的开发。

　　网络购物行为的研究还处于初步探索的阶段，受到数据来源的限制，无法进一步分离出中产阶层的网络购物行为。未来的研究可以将微博数据同调查数据和访谈数据相结合，揭示消费者的社会经济特征、生活方式、购买行为和品牌偏好，就可以更细致地研究中产阶层的网络购物行为特征。也可以使用更先进的社会网络分析工具和文本挖掘工具进行大样本的定量研究，对当代消费者的消费模式和行为机制做更加全面和深入的研究。

参考文献

北京大学中国社会科学调查中心，2012，《中国民生发展报告2012》，北京：北京大学出版社。

边燕杰、刘勇利，2005，《社会分层、住房产权与居住质量——对中国"五普"数据的分析》，《社会学研究》第3期。

曹端波，2008，《唐代社会阶层结构变革：由贵贱到贫富》，《湖南文理学院学报（社会科学版）》第33卷3期：72~77。

钞晓鸿，2002，《明清人的"奢靡"观念及其演变——基于地方志的考察》，《历史研究》第4期：96~117。

陈斌开、徐帆、谭力，2012，《人口结构转变与中国住房需求：1999~2005——基于人口普查数据的微观实证研究》，《金融研究》第1期。

陈晨、汪应宏、彭山桂、温秀琴，2008，《地区差异对我国劳动力省际迁移影响的实证研究》，《安徽农业科学》第31期。

陈浮，2002，《城市高收入阶层生活方式与生活意识调查研究》，《人文地理》第17卷2期：57~63。

陈颂东，2007，《我国1992年和2003年两次通货膨胀的比较研究》，《理论月刊》第5期：138~141。

陈晓敏，2008，《消费主义文化中的城市女性消费》，《南京审计学院学报》第5期：10~13。

陈昕，2003，《救赎与消费：当代中国日常生活中的消费主义》，南京：江苏人民出版社。

陈竹君，2008，《外资在华30年：从抢滩者到同盟军》，《现代商业银行》第12期：48~49。

戴慧思、卢汉龙，2001，《消费文化和消费革命》，《社会观察》第5期：

117～125。

董晓霞、胡冰川、钟珏,2008,《中国城镇居民在外用餐消费的地区差异分析》,《中国食物与营养》第 12 期:37～38。

杜艳艳,2006,《唐宋消费价值观的变迁》,《湖北广播电视大学学报》第 23 卷 4 期:58～60。

段成荣、杨舸、张斐、卢雪和,2008,《改革开放以来中国流动人口变动的九大趋势》,《当代中国人口》第 25 卷 4 期:32～40。

樊卫国,1994,《近代上海的奢侈消费》,《探索与争鸣》第 12 期:38～41。

范成杰、彭远春,2005,《消费方式:中国中产阶级之界定标准》,《天府新论》第 1 期:91～94。

风笑天,2011,《家安何处:当代城市青年的居住理想与居住现实》,《南京大学学报(哲学人文科学社会科学)》第 1 期。

傅宏波,2004,《正在崛起的中国中产阶级》,《观察》第 1 期:20～24。

傅允生,2000,《去奢从简:中国古代消费观溯源——从孔子、老子消费思想说起》,《现代财经》第 20 卷 10 期:61～65。

顾纪瑞,2005,《界定中等收入群体的概念、方法和标准之比较》,《现代经济探讨》第 10 期。

郭金鸿,2004,《国内消费伦理研究综述》,《南京政治学院学报》第 20 卷 5 期:119～121。

国家发改委社会发展研究所课题组,2012,《扩大中等收入者比重的实证分析和政策建议》,《经济学动态》第 5 期。

国家统计局城调总队课题组,2005,《6 万～50 万元:中国城市中等收入群体探究》,《数据》第 6 期。

杭斌,2007,《经济转型期中国城乡居民消费行为的实证研究》,北京:中国统计出版社。

何玲璐,2007,《中间阶层还是中产阶级?——对中国中间阶层的一些思考》,《天府新论》第 6 期:31～33。

宏观经济研究院经济和社会发展研究所课题组,2004,《中等收入者的概念和划分标准》,《宏观经济研究》第 5 期。

胡发贵,1995,《传统贱商观念再探讨》,《学海》第 4 期:45～50。

胡霞、胡伟,2008,《服务业发展与我国地区经济差异分析》,《岭南学刊》

第 5 期：92~95。

黄晶华、杨雪睿、吕明杰，2003，《多种形态的中国城市消费者》，北京：中国轻工业出版社。

江小涓，2008，《中国吸收外资 30 年：利用全球资源促进增长与升级》，《经济与管理研究》第 12 期：5~11。

李春玲，2003，《中国当代中产阶层的构成及比例》，《中国人口科学》第 6 期：25~32。

李春玲，2007，《当代中国社会的消费分层》，《中山大学学报（社会科学版）》第 47 卷 4 期。

李春玲，2008，《中国中产阶级的增长及其现状》，《江苏社会科学》第 5 期。

李春玲，2009，《比较视野下的中产阶级形成：过程、影响以及社会经济后果》，北京：社会科学文献出版社。

李春玲，2011，《中产阶层的现状、隐忧及社会责任》，人民论坛（http://www.rmlt.com.cn/qikan/2011-02-24/17453.html）［检索日期：2012 年 2 月］。

李觏，1981，《李觏集》，北京：中华书局。

李江，1996，《关于我国地区经济发展不平衡的思考》，《西南民族学院学报（哲学社会科学版）》第 4 期：26~31。

李骏、邓国彬，2003，《消费社会的社会机制——一项社会学的考察》，《理论探讨》第 6 期：10~12。

李亮，2009，《改革开放三十年以来中国私营企业发展综述及展望》，《山东经济》第 25 卷 1 期：60~67。

李培林，2004，《重新崛起的日本》，北京：中信出版社。

李培林，2007，《扩大中等收入者比重的对策思路》，《中国人口科学》第 5 期。

李培林，2010，《中国的新成长阶段与社会改革》文汇报（http://www.news365.com.cn/wxpd/jy/jjygg/201003/t20100301_2633564.htm）［检索日期：2012 年 4 月］。

李培林、张翼，2008，《中国中产阶级的规模、认同和社会态度》，《社会》第 28 卷 2 期：1~21。

李鹏、武振霞，2009，《我国住房保障制度的演变》，《中国住宅设施》第 2
　　期：14～17。

李强，1999，《市场转型与中国中产阶级的代际更替》，《战略与管理》第 3
　　期：35～44。

李强，2001，《关于中产阶级和中产阶层》，《中国人民大学学报》第 2 期：
　　17～20。

李强，2005，《关于中产阶级的理论与现状》，《社会》第 1 期。

李强，2009，《转型时期城市"住房地位群体"》，《江苏社会科学》第 4 期。

李强，2010，《为什么农民工"有技术无地位"——技术工人转向中间阶层
　　社会结构的战略探索》，《江苏社会科学》第 6 期。

李友梅，2005，《社会结构中的"白领"及其社会功能——以 20 世纪 90 年
　　代以来的上海为例》，《社会学研究》第 6 期：90～111。

林文勋，2006，《中国古代"富民社会"的形成及其历史地位》，《中国经济
　　史研究》第 2 期：30～37。

零点调查，2006，《中国消费文化调查报告》，北京：光明日报出版社。

刘芳、周云、赵继文，2005，《北京城镇居民消费结构分析》，《北京农学院
　　学报》第 20 卷 3 期：60～62。

刘世雄，2007，《中国消费区域差异特征分析：基于中国当代文化价值的实
　　证研究》，上海：上海三联书店。

刘欣，2007，《中国城市的阶层结构与中产阶层的定位》，《社会学研究》第
　　6 期：1～14。

刘雪妮、彭伏期、姚富贵，2010，《常州市住房消费影响因素实证研究》，
　　《金融经济》第 12 期。

陆爱勇，2004，《宋代城镇居民的消费意识》，《华夏文化》第 4 期：19～
　　21。

卢汉龙，2003，《"大同"社会里奔"小康"：中国消费文化的兴起》，载戴慧思、
　　卢汉龙编译《中国城市的消费革命》，上海：上海社会科学院出版社。

陆学艺，2002，《当代中国社会阶层研究报告》，北京：社会科学文献出版
　　社。

马桂萍，2008，《中国户籍制度改革的历史演进（1978—2008）》，《新乡学
　　院学报（社会科学版）》第 22 卷 2 期：1～4。

毛蕴诗、李洁明，2010，《从"市场在中国"剖析扩大消费内需》，《中山大学学报（社会科学版）》第 5 期：182～191。

闵学勤，2011，《空间拜物：城市青年住房消费的仪式化倾向》，《中国青年研究》第 1 期。

牛小侠，2005，《消费伦理的现状探究》，《吉林师范大学学报（人文社会科学版）》第 4 期：20～23。

欧阳为民，1994，《中国消费经济思想史》，北京：中央党校出版社。

潘仕将，2004，《消费伦理若干问题初探》，《广西民族学院学报（哲学社会科学版）》第 7 期：132～133。

汝信、陆学艺、李培林，2012，《社会蓝皮书：2012 年中国社会形势分析与预测》，北京：社会科学文献出版社。

上海市统计局，2004，《2004 年上海统计年鉴》，北京：中国统计出版社。

沈悦、张金梅、张晓青，2010，《影响我国居民住房消费选择的因素分析》，《消费经济》第 1 期。

宋健、戚晶晶，2011，《"啃老"：事实还是偏见——基于中国 4 城市青年调查数据的实证分析》，《人口与发展》第 17 卷 5 期。

宋立中，2006，《论明清江南节日消费及其经济文化意义》，《苏州大学学报（哲学社会科学版）》第 5 期：85～89。

宋立中，2007，《论明清江南消费时尚化现象及其社会学意义》，《青海师范大学学报（哲学社会科学版）》第 1 期：46～51。

王丹丹，2007，《中国外资经济区域分布状况分析》，《统计教育》第 10 期：53～54。

王建平，2005a，《中产阶级：概念的界定及其边界》，《学术论坛》第 1 期：146～150。

王建平，2005b，《消费革命：社会学视野中的当代中国城市消费转型》，http：//intermargins. net/intermargins/TCulturalWorkshop/academia/theory/t12. htm ［检索日期：2010 年 6 月］。

王建平，2006，《存在与困惑：中国城市中产阶级的消费张力》，《学术交流》第 10 期：140～144。

王建平，2007，《中国城市中间阶层消费行为》，北京：中国大百科全书出版社。

王宁，2009，《从苦行者社会到消费者社会：中国城市消费制度、劳动激励与主体结构转型》，北京：社会科学文献出版社。

王宁，2012，《消费欲的"符号刺激"与消费力的"结构抑制"——中国城市普通居民消费张力的根源与后果》，《广东社会科学》第 3 期。

王胜今、赵俊芳，2009，《中国高等教育 60 年历程》，《现代教育科学》第 2 期：34～38。

王世光，2001，《明清奢靡论探微》，《社会科学辑刊》第 5 期：105～110。

魏城，2007，《所谓中产——英国〈金融时报〉中文网对中国中产阶层的调查》，广州：南方日报出版社。

魏后凯，2008，《改革开放 30 年中国区域经济的变迁——从不平衡发展到相对均衡发展（上）》，《经济学动态》第 16 期。

魏后凯、李景国、尚教蔚、李恩平、李庆，2012，《中国房地产发展报告 No.9》，北京：社会科学文献出版社。

夏杰长，2008，《中国服务业三十年：发展历程、经验总结与改革措施》，《首都经济贸易大学学报》第 6 期：42～51。

夏雨禾，2010，《微博互动的结构与机制——基于对新浪微博的实证研究》，《新闻传播与研究》第 4 期。

谢培熙、朱艳，2011，《新生代农民工消费研究述评》，《河海大学学报（哲学社会科学版）》第 12 期。

徐建华、陈承明、安翔，2003，《对中等收入的界定研究》，《上海统计》第 8 期。

徐玲、赵伟，2002，《中国大城市中高档青年女装消费研究》，《西安工程科技学院学报》第 16 卷 1 期：17～21。

许海峰，2003，《你"中产"了吗？》，北京：经济日报出版社。

许纪霖、王儒年，2005，《近代上海消费主义意识形态之建构——20 世纪 20～30 年代〈申报〉广告研究》，《学术月刊》第 4 期：82～90。

严翅军，2012，《快速量增与艰难质变：中国当代中产阶层成长困境》，《江海学刊》第 1 期。

杨黎源，2009，《浅论人口流动机制——以建国后三次人口大迁徙为例》，《浙江社会科学》第 11 期。

姚建平，2005，《从阶级到自我：西方消费方式的理论发展》，《南京社科学》第 3 期：47 ~ 54。

易宪容，2012，《论住房市场的内在本质、功能边界与价格走势》，《江海学刊》第 3 期。

于春松、潘宇，2001，《近代中国商人的社会角色变迁》，《新东方》第 5 期。

余盛均，1999，《我国古代消费观念的探讨》，《消费经济学》第 3 期。

郁方，2005，《19 世纪末以来中国中产阶层的消费文化变迁与特征》，《学术研究》第 7 期：3 ~ 8。

张德镇、金倚勋，2012，《韩国人推特网络的结构和动态》，《社会学研究》第 4 期。

张晋，1999，《先秦诸子消费观评析》，《石家庄经济学院学报》第 22 卷 1 期：73 ~ 78。

张晶，2010，《趋同与差异：合法性机制下的消费转变——基于北京地区青年女性农民工消费的实证研究》，《中国青年研究》第 6 期。

张玉法，2003，《近代中国社会变迁（1860 ~ 1916）》，《社会科学战线》第 1 期：244 ~ 250。

张玉法，2006，《20 世纪前半期的中国社会变迁（1900 ~ 1949）》，《史学月刊》第 3 期：82 ~ 90。

张玉和、王罡，2002，《我国利用外资的代价分析》，《南京经济学院学报》第 6 期：5 ~ 8。

赵建群，2006，《明清福建地区奢侈性消费风尚透析》，《福建师范大学学报（哲学社会科学版）》第 1 期：134 ~ 139。

赵文兵、朱庆华、吴克文、黄奇，2011，《微博用户特性及动机分析——以和讯财经微博为例》，《现代图书情报技术》第 2 期。

郑杭生，2003，《社会转型论及其在中国的表现》，《广西民族学院学报（哲学社会科学版）》第 25 卷 62 ~ 74 期。

郑红娥，2005，《中国的消费主义及其超越》，《学术论坛》第 11 期：115 ~ 119。

郑红娥，2006，《社会转型与消费革命》，北京：北京大学出版社。

钟水映，2000，《中国历史上的流民与今日流动人口的比较分析》，《经济评论》第 1 期：27 ~ 31。

周晓虹，2005，《中国中产阶层调查》，北京：社会科学文献出版社。

朱迪，2012，《消费社会学研究的一个理论框架》，《国外社会科学》第 2 期。

朱晓辉，2006，《基于自我解构的奢侈品消费动机实证研究》，博士论文，中山大学，广州。

庄菁、贾知青，2004，《居民购房意向的量化分析》，《中国统计》第 6 期。

邹广文、夏莹，2004，《消费伦理的现实性质疑》，《理论学刊》第 4 期：49~128。

Alaimo, Katherine, Christine M. Olson and Jr. Edward A. Frongillo 2001, "Low Family Income and Food Insufficiency in Relation to Overweight in Us Children: Is there a Paradox?" *Arch Pediatr Adolesc Med* 155: 1161 – 1167.

Australian Bureau Of Statistics 2004, "Australian Social Trends, 2004." http://www. abs. gov. au/AUSSTATS/abs @ . nsf/7d12b0f6763c78caca257061001cc588/58c63d8c5ba7af60ca256e9e0029079a [检索日期：2012 年 3 月].

——2011, "Housing Occupancy and Costs, 2009 – 10." vol. 2012, http://www. abs. gov. au/AUSSTATS/abs @ . nsf/Latestproducts/4130. 0Main%20Features22009 – 10? opendocument&tabname = Summary&prodno = 4130. 0&issue = 2009 – 10&num = &view = [检索日期：2012 年 3 月].

Bak, Sangmee 1997, "McDonald's in Seoul: Food Choices, Identity, and Nationalism." in James L. Watson (eds.), *Golden Arches East: McDonald's in East Asia*. Stanford: Stanford University Press.

Beeghley, Leonard 2004, *The Structure of Social Stratification in the United States*. Boston, MA: Pearson, Allyn & Bacon.

Belk, Russell W. 1993, "Materialism and the Making of the Modern American Christmas." in Daniel Miller (eds.), *Unwrapping Christmas*. Oxford: Clarendon Press, pp. 75 – 93.

—— 1995, "Collecting as Luxury Consumption-Effects On Individuals and Households." *Journal of Economic Psychology* 16 (3): 477 – 490.

—— 2001, *Collecting in a Consumer Society*. London: Routledge.

—— 2002, "The Chinese Consumer Revolution." in (eds.), *Advances in Consumer Research, Volume Xxix*. vol. 29, *Advances in Consumer Research*, pp. 339 – 341.

Belk, Russell W. , Guliz Ger and Soren Askegaard 2003, "The Fire of Desire: A Multisited Inquiry Into Consumer Passion." *Journal of Consumer Research* 30 (3): 326 – 351.

Bennett, Tony, Mike Savage, Elizabeth Silva, Alan Warde, Modesto Gayo-Caland David Wright 2009, *Culture, Class, Distinction.* Taylor & Francis.

Bergman, Manfred Max 2008, "The Straw Men of the Qualitative-Quantitative Divide and their Influence On Mixed Methods Research." in Manfred Max Bergman (eds.), *Advances in Mixed Methods Research: Theories and Applications.* Los Angeles, London, New Delhi, Singapore: SAGE, p. 11.

Bergman, Manfred Max and Dominique Joye 2005, "Comparing Social Stratification Schemata: CAMSIS, CSP-CH, Goldthorpe, ISCO – 88, Treiman, and Wright." *Cambridge Studies in Social Research* (10).

Blaikie, Norman W. H. 2000, *Designing Social Research: The Logic of Anticipation.* Cambridge: Polity Press.

Blasius, Jorg and Michael Greenacre 2006, "Correspondence Analysis and Related Methods in Practice." in Michael Greenacre and Jorg Blasius (eds.), *Multiple Correspondence Analysis and Related Methods.* London: Chapman & Hall/CRC.

—— 2006, "Correspondence Analysis and Related Methods in Practice." in Michael Greenacre and Jorg Blasius (eds.), *Multiple Correspondence Analysis and Related Methods.* London: Chapman & Hall/CRC, p. 35.

Bourassa, Steven C. , Donald R. Haurin, R. Jean Haurinand Patric H. Hendershott 1994, "Independent Living and Home Ownership: An Analysis of Australian Youth." *The Australian Economic Review* (3): 29 – 44.

Bourdieu, Pierre 1977, *Outline of a Theory of Practice.* Tr. Richard Nice. Cambridge: Cambridge University Press.

—— 1984, *Distinction: A Social Critique of the Judgement of Taste.* London: Routledge & Kegan Paul.

—— 1986, "The Forms of Capital." in John G. Richardson (eds.), *Handbook of Theory and Research for the Sociology of Education.* vol. 241 – 258. New York: Greenwood, p. 19.

—— 1990, *The Logic of Practice.* Tr. Richard Nice. Cambridge: Polity.

—— 1993, *The Field of Cultural Production.* Cambridge: Polity Press.

Boyd, Danah, Scott Golder and Gilad Lotan 2010, "Tweet, Tweet, Retweet: Conversational Aspects of Retweeting On Twitter. " in *HICSS – 43, IEEE, January 6.* Kauai, HI.

Brannen, Julia 2008, "The Practice of a Mixed Methods Research Strategy: Personal, Professional and Project Considerations. " in Manfred Max Bergman (eds.), *Advances in mixed methods research: theories and applications.* Los Angeles, London, New Delhi, Singapore: SAGE, p. 13.

Bryman, Alan 2001, *Social Research Methods.* Oxford: Oxford University Press.

—— 2008, "Why Do Researchers Integrate/Combine/Mesh/Blend/Mix/Merge/ Fuse Quantitative and Qualitative Research?" in Manfred Max Bergman (eds.), *Advances in Mixed Methods Research: Theories and Applications.* Los Angeles, London, New Delhi, Singapore: SAGE, p. 14.

Buckley, Christopher 1999, "How a Revolution Becomes a Dinner Party: Stratification, Mobility and the New Rich in Urban China. " in M. Pinches (eds.), *Culture and Privilege in Capitalist Asia.* London: Routledge.

Callis, Robert R. and Melissa Kresin 2011. "Residential Vacancies and Homeownership in the Fourth Quarter 2011. " U. S. Census Bureau.

Cameron, Stephen and Joseph Tracy 1997, "The Transition to Homeownership: The Importance of Early Career Concerns. "

Campbell, Colin 1987, *The Romantic Ethic and the Spirit of Modern Consumerism.* Oxford: Basil Blackwell.

—— 1995, "The Sociology of Consumption. " in Daniel Miller (eds.), *Acknowledging Consumption: a Review of New Studies.* London: Routledge, pp. 96 – 126.

Chan, Tak Wing and John H. Goldthorpe 2007a, "Social Stratification and Cultural Consumption: Music in England. " *European Sociological Review* 23 (1): 1 – 19.

—— 2007b，"The Social Stratification of Cultural Consumption：Some Policy Implications of a Research Project." *Cultural Trends* 16 （4）：373 – 384.

Chow，Clement K. W. ，Michael K. Y. Fung and H. Y. Ngo 2001，"Consumption Patterns of Entrepreneurs in the People's Republic of China." *Journal of Business Research* 52 （2）：189 – 202.

Chua，Beng-Huat 2000，*Consumption in Asia：Lifestyles and Identities.* London，New York：Routledge.

Coulangeon，Philippe and Yannick Lemel 2007，"Is 'Distinction' Really Outdated? Questioning the Meaning of the Omnivorization of Musical Taste in Contemporary France." *Poetics* 35 （2 – 3）：93 – 111.

Csikszentmihalyi，Mihaly and Eugene Rochberg-halton 1981，*The Meaning of Things：Domestic Symbols and the Self.* Cambridge University Press.

Daloz，Jean-Pascal 2007，"Elite Distinction：Grand Theory and Comparative Perspectives." *Comparative Sociology* 6 （1 – 2）：27 – 74.

Dant，Tim 2000，"Consumption Caught in the 'Cash Nexus'." *Sociology* 34 （4）：655 – 670.

Davis，Deborah 2000，*The Consumer Revolution in Urban China.* Berkeley，Los Angeles and London：University of California Press.

—— 2005，"Urban Consumer Culture." *The China Quarterly*：692 – 709.

Davis，Deborah and Julia S. Sensenbrenner 2000，"Commercialising Childhood：Parental Purchases for Shanghai's Only Child." in Deborah S. Davis （eds. ），*The Consumer Revolution in Urban China.* California，London：University of California Press.

DeNavas-Walt，Carmen，Bernadette D. Proctor and Jessica C. Smith 2012，"Income，Poverty，and Health Insurance Coverage in the United States：2011." http：//www. census. gov/prod/2012pubs/p60 – 243. pdf ［检索日期：2013 年 4 月］。

DeVault，Marjorie L. 1991，*Feeding the Family：The Social Organization of Caring as Gendered Work.* Chicago，London：University of Chicago Press.

Diakopoulos，Nicholas A. and David A. Shamma 2010，"Characterizing Debate Performance Via Aggregated Twitter Sentiment." in *Proceedings of the 28th*

International Conference on Human Factors in Computing Systems, *April 10 – 15*, *2010*. Atlanta, Georgia, USA.

Duncan, Otis Dudley 1961, "A Socioeconomic Index for All Occupations. " in A. J. Reiss (eds.), *Occupations and social status.* New York: Wiley, pp. 109 – 138.

Evans, Gary W. and Lyscha A. Marcynyszyn 2004, "Environmental Justice, Cumulative Environmental Risk, and Health Among Low-And Middle-Income Children in Upstate New York. " *American Journal of Public Health* 94 (11): 1942 – 1944.

Fan, C. Cindy 2001, "Migration and Labor-Market Returns in Urban China: Results From a Recent Survey in Guangzhou. " *Environment and Planning A* 33 (3): 479 – 508.

—— 2002, "The Elite, the Natives, and the Outsiders: Migration and Labor Market Segmentation in Urban China. " *Annals of the Association of American Geographers* 92 (1): 103 – 124.

—— 2003, "Rural-Urban Migration and Gender Division of Labor in Transitional China. " *International Journal of Urban and Regional Research* 27 (1): 24.

Fan, Chengze Simon 2000, "Economic Development and the Changing Patterns of Consumption in Urban China. " in B. H. Chua (eds.), *Consumption in Asia: lifestyles and identities.* London; New York: Routledge, pp. 82 – 97.

Fan, Jessie X. and Jing J. Xiao 1998, "Consumer Decision-Making Styles of Young-Adult Chinese. " *Journal of Consumer Affairs* 32 (2): 275 – 294.

Featherston, Mike 1991, *Consumer Culture and Postmodernism.* London, Thousand Oaks and New Delhi: SAGE Publications.

—— 1992, "Postmodernism and the Aestheticisation of Everyday Life. " in Lash S. Friedman J (eds.), *Modernity and Identity:* Blackwell.

Fei, Xiao Tong 1992, *From the Soil, the Foundations of Chinese Society: A Translation of Fei Xiaotong's Xiangtu Zhongguo, with an Introduction and Epilogue.* Edited by Gary G. Hamilton, Wang Zheng and Wang Zheng Tr. Gary G. Hamilton. Berkeley: University of California Press.

Gayo-Cal, Modesto, Mike Savage and Alan Warde 2006, "A Cultural Map of the United Kingdom, 2003. " *Cultural Trends* 15 (2/3): 213 – 237.

Giddens, Anthony 1991, *Modernity and Self-Identity: Self and Society in the Late Modern Age.* Cambridge: Polity.

Great Britain. Office For Statistics2005, *The National Statistics Socio-Economic Classification User Manual.* New York: PALGRAVE MACMILLAN.

—— 2005, *The National Statistics Socio-Economic Classification User Manual.* New York: PALGRAVE MACMILLAN.

Greenacre, Michael 2006, "From Simple to Multiple Correspondence Analysis. " in Michael Greenacre and Jorg Blasius (eds.), *Multiple Correspondence Analysis and Related Methods.* London: Chapman & Hall/CRC.

Gronow, Jukka 1997, *The Sociology of Taste.* London, New York: Routledge.

Gronow, Jukka and Alan Warde 2001, "Introduction. " in Jukka Gronow and Alan Warde (eds.), *Ordinary Consumption.* New York: Routledge, pp. 1 – 8.

Guo, Fei and Robyn Iredale 2004, "The Impact of Hukou Status On Migrants' Employment-Findings From the 1997 Beijing Migrant Census. " *International Migration Review* 38 (2): 709 – 731.

Halkier, Bente 2001, "Routinisation Or Reflexivity? Consumers and Normative Claims for Environmental Consideration. " in Jukka Gronow And Alan Warde (eds.), *Ordinary Consumption.* New York: Routledge, pp. 25 – 44.

Hammersley, Martyn and Paul Atkinson 1995, *Ethnography : Principles in Practice.* (2nd ed) . London: Routledge.

Haurin, Donald R. , Patric H. Hendershott and Dongwook Kim 1993, "Living Arrangements and Homeownership Decisions of American Youth. " *Journal of Housing and the Built Environment* 8 (2): 193 – 210.

He, Qing Lian 2005, "China's Listing Social Structure. " in Chaohua Wang (eds.), *One China, Many Paths.* England: Verso.

Hisao, Hsin-Huang Michael 1999, "East Asian Middle Classes in Comparative Perspective. " Taipei: Institute of Ethnology, Acadimia Sinica.

—— 2001, "Exploration of the Middle Classes in Southeast Asia. " Acadimia

Sinica.

—— 2006,"The Changing Faces of the Middle Classes in Asia-Pacific." Taipei: Institute of Ethnology, Acadimia Sinica.

Hoffman, Donna L. and Jan De Leeuw 1992, "Interpreting Multiple Correspondence Analysis as a Multidimensional Scaling Method." *Marketing Letters* 3 (3): 259 – 272.

Hopper, Beverley 2000, "Globalisation and Resistance in Post-Mao China: The Case of Foreign Consumer Products." *Asian Studies Review* (24): 439 – 470.

Huberman, Bernardo A., Daniel M. Romero and Fang Wu 2008, "Social Networks that Matter: Twitter Under the Microscope." Unpublished manuscript.

Hughes, Amanda Lee and Leysia Palen 2009, "Twitter Adoption and Use in Mass Convergence and Emergency Events." in *Proceedings of the 6th international ISCRAM conference*, May2009. Gothenburg, Sweden.

Humphrey, Caroline 1995, "Creating a Culture of Disillusionment: Consumption in Moscow, a Chronicle of Changing Times." in Daniel Miller (eds.), *Worlds Apart: Modernity through the Prism of the Local*. London: Routledge, pp. 43 – 68.

Hunt, Alan 1995, "Moralizing Luxury: The Discourses of the Governance of Consumption." *Journal of Historical Sociology* 8 (4): 352 – 374.

Ian Woodward, Michael Emmison 2001,"From Aesthetic Principles to Collective Sentiments: The Logics of Everyday Judgements of Taste." *Poetics* 29 (2001): 295 – 316.

Ilmonen, Kaj 2001,"Sociology, Consumption and Routine." in Jukka Gronow And Alan Warde (eds.). *Ordinary Consumption*. New York: Routledge, pp. 9 – 24.

Jackson, Peter 2004, "Local Consumption Cultures in a Globalizing World." *Transactions of the Institute of British Geographers* 29 (2): 165 – 178.

Jenkins, Stephen P. and Philippe Van Kerm 2008, "The Measurement of Economic Inequality." in *Prepared for the Oxford Handbook on Economic*

Inequality edited by Brian Nolan, Wiermer Salverda and Tim Smeeding.

Lamont, Michele 1992, *Money, Morals, and Manners: The Culture of the French and American Upper-Middle Class*. Chicago: The University of Chicago Press.

Liechty, Mark 2003, *Suitably Modern: Making Middle-Class Culture in a New Consumer Society*. Princeton: Princeton University Press.

Lu, Han Long 2000, "To be Relatively Comfortable in an Egalitarian Society." in D. S. Davis (eds.), *The Consumer Revolution in Urban China*. Berkeley, Los Angeles and London: University of California Press.

Lury, Celia 1996, *Consumer Culture*. Cambridge: Polity Press.

Mark, Paterson 2006, *Consumption and Everyday Life*. London: Routledge.

Marx, Karl 1848, "Classes in Capitalism and Pre-Capitalism." in David B. Grusky (eds.), *Social stratification: class, race, and gender in sociological perspective*. Boulder, San Francisco, Oxford: Westview Press.

Mason, Jeniffer 2002, *Qualitative Researching*. (2nd ed). London: Sage publications.

—— 2006, "Six Strategies for Mixing Methods and Linking Data in Social Science Research." Real Life Methods, Sociology, University of Manchester.

McCracken, Grant David 1990, *Culture and Consumption*. Bloomington: Indiana University Press.

McEwen, William, Xiaoguang Fang, Chuanping Zhangand Richard Burkholder 2006, "Inside the Mind of the Chinese Consumer." *Harvard Business Review* 84 (3): 68 – 77.

Mcluhan, Marshall 1962, *The Gutenberg Galaxy: The Making of Typographic Man*. Toronto, Buffalo, London: University of Toronto Press.

McMillan, Julie, Adrian Beavis and Frank L. Jones 2009, "A New Socioeconomic Index for Australia." *Journal of Sociology* 45 (2): 123 – 149.

Meyers, Lawrence S., Glenn Gamst and A. J. Guarino 2006, *Applied Multivariate Research: Design and Interpretation*. Calif.: SAGE.

Miles, Matthew B. and A. Michael Huberman 1994, *Qualitative Data Analysis: An Expanded Source Book*. (2nd ed). Thousand Oaks, Calif., London: SAGE Publications.

Miller, Daniel 1995, "Consumption as the Vanguard of History: A Polemic by Way of an Introduction." in Daniel Miller (eds.), *Acknowledging Consumption: A Review of New Studies.* London: Routledge, pp. 1 – 52.

—— 1998a, *A Theory of Shopping.* Cambridge: Polity Press.

—— 1998b, "Coca-Cola: A Black Sweet Drink From Trinidad." in Daniel Miller (eds.), *Material Cultures: Why Some Things Matter.* London: UCL Press.

—— 2001, "The Poverty of Morality." *Journal of Consumer Culture* 1 (2): 225 – 243.

Mills, C. Wright 1940, "Situated Actions and Vocabularies of Motive." *American Sociological Review* 5 (6): 904 – 913.

Moreno, Almudena 2012, "The Transition to Adulthood in Spain in a Comparative Perspective: The Incidence of Structural Factors." *Young* 20 (1): 19 – 48.

Nevulis, Mary Beth 2011, "Home Ownership Continues to Drop Among Young People." Professional Builder (http://www.housingzone.com/industry – data – research/home – ownership – continues – drop – among – young – people) [检索日期: 2012 年 3 月].

Ngai, Pun 2003, "Subsumption Or Consumption? The Phantom of Consumer Revolution in 'Globalizing' China." *Cultural Anthropology* 18 (4): 469 – 492.

Ollivier, Mich? Le 2008, "Revisiting Distinction." *Journal of Cultural Economy* 1 (3): 263 – 279.

Paterson, Mark 2006, *Consumption and Everyday Life.* Oxon: Routledge.

Pawson, Ray 2008, "Method Mix, Technical Hex, Theory Fix." in Manfred Max Bergman (eds.), *Advances in Mixed Methods Research: Theories and Applications.* Los Angeles, London, New Delhi, Singapore: SAGE, p. 18.

Peterson, Richard A. and Roger M. Kern 1996, "Changing Highbrow Taste: From Snob to Omnivore." *American Sociological Review* 61 (5): 900 – 907.

Poster, Mark 1988, "Jean Baudrillard: Selected Writings.". Cambridge: Polity

Press.

Redding, S. Gordon 1993, *The Spirit of Chinese Capitalism*. Berlin; New York:
W. de Gruyter.

Roberts, M. J. D. 1998, "The Concept of Luxury in British Political Economy:
Adam Smith to Alfred Marshall." *History of the Human Sciences* 11 (1): 23 –
47.

Robertson, Roland 1992, *Globalization: Social Theory and Global Culture*.
London: Sage.

Rose, David and David J. Pevalin 2003, *A Researcher's Guide to the National
Statistics Socio-Economic Classification*. London: SAGE publications.

Sassatelli, Roberta 2007, *Consumer Culture: History, Theory, Politics*. London:
Sage Publications.

—— 2001, "Tamed Hedonism: Choice, Desires and Deviant Pleasures." in
Jukka Gronow And Alan Warde (eds.), *Ordinary consumption*. New York:
Routledge.

Saunders, Peter 1990, *Social Class and Stratification*. London: Routledge.

Scitovsky, Tibor 1976, *The Joyless Economy: An Inquiry Into Human Satisfaction
and Consumer Dissatisfaction*. New York, London, Toronto: Oxford
University Press.

Shen, Dong, Lennon Sharron, Marsha A. Dickson, Catherine Montaltoand Li
Zhang 2002, "Chinese Consumers' Attitudes Toward U. S. -And PRC-Made
Clothing: From a Cultural Perspective." *Family and Consumer Sciences
Research Journal* 31 (1): 19 – 49.

Shove, Elizabeth and Dale Southerton 2000, "Defrosting the Freezer: From
Novelty to Convenience: A Story of Normalization." *Journal of Material
Culture* 5 (3): 5 – 25.

Silva, Elizabeth, Alan Warde and David Wright 2009, "Using Mixed Methods
for Analysing Culture: The Cultural Capital and Social Exclusion Project."
Cultural Sociology 3 (2): 299 – 316.

Silva, Elizabeth and David Wright 2008, "Researching Cultural Capital:
Complexities in Mixing Methods." *Methodological Innovations Online* 2 (3).

Simmel, Georg 1971, "Fashion." in Donald N. Levine (eds.), *On individuality and social forms*. Chicago: The University of Chicago Press.

Smith, Adam 1976, *An Inquiry Into the Nature and Causes of the Wealth of Nations*. Edited by R. H. Campbell, A. S. Skinner and W. B. Todd. Oxford: Clarendon Press.

Sombart, Werner 1967, *Luxury and Capitalism*. The University of Michigan Press.

Sorensen, Aage B. 1994, "The Basic Concepts of Stratification Research: Class, Status, and Power." in David B. Grusky (eds.), *Social stratification: class, race, and gender in sociological perspective*. Boulder, San Francisco, Oxford: Westview Press.

Stewart, Alexander, Kenneth Prandy and Robert Martin Blackburn 1980, *Social Stratification and Occupations*. London: Macmillan.

Sun, Tao, Marty Horn and Dennis Merritt 2004, "Values and Lifestyles of Individualists and Collectivists: A Study On Chinese, Japanese, British and Us Consumers." *Journal of Consumer Marketing* 21 (5): 318 – 331.

Sun, Ximing and Collins Ray 2002, "Attitudes and Consumption Values of Consumers of Imported Fruit in Guangzhou, China." *International Journal of Consumer Studies* 26 (1): 34.

Szreter, S. R. S. 1993, "The Official Representation of Social Classes in Britain, the United States, and France: The Professional Model and 'Les Cadres'." *Comparative Studies in Society and History* 35 (2): 285 – 317.

Tam, Jackie L. M. 2005, "Examining the Dynamics of Consumer Expectations in a Chinese Context." *Journal of Business Research* 58: 777 – 786.

The Centre For Rural Pennsylvania 2007, "A Comparison of Rural and Urban Middle-Income Households." http://www. rural. palegislature. us/documents/factsheets/middle_ income07. pdf [检索日期: 2013 年 4 月].

Thompson, William and Joseph Hickey 2005, *Society in Focus*. Boston, MA: Pearson.

Tovachnick, B. G. Fidell L. 2007, *Using Multivariate Statistics* (*5th Edition*). Boston, NY, SanFrancisco: Pearson.

Tsai, Shu-pei 2005, "Impact of Personal Orientation On Luxury-Brand Purchase Value-An International Investigation." *International Journal of Market Research* 47 (4): 429 – 454.

United States Census Bureau 2000, "The Changing Shape of the Nation's Income Distribution: 1947 – 1998." http://www. census. gov/hhes/www/income/data/index. html [检索日期: 2013 年 4 月].

Veblen, Thorstein 2001, *The Theory of the Leisure Class.* New York: The Modern Library.

Wang, Qian, Mohammed Abdur Razzaque and Keng Kau Ah 2007, "Chinese Cultural Values and Gift-Giving Behavior." *Journal of Consumer Marketing* 24 (4): 214 – 228.

Warde, Alan 1990, "An Introduction to Sociology of Consumption." *Sociology* 24 (1): 1 – 4.

—— 1994, "Consumption, Identity-Formation, and Uncertainty." *Sociology* 28 (4): 877 – 898.

—— 1997, *Consumption, Food and Taste: Culinary Antinomies and Commodity Culture.* London: Sage.

—— 2004, *Practice and Field : Revisiting Bourdieusian Concepts.* Manchester: Centre for Research on Innovation and Competition.

—— 2005, "Consumption and Theories of Practice." *Journal of consumer culture* 5 (2): 131 – 153.

—— 2007, "Does Taste Still Serve Power? The Fate of Distinction in Britain." *Sociologica* (3): 1 – 27.

—— 2008, "Dimensions of a Social Theory of Taste." *Journal of Cultural Economy* 1 (3): 321 – 336.

—— 2010, "Introduction." in Alan Warde (eds.), *Consumption: Four-Volume Set:* SAGE Publications.

Warde, Alan and Tampubolon Gindo 2001, *Social Capital, Networks and Leisure Consumption.* Manchester: Centre for Research on Innovation and Competition.

Warde, Alan and Lydia Martens 2000, *Eating Out: Social Differentiation,*

Consumption and Pleasure. Cambridge: Cambridge University Press.

Watson, James 1997, *Golden Arches East: McDonald's in East Asia.* Stanford: Stanford University Press.

Weber, Max 1946, "Class, Status, Party." in David B. Grusky (eds.), *Social Stratification: Class, Race, and Gender in Sociological Perspective.* Boulder, San Francisco, Oxford: Westview Press.

Wolfson, Michael C. 1994, "When Inequalities Diverge." *The American Economic Review* 84 (2): 353 – 358.

Wong, N. Y. Ahuvia A. 1998, "Personal Taste and Family Face: Luxury Consumption in Confucian and Western Societies." *Psychology & Marketing* 15 (5): 423 – 441.

Wood, L. J. and S. Grosvenor 1997, "Chocolate in China: The Cadvury Experience." *Australian Geographer* (28): 173 – 184.

Woodward, Ian 2003, "Divergent Narratives in the Imagining of the Home Amongst Middle-Class Consumers: Aesthetics, Comfort and the Symbolic Boundaries of Self and Home." *Journal of Sociology* 39 (4): 391 – 412.

—— 2006, "Investigating Consumption Anxiety Thesis: Aesthetic Choice, Narrativisation and Social Performance." *The Sociological Review* 54 (2): 263 – 282.

Woodward, Ian and Michael Emmison 2001, "From Aesthetic Principles to Collective Sentiments: The Logics of Everyday Judgements of Taste." *Poetics* (29): 295 – 316.

Wright, Erik Olin 1984, "A General Framework for the Analysis of Class Structure." in David B. Grusky (eds.), *Social stratification: class, race, and gender in sociological perspective.* Boulder, San Francisco, Oxford: Westview Press.

—— 1997, *Class Counts: Comparative Studies in Class Analysis.* Cambridge: Cambridge University Press.

Yan, Yunxiang 1997, "McDonald's in Beijing: The Localization of Americana." in (eds.), *Golden Arches East: McDonald's in East Asia.* Stanford: Stanford University Press, pp. 39 – 76.

Yao, Qing Lei and Lei Wang 2000, "Consumer Behavior Values Survey in China." *International Journal of Psychology* 35 (3 – 4): 68 – 68.

Zhang, Jing 2009, "The Effect of Advertising Appeals in Activating Self-Construals: A Case of Bicultural Chinese Generation X Consumers." *Journal of Advertising* 38 (1): 63 – 81.

Zhao, Xin and Russell A. W. Belk 2008, "Politicizing Consumer Culture: Advertising as Appropriation of Political Ideology in China's Social Transition." *Journal of Consumer Research* 35 (2): 231 – 244.

Zhou, Lianxi and Michael K. Hui 2003, "Symbolic Value of Foreign Products in the People's Republic of China." *Journal of International Marketing* 11 (2): 36 – 58.

索　引

X

后 记

　　这本书是我的博士研究和博士后研究成果的集合。2005 年去英国留学之后，有了自己的奖学金收入，虽然微薄，但能够比较理直气壮地更广泛参与消费行为，也见识了英国和欧洲这些更繁荣的消费市场，由此对消费和奢侈品消费非常感兴趣。在与博士研究的导师 Alan Warde 商量选题的时候，我发现奢侈品消费的界定非常有争议也很难实现操作化，相关的理论框架也较少，于是导师建议我研究中产阶层的消费模式，可以在更广阔的范围内选取理论框架和研究方法，也比较贴合我的研究兴趣——因为中产阶层应当是倾向于高质量、精致甚至设计师品牌的物质产品和服务。我很感激 Alan 的指导，借助这个研究，我在博士期间将消费社会学和社会分层的相关理论知识都做了梳理，为博士论文和将来的学术研究都打下了较好的基础。我的另一位导师 Wendy Olsen，侧重对我的研究方法的指导，传授了很多她的研究心得，曾经一对一地教我用 web of knowledge 搜文献，跟我一起钻研某个 stata 命令。她对于学术的热情感染着我，特别是她对弱势群体的学术关怀和身体力行的关心也深深地影响着我。博士论文答辩的两位评审 Dale Southerton 和 Celia Lury 是消费社会学领域的重要学者，他们提出了非常有建设性的意见，使得本书的论述更加严谨。

　　回国后，非常有幸能来中国社会科学院社会学研究所从事博士后研究，得到了导师李培林老师严格系统的指导和多方面的支持。也正是在李老师的建议和支持下，本书才得以成稿、出版。博士论文对于中产阶层消费模式的研究更像是个象牙塔内的学术研究，但是能给社会发展带来多少价值、对中国学术界又有怎样的贡献，是我一直感到困惑而又无力解决的问题。在李老师的指导下，我开始研究相关的社会政策和制度，尝试用一种"局内人"

（身份认同和经验研究意义上）和"公共知识分子"（使命感和立场意义上）的视角来评论一些社会现象和问题，这使一些研究发现的解释变得有意义起来，我也尝试挖掘对当下中国社会有意义的课题。同时，李老师也指导和鼓励我进行创新的研究，本书中微博数据的研究就是受到李老师的启发和经费资助。遗憾的是由于我的技艺疏浅和时间仓促，没能引入前沿的数据分析技术，也没能建构出深刻的结论，希望能在未来的研究中进一步完善。因此，没有这些知识的指导以及精神上和物质上的鼓励和支持，本书不可能完成，借此机会真诚地感谢李老师。

本书的完成也要感谢"中国社会状况调查"课题组和"中国综合社会调查"课题组分享数据以及专业的技术支持。特别感谢被访者的倾力配合，是他们对于自己的故事和思考的慷慨分享使得这本书变得生动和有深度起来。写作过程中也与张翼、刁鹏飞、崔岩、范雷、陈华珊、王晶、赵联飞、田丰、郑少雄等多位师友讨论，深受启发，并得到了中山大学的王宁老师和香港大学的吕大乐老师的指导和鼓励，这里一并感谢。

本书的顺利完成也要感谢社会学研究所很多老师和同事的支持。为了让我有足够的时间和精力进行写作，李春玲老师特别调整了课题组的任务安排，同事们也主动承担了更多的任务。科研处的赵克斌和黄丽娜老师一直鼓励并支持我的学术研究，他们同时也是我的良师益友。汪小熙和陆会平老师给予了很多生活上的关心和帮助，使我逐渐有了一种归属感和踏实感。

作为我的第一本专著，本书的写作也要归功于大学甚至高中时代的知识积累，感谢对我有很大影响的卢汉龙、于海、孙中欣等大学和研究生时代的老师。于海老师将我领入西方社会理论的殿堂，孙中欣老师培养了我对性别研究的兴趣。卢汉龙老师启发了我深入研究消费社会学和城市社会学的理论文献，并鼓励我沿着学术研究的道路坚定地走下去；如果没有卢老师的支持和推荐，我的海外留学也只能停留在梦想。还有，陪伴我大学四年的同学们，欧阳圆圆、张怡、刘文媛、吴筱燕、徐慧妮、严漪虹、崔兰、黄芸、陆晶婧、张佳昺，等等——多得你们的关爱和陪伴，我才有敲下每一个字的力量和信心。

在英国也有幸结识很多老师好友，这本书也离不开你们的支持。特别感谢曼彻斯特大学的李耀军老师，虽然李老师不是我的导师，但是在学业和生活上都给予我很多关心。博士期间经常与陈蒙、张超、尤婧、孔建勋和殷伟等诸位同学好友交流学术心得，多谢你们的陪伴和鼓励。很感谢在曼城最早认识的同学加好友之一 Hayley Limmer 帮我校对和润色部分博士论文，以及 Necla Acik-Toprak、Sarah Kinghele 和 Pierre Walthery 的诸多关心，我们同处一个 PhD office 近四年，怀念在办公室、天井花园、楼前草坪以及酒吧和咖啡馆的各种讨论。特别感谢田鹏，在我回国后搜寻学术文献出现困难的时候常常伸出援助之手。

还要感谢付伟、厉强、王佳等诸位高中同学在我写书过程中的各种鼓励，以及其他无法一一提及的朋友们的关心。非常感谢编辑郑嬿耐心和细致的工作，还有童根兴老师的指点和建议。我的好友艺术家张一凡无偿提供她的作品作为封面图片，并设计了许多封面草图，感谢之余也很感激这样的缘份激发了艺术与社会科学之间的共鸣。

当然，最想感谢的是我的父母，他们以一颗纯朴善良的心无条件地支持我追求学术梦想，希望我健康、快乐，而我能回报的东西少之又少，愿他们喜欢这本书。

朱　迪

2013 年 8 月 18 日于北京花家地

图书在版编目（CIP）数据

品味与物质欲望：当代中产阶层的消费模式/朱迪著. —北京：社会科学文献出版社，2013.12
（当代中国社会变迁研究文库）
ISBN 978 - 7 - 5097 - 5052 - 0

Ⅰ.①品… Ⅱ.①朱… Ⅲ.①消费模式 - 研究 - 中国 - 现代
Ⅳ.①F126.1

中国版本图书馆 CIP 数据核字（2013）第 214397 号

·当代中国社会变迁研究文库·

品味与物质欲望
——当代中产阶层的消费模式

著　者／朱　迪

出 版 人／谢寿光
出 版 者／社会科学文献出版社
地　　址／北京市西城区北三环中路甲 29 号院 3 号楼华龙大厦
邮政编码／100029

责任部门／社会政法分社　（010）59367156　　　　　责任编辑／郑　嬿
电子信箱／shekebu@ ssap. cn　　　　　　　　　　责任校对／岳中宝
项目统筹／童根兴　　　　　　　　　　　　　　　　责任印制／岳　阳
经　　销／社会科学文献出版社市场营销中心　（010）59367081　59367089
读者服务／读者服务中心（010）59367028

印　　装／北京季蜂印刷有限公司
开　　本／787mm × 1092mm　1/16　　　　　　　印　　张／21.25
版　　次／2013 年 12 月第 1 版　　　　　　　　　字　　数／350 千字
印　　次／2013 年 12 月第 1 次印刷
书　　号／ISBN 978 - 7 - 5097 - 5052 - 0
定　　价／59.00 元